MI LECTOR SERÁ MI PÚBLICO,
ESTE LIBRO SERÁ MI ESCENARIO.

–JEAN EUGÈNE ROBERT-HOUDIN

¿CÓMO PIENSAN LOS MAGOS?

MISDIRECTION
ILUSIÓN
Y POR QUÉ LA MAGIA IMPORTA

JOSHUA JAY

PÁGINAS LIBROS DE MAGIA

Diseño por Lisa Hollander
Diseño de cubierta e ilustraciones por Kass Copeland

Traducción: Alejandro Romero Reche
Revisión: Irene Ferrer Beired, Pablo Basterrechea y David Redondo
Producción editorial: Gabriela Goldadler

Madrid España
www.librosdemagia.com

ISBN: 978-84-15058-61-8
Dep. Legal: M-20810-2023
Impreso en España

ÍNDICE

INTRODUCCIÓN

«LA PUERTA DE LA MAGIA ESTÁ CERRADA, PERO NO CON LLAVE».

—JACK DELVIN, MAGO

Paso trescientos días al año de gira, haciendo magia. Paso también mucho tiempo al otro lado del escenario, viendo magia. Una noche me encontraba entre el público de Yann Frisch. Su número no se parece a nada que hayas visto jamás: una pelotita roja lo tortura desapareciendo y apareciendo donde menos se la espera, sacándolo de sus casillas. En un momento dado, incluso salta desde la mesa y le golpea en la frente. Y aunque el espectáculo es tan divertido como habilidoso, lo que ocurrió al final aquella noche fue algo que ninguno de los presentes olvidará.

Había visto el número diez veces y me sabía de memoria mis momentos favoritos. Pero, cuando lo terminó aquella noche, Yann se inclinó para recibir el aplauso y un copioso caudal de agua manó desde la parte superior del escenario, empapándole a él y a su característica camiseta blanca. Mientras el agua lo remojaba, introdujo su mano vacía en el chorro... y apareció una pelota de brillante color rojo. *Luces fuera*.

No era así como se suponía que debía terminar. Pero el anterior número del espectáculo había empleado agua, y esta era la forma que tenía Yann de hacer un guiño al público para transmitirles que él también lo había visto. Adaptó su magia a la ocasión, jugando con las expectativas de los espectadores al tiempo que conseguía el juego perfecto.

Cuando, como mago, soy espectador de otros magos, busco dos cosas: solidez y contexto. La solidez supone que la ilusión no tenga fisuras, que la magia fluya con naturalidad. Si la técnica es pobre o la elección de material resulta poco atractiva, no hay ilusión; por tanto, el primer paso para todo mago es conseguir la solidez, eliminar las fisuras. La otra cualidad que espero es el contexto. Supongamos que pido prestado un billete de un dólar a una niña, lo convierto en uno de cien, y entonces se lo devuelvo. Hay contexto, ya que estoy usando dinero que pertenece a otra persona. Hay una historia, ya que el dinero se multiplica. Y hay un gancho emocional, ya que le devuelvo algo mucho más valioso que lo que ella me dio. El dinero «mágico» a la niña le resulta real, pues lo puede tocar, lo puede recordar... ¡y puede gastarlo!

Espero que, después de leer *¿Cómo piensan los magos?*, te enfrentes de otro modo a los espectáculos de magia; con una perspectiva no menos crítica, pero sí más ilustrada. Demasiada gente los ve intentando averiguar cómo se hacen los trucos. Como descubrirás, esa forma de pensar es una trampa. Mientras estás ocupado intentando dar con el secreto de una ilusión, te pierdes lo que está a plena vista: el arte. Te pierdes la puesta en escena de la ilusión, el guion cuidadosamente diseñado, y una observación colocada en el momento justo para distraerte o hacerte reír. Se te escapa la estética del espectáculo, la gracia con que los objetos aparecen y desaparecen, y la forma en la que la iluminación, el vestuario y los accesorios están relacionados temáticamente. Pasas por alto la dimensión metafórica en las acciones del artista y la relación entre su obra y lo que ocurre en el mundo que le rodea. Los juegos de magia no son rompecabezas, pero la mayoría los percibe de ese modo.

La buena magia nos recuerda la emoción de lo desconocido. Muchas artes escénicas nos pueden dejar sin aliento, pero solo la magia hace que te preguntes si realmente has visto lo que acabas de ver. En casi todas las demás disciplinas, se trata de entender y experimentar. La magia pone en primer plano lo que no entendemos, para que podamos maravillarnos ante el misterio.

Algunos suelen creer que dejarse engañar es lo mismo que ser tonto. Aunque el engaño es el punto de partida para el éxito de la magia, esta puede ser, y tendría que ser, mucho más. Los magos hacen cosas que no podemos comprender. Cuando se hacen bien, deberían producirnos una mezcla única de emociones que ningún otro arte escénico puede suscitar: evasión, asombro y, en ocasiones, pura maravilla.

Pienso, además, que hay un punto desde el que se puede apreciar la magia sin necesidad de conocer sus secretos. Este libro es un mapa para llegar a ese lugar. Los magos te seguirán engañando, pero serás capaz de identificar y valorar sus opciones artísticas. Los espectáculos de magia están llenos de grandes historias, pero las mejores versan sobre la creación de ilusiones, los personajes que las fabrican y la psicología que hay detrás de los juegos. Houdini dijo: «Muchas cosas que parecen maravillosas a la inmensa mayoría son moneda corriente en mi oficio». Trataré en estas páginas algunas de las ideas y personas que están cambiando el modo en que pensamos sobre la magia e incluso sobre el mundo.

La actuación mágica está necesariamente envuelta en secreto. En general los *shows* son deliberadamente elusivos: dan algunas pinceladas sobre los intereses y orígenes del mago, pero solo en la medida en que estos contribuyen a la ilusión. Mi espectáculo, al igual que los de mis colegas, pretende hacer que reacciones y te preguntes «¿Dónde ha ido a parar eso?», «¿Cómo ha podido adivinarlo?», «¿Puedo verlo otra vez?». El secreto alimenta la curiosidad. La gente quiere saber, quiere rellenar los huecos. Cada uno de los cincuenta y dos ensayos que siguen están planteados como respuesta a una de las numerosas preguntas que me hacen, después de verme actuar, personas fascinadas por la magia. Las preguntas son variadas, pero tienden a proceder de la misma curiosidad central: intentan entender el poder de la magia, más allá de un juego particular. Y, como he dedicado mi vida a crear y hacer magia, piensan que quizá yo podría ofrecerles una perspectiva más profunda. Cada artículo funciona como texto independiente, de manera que puedes saltar de uno a otro atendiendo a lo que más te interese. Espero que, tomados en conjunto, te permitan conocer mejor cómo piensan los magos.

Escribí este libro mientras estaba de gira, en las horas y días libres entre una actuación y otra. Esta tarea me puso frente a frente con mi tema cada noche, un suministro infinito de los altibajos que se encuentra un artista en las trincheras. Los secretos que comparto aquí no se encuentran en tutoriales de YouTube ni en búsquedas de Google. Son de naturaleza psicológica, y el resultado de siglos engañando al público. Mis respuestas son en parte ensayo, en parte memorias, y, con una sola excepción, revelo absolutamente todo salvo cómo se hacen los juegos. Me he cuidado de no destripar demasiados secretos reales, pero aun así habrá colegas a quienes les molestará que explore ciertos conceptos. Pero si así consigo estimular tu interés y tu respeto por el arte de la magia, aunque solo sea un poco, habrá valido la pena retorcer las reglas.

Comienza el espectáculo.

✦✦✦

1

¿POR QUÉ LA MAGIA?

(PARTE 1)

«A PESAR DE QUE LA VIDA DE UN HOMBRE SE COMPONGA DE MILES Y MILES DE MOMENTOS Y DÍAS, ESOS MUCHOS INSTANTES Y ESOS MUCHOS DÍAS PUEDEN SER REDUCIDOS A UNO: EL MOMENTO EN QUE UN HOMBRE AVERIGUA QUIÉN ES, CUANDO SE VE CARA A CARA CONSIGO MISMO».

—JORGE LUIS BORGES, ESCRITOR, POETA

Werner Reich, superviviente del Holocausto, daba a sus 94 años una respuesta fascinante a la pregunta de por qué hacía magia. Tras quedar huérfano durante la guerra, sobrevivió a dos campos de concentración distintos antes de que lo trasladaran a Auschwitz. Tenía 16 años cuando un compañero de prisión, un mago, le enseñó un truco de cartas en las barracas del campo de exterminio. Lo llamó un «milagro». Los dos se valían de la magia para aplacar a guardias hostiles. Werner siguió siendo un mago profesional durante toda su vida. Me habló de la importancia de los chistes y la magia en los campos. «Nos apartaban de la realidad», decía. «Apelaban a tu imaginación y te separaban de tu deprimente situación. Ahí fue donde aprendí el verdadero valor de la imaginación».

Pregunté también a la maga Abbey Lynn Albani por qué hacía magia. Ella estaba flotando tres metros por encima del escenario, ensayando una ilusión con su marido, David Goldrake, cuando cayó inesperadamente al suelo y se rompió el cuello. Se dañó la médula espinal. La llevaron en avión a Luxemburgo y Alemania para someterla a una operación de vida o muerte, y durante un tiempo tuvo que valerse de una silla de ruedas. «Me dijeron que nunca podría respirar, andar o moverme por mí misma, y ahora puedo respirar sin ayuda, sentarme y ponerme en pie», me contó Abbey. Compartí escenario con ella en un congreso mágico en Las Vegas y observé entre bambalinas cómo relató su horrendo accidente, luego se levantó de la silla y *caminó* a través del escenario.

Cuando pregunté a Abbey qué la atrajo de vuelta a la magia, recordó la angustia que todavía le produce su lesión. «Antes del accidente —me contó— me volvía loca pasar un día sin actuar. Ahora han pasado casi cuatro años y no sé si es siquiera posible que vuelva a poder hacerlo. Lucho contra estos pensamientos. De verdad que me mata solo con pensar que podría no volver a actuar jamás. Es todo lo que yo quería en la vida».

Hice esta misma pregunta a David Copperfield. Tiene un patrimonio de poco menos de mil millones de dólares, y aun así da más de quinientas funciones cada año en Las Vegas. Posee su propia isla privada en las Bahamas (y un *jet* privado para llegar a ella), y sin embargo casi nunca se toma vacaciones. ¿Qué lo atrae hacia la magia? Un impulso a hacer avanzar el arte, al parecer. «Estoy intentando cambiar el teatro a mi manera, no solo la magia. Lo digo con humildad porque aprendo cada día. Doy quince funciones a la semana, y cada público que tengo es como un preestreno de prueba».

Werner Reich usaba la magia para *escapar* de Auschwitz. Abbey Albani todavía siente la llamada para regresar a escena, a pesar de que una ilusión casi acaba con su vida. David Copperfield da la friolera de quince funciones a la semana buscando perfeccionar material nuevo. ¿Qué tienen en común estos artistas? Nada, excepto que se sienten incontrolablemente atraídos por la magia... y esa es la idea. Los críticos describen nuestro arte con el mismo trazo grueso. Pero la magia significa algo distinto para cada mago que entrevisté para este libro, y aunque todos tenían en común una poderosa atracción hacia ella, cada uno la sentía por una causa diferente. Es más, la razón por la que alguien empieza en la magia casi nunca es la misma por la que sigue en ella.

El reconocido mentalista e historiador Max Maven ha observado que debemos evolucionar más allá de lo que fuera que nos atrajo hacia esta afición al principio. Todo el mundo pasa una fase de interés, pero más relacionado con el deseo de conocer cómo funcionan las cosas, de saber algo que los demás no saben. Empecé con la magia cuando mi padre me hizo un juego con cartas y *no me explicó cómo lo había hecho*.

Tenía que averiguarlo por mi cuenta. Y el acto de encontrar la solución del juego y hacérselo me enganchó. Estaba ansioso por mostrar mi nueva habilidad a cualquiera en el colegio que estuviera dispuesto a mirar. De eso va la magia para la mayoría de nosotros cuando empezamos. Queremos engañar a nuestros amigos, pero para mí eso dejó de ser un aliciente a los diez años.

En torno a esa edad, empezó a atraerme algo distinto en la magia, algo más sutil y difícil de definir: la búsqueda. Tenía una idea para un juego que no estaba en los catálogos de las tiendas ni en mi pequeña colección de libros. El sueño era este: quería mostrar un puñado de cuentas, hacer un pase con una varita y enseñar que ahora todas estaban unidas por una cuerda. No era exactamente un milagro, ¡pero tenía *diez años*! Puesto que el juego no existía, tenía que inventarlo. Así que lo hice.

Aquel juego, aquel truco tontorrón con las cuentas, fue mi momento. Empecé a entender lo poco que sabía, y cuánto más podía aportar la magia. No se trata solo de engañar a la gente. Se trata de *transportarla*.

✦✦✦

2

¿CUÁNDO SUPISTE QUE LA MAGIA IBA A SER TU VIDA?

«EL SECRETO DE LA FELICIDAD: ENCUENTRA ALGO MÁS IMPORTANTE QUE TÚ Y CONSAGRA TU VIDA A ELLO».

—DANIEL DENNETT, FILÓSOFO

No puedo decir que toda mi vida haya aspirado a ser mago porque he sido mago toda mi vida. No recuerdo mi existencia sin la magia. En mis fotos más antiguas, visto capa y sombrero de copa. Dai Vernon, el ilusionista más influyente del siglo XX, solía decir que empezó en la magia a los siete años. Luego añadía: «desperdicié los seis primeros años de mi vida».

Yo también. Ya he contado que mi padre (dentista de día, mago de noche) estimuló mi interés mostrándome un juego con cartas. No fue el juego en sí mismo lo que provocó mi curiosidad. Fue que, sin importarle cuánto se lo suplicara, no me dijera cómo lo había hecho (el código del mago se toma muy en serio en mi familia). Me encerré en mi cuarto con una baraja y una libreta. Cuatro tortuosas horas después, lo descubrí. Y en aquel proceso, quedé enganchado para siempre. El novelista Graham Greene escribió: «Hay siempre un momento en la infancia en el que la puerta se abre y deja entrar al futuro». Aquel fue el mío.

Di mi primer espectáculo diez meses después, para nuestros vecinos los Wilkof, y cobré la suma principesca de veinticinco dólares. Nunca he tenido otro trabajo. He estado de gira por el mundo más o menos sin parar desde los veinte años. He hecho magia para el presidente de los Estados Unidos (para Bill Clinton y en uno de los bailes oficiales de inauguración de Obama), y también a las once de la mañana en el bufet de un club de *striptease*. He actuado para muchedumbres de veinte mil personas. Hace poco di un espectáculo en Dakota del Norte y no vino absolutamente nadie, ni una sola persona. Actué para Michael Jackson cuando yo era adolescente. Fui el ganador más joven del World

Magic Seminar. Engañé a Penn & Teller en su programa *Fool Us*, y los productores de *America's Got Talent* me dijeron que no tenía «eso» que iban buscando en un mago pero que debería trabajar en un nuevo número y volver a intentarlo al año siguiente. He leído el pensamiento con Jimmy Fallon en *The Tonight Show* y tengo el récord Guinness por localizar el mayor número de cartas elegidas en una baraja mezclada en menos de un minuto. Sin embargo, lo más frecuente cuando digo que soy mago profesional sigue siendo que me pregunten: «¿Se puede vivir de eso?».

Me he dedicado exclusivamente a la magia a expensas de buena parte de mi vida social. Glen David Gold resume el drama del mago en su novela *Carter engaña al diablo:* «Con la edad, el mundo se divide en dos categorías: los que han visto mucho mundo y los que han visto *demasiado*». Raramente he dormido en la misma cama durante más de dos semanas seguidas en la última década. Me pierdo todo lo importante: cumpleaños, grandes partidos, vacaciones, bodas.

¿Vale la pena? Cuando estoy en el escenario mostrando mi mejor material, y el espectáculo resulta estar marchando bien, experimento la sensación de lo que realmente es tener poderes mágicos. No tengo la sensación de que sea manipulación o interpretación: lo siento como si fuera *real*. Sí, vale la pena experimentar esa emoción.

Enseñamos a nuestros hijos que su valor como personas no se mide por lo rápido que puedan correr o cuánto dinero puedan ganar algún día. Sin embargo, cómo se valora a sí mismo un mago depende completamente de la relación con su trabajo. Esta pulsión obsesiva me ha dejado con pocos amigos, pero también me ha empujado más allá de lo que yo creía posible en mí mismo. Supongo que, de este modo, la magia me ha ayudado a comprender mis propios y particulares caminos hacia la felicidad.

Cada país, cada espectáculo, cada juego me ha acercado a esta página. Un alborotador en Fort Lauderdale intentó pegarme y me enseñó algo sobre cómo debo actuar ante borrachos. En un espectáculo en Wichita, un niño de ocho años gritó algo más gracioso que cualquier cosa en mi número. En todos los espectáculos desde entonces, he usado la frase como si fuera propia, y siempre hace que el público se desternille. Cada experiencia, éxito y fracaso, es una lección sobre la función vital que desempeña la magia en nuestras vidas.

Cómo nos explicamos a nosotros mismos revela quiénes somos realmente. El escritor e ilustrador David Macaulay dice que «dibuja para comprender». Pero, ¿comprender qué? Por lo que a mí respecta, escribo para comprender la magia. Pero actúo para comprenderme a mí mismo.

✦✦✦

3

¿QUÉ ES LA MAGIA?

«LA PROFESIÓN DE MAGO ES UNA DE LAS MÁS PELIGROSAS Y ARDUAS ESPECIALIDADES DE LA IMAGINACIÓN».

—WILLIAM BOLITHO, ESCRITOR

La magia trata sobre el tiempo. El instante en el que el As de Picas se transforma en tu carta. Cuando tu billete de dólar firmado aparece *dentro* de un limón. Esa noche en la que el mentalista revela un secreto que nunca has contado a *nadie*. Esos momentos —sumados, apenas unos pocos preciosos segundos— son auténtico asombro. Los magos dedican su vida a perseguirlos. Nuestros juegos se presentan en un minuto, se aprenden en meses y se desarrollan en décadas. En los juegos muy buenos, esos segundos se convierten en recuerdos. En los excelentes, esos recuerdos crean una sensación de maravilla que dura para siempre.

Pero el asombro es pasajero. Tan pronto como pasa el momento, tu mente racional entra en escena para intentar encontrar sentido a lo que has visto. Ya no estás asombrado, ahora sientes curiosidad. Nuestro trabajo como magos consiste en mantenerte en estado de asombro durante tanto tiempo como podamos. Charles Reynolds, mi difunto amigo y un estudioso de la magia, escribió: «La verdadera experiencia mágica debería tener más que ver con maravillarse que con hacerse preguntas».[1] Lo que, por supuesto, es más fácil de decir que de hacer.

Para mí, el placer de una ovación en pie dura poco. El público no puede llevarse consigo lo que ha sentido durante mi número. Cuando escuchas una y otra vez un gran disco, cantando tus partes favoritas, la música acumula significado con cada escucha. Pero un espectáculo de magia está pensado para ser disfrutado una vez. El papel de la sorpresa es clave para

1. La frase se apoya sobre un juego de palabras intraducible basado en los significados del sustantivo *wonder* (maravilla, asombro, milagro) y el verbo *to wonder* (maravillarse, pero también preguntarse, dudar). (N. del T.)

la experiencia, y eso lo obtienes solo la primera vez. Cuando vuelves a ver un número de magia, puede que te rías tanto como en la primera ocasión y que aprecies aspectos en los que no reparaste antes, pero no sentirás verdadero asombro del mismo modo. El asombro se debilita con la repetición, y es por eso que los magos no repiten sus juegos (véase la pág. 29).

El puro asombro es algo que la mayoría de nosotros no solemos sentir pero que jamás olvidamos cuando se produce. Hay una canción de Tom Petty[2] que habla de la experiencia de colocarse que describe a la perfección el encuentro inicial con el asombro en ese lugar donde existe la magia en nuestras mentes. Está en la intersección, dice, entre un recuerdo y un sueño.

La magia puede ser estética, pero es realmente un arte para personas que piensan. Teller, la mitad muda de Penn & Teller, destiló bien esta idea: «Una novela romántica te puede hacer llorar. Una película de terror te puede provocar escalofríos. Una sinfonía puede atraparte en una tormenta emocional; puede ir directa al corazón o a los pies. Pero la magia va directa al cerebro; su esencia es intelectual».

El problema es que la buena magia (quiero decir la magia de primer nivel internacional) es difícil de encontrar. La mayoría de personas rara vez ha visto magia de ese calibre. Espero que algún día la veas. Incluso los propios magos, por lo general han visto, sobre todo, magia mediocre, del tipo que divierte al mismo tiempo que sorprende, pero raramente provoca nada más. Está en la naturaleza humana imitar lo que vemos, lo que explica que haya tantos magos del montón.

La mejor magia aúna dos condiciones en conjunción perfecta. Necesitas espectadores dispuestos a aceptar que la magia puede ser artística, incluso transformadora, y un mago hábil que crea que la magia puede producir un efecto profundo en las personas. La mayoría de magos no lo cree y, en mi experiencia, la mayoría de públicos tampoco. Pero, ocasionalmente, en noches afortunadas, hay un público que consigue vivir el verdadero asombro.

Esta interacción entre mago y público no es solo lo más importante de un espectáculo de magia; es también lo que hace de la magia

2. La canción se titula «You Don't Know How It Feels» y aparece en el disco *Wildflowers*. (N. del T.)

algo único entre las artes escénicas. Julieta siempre muere por su propia mano. Sherlock Holmes siempre atrapa al culpable. Pero la forma en la que se desarrolle un número de magia depende de los espectadores. ¿Y si eliges una carta distinta? ¿Y si piensas en algo diferente? Todos sabemos que es una representación, pero parece real. «Tanto el observador como lo observado forman parte del mismo campo», escribió Robert Hughes en *The Spectacle of Skill*. «La realidad, en suma, es interacción».

No hay un efecto mágico a menos que haya alguien ahí para experimentarlo. Si estás haciendo magia a solas, simplemente estás ensayando.

✦✦✦

4

¿CÓMO SE *SIENTE* CUANDO SE HACE MAGIA?

«SIGUE SIENDO MAGIA AUNQUE SEPAS CÓMO SE HACE».

—TERRY PRATCHETT, HUMORISTA, ESCRITOR

Nunca olvidaré la primera vez que decapité a mi padre. Tenía ocho años y él me había prestado el dinero para comprar la guillotina trucada que estaba cogiendo polvo en la tienda de magia local (le devolví diligentemente el préstamo en cuotas de diez dólares). El aparato es uno de los innumerables ejemplos de astuta ingeniería que ofrece nuestro arte. Metes la cabeza de un voluntario dentro del accesorio, levantas la hoja sobre su cuello, y empujas hacia abajo. La ilusión es perfecta y el aparato se ocupa de todo el trabajo. Lo más difícil es aprender a confiar en el método.

La primera vez es siempre la más complicada. Sujeté el cuello de mi padre entre dos paneles de madera y coloqué zanahorias en los dos agujeros más pequeños (la hoja corta realmente las zanahorias sin hacer daño al ayudante; un bonito detalle del diseño). Mi padre estaba a gatas, con la cara orientada hacia el suelo, mientras yo llevaba la pesada hoja a su posición. La solté, y la hoja cayó bruscamente «a través» de su cuello hasta el otro lado. Observé incrédulo, entre la fascinación y el miedo.

Acabo de cortarle la cabeza a mi padre —pensé—. *Ya soy un mago.*

Fue para mí la lección adecuada en el momento oportuno. Es uno de los pocos juegos de magia en los que te puedes olvidar de la técnica y concentrarte en la presentación. Aprendí con rapidez a dejarme llevar por la rutina mágica, a creer que podía decapitar a alguien sin hacerle daño. No lo digo en sentido figurado: me persuadí a mí mismo, aunque fuera brevemente, para creer *de verdad* que tenía poderes mágicos. Esta creencia hacía que el final de mis números de magia fuera convincente.

Un par de años después, me contrataron para actuar en un banquete de una asociación de jubilados en el que iba a dar un discurso un senador de Estados Unidos. En un lapsus de insensatez (incluso para un niño de diez años), se me ocurrió que sería divertido pedir al senador que subiera a escena para mi última ilusión. Recuerdo acabar de sujetar su cabeza dentro de la guillotina y dar un vistazo fugaz al lado izquierdo del escenario. Solo entonces reparé en mi padre, dando saltos arriba y abajo entre bambalinas, rogándome en silencio que no decapitara públicamente a un cargo electo. Pero ya era demasiado tarde: el senador estaba a cuatro patas, esperando que un niño de diez años levantara la hoja sobre su cuello. Dicho sea en su favor, el hombre humillado sonrió y se prestó al juego. Nadie perdió la cabeza.

No me cansaré de subrayar la enorme importancia de la convicción durante un espectáculo. Puede que no seas capaz de observar la diferencia entre un mago que está simplemente siguiendo las instrucciones y otro que está *haciendo magia en su mente*, pero puedes sentirla. Rob Zabrecky, uno de los personajes más extraños y divertidos del mundo de la magia, comienza su taller para magos con la frase: «Los actores y los magos deben vivir realmente en circunstancias que no son verdaderas». La cita es una adaptación de Sanford Meisner, el legendario profesor de interpretación. Para los magos, esto implica una fe total en sus propios poderes.

Presentar magia «real» es una sensación peculiar que solo se consigue con la convicción absoluta. Cuando un mago ensaya tanto que la memoria muscular se encarga de todo, el juego se desarrolla de forma automática. Es como el último tramo de regreso a casa en coche. Lo has hecho tantas veces que da la sensación de que el coche se condujera solo. Cuando finjo depositar una moneda en mi mano izquierda, mientras mi derecha la retiene secretamente, yo mismo estoy convencido de haberme llevado la moneda en la izquierda. Sin ensayo suficiente, no llegarás a sentirlo. Yo siento su peso. Abro un poco los dedos para mirar la fecha. Estoy mirando dentro de un puño vacío, pero veo la moneda en su interior. Y entonces me concentro, la estrujo, y hago magia. El artificio es enemigo de la magia; tiene que *sentirse* como real.

Pero, ¿cómo se *siente* uno en realidad? Poderoso. Llegar a esa posición es, indudablemente, lo mejor de ser mago. Envidio a las estrellas de *rock* durante el último estribillo de su canción de despedida, cuando el estadio abarrotado canta con ellas. Para los jugadores de baloncesto, debe ser increíble dejar atrás el suelo al rematar un rápido contragolpe, mirar por encima del aro y machacar con el balón. Nunca viviré esos momentos. Pero varias veces a la semana, me subo a un escenario y me convenzo de que mi magia es auténtica. Y al hacerlo, la convierto en real para otras personas. Y la sensación es maravillosa.

✦✦✦

5

¿CÓMO SE SIÉRRA A UNA PERSONA POR LA MITAD?

No te puedo contar eso.
Aún no.

6

¿POR QUÉ LOS MAGOS NO REPITEN SUS JUEGOS?

«NO SON AUTÉNTICAS SORPRESAS, EN EL SENTIDO DE QUE NO SON DEL TODO IMPREVISTAS, NO PRETENDEN CONMOCIONAR. ESTÁN DISEÑADAS PARA CUMPLIR CON SU PROMESA, PARA AGRADAR A UN PÚBLICO DÁNDOLES UNA SATISFACCIÓN COMPLETA».

—JIM STEINMEYER, DISEÑADOR DE ILUSIONES

✦✦✦

«Cuanto más de cerca mires, menos verás». Es una vieja frase trillada que a los magos les gusta usar para señalar el final de un juego. Confiamos en nuestro material porque la mayoría de las veces hay demasiados elementos en juego como para que los espectadores puedan captarlo todo. Y por eso hay poco riesgo de que alguien averigüe la solución, aunque pongan toda su atención en ello. Cuando te engaña una ilusión, normalmente es porque estás prestando demasiada atención a ciertos detalles o estás empeñado en lo que no deberías. Estás mirando las manos, cuando deberías estar mirando a la mesa. Estás fijándote en el mago, cuando deberías prestar atención al ayudante. Para cuando la magia ocurre, es demasiado tarde para averiguar *cómo* ha sido.

La regla de oro de la magia, o eso dicen los veteranos, es no repetir nunca un juego. Los magos respetamos esta regla porque nos preocupa que nos pillen a la segunda. Pero es más que eso; solo te puede sorprender algo la primera vez que lo ves.

Recuerda la última oportunidad en la que sentiste verdadero asombro: el final sorprendente de una película, algo excitante que te susurraron al oído, una puesta de sol resplandeciente que pareció emerger justo cuando levantaste la vista. El asombro tiene su raíz en la sorpresa, en las *nuevas* experiencias. Es increíblemente difícil provocar el asombro cuando alguien sabe lo que puede esperar.

Las experiencias son menos impresionantes cuantas más veces se producen. Los psicólogos lo llaman habituación. Si hago aparecer una moneda en la oreja de alguien, es probable que impresione. Si hago aparecer monedas de las orejas de todo el mundo, me convierto en el pariente que hace el truco irritante de la moneda en la oreja siempre que nos reunimos por Navidad. Y no solo los trucos se vuelven repetitivos. Los temas, las presentaciones, incluso las emociones pueden ser víctimas del proceso de habituación. Por eso raramente las secuelas de las películas superan a las primeras partes. Intentan producir la misma experiencia emocional, cuando lo que el público ansía es una profunda sorpresa.

Toda maravilla contiene un elemento de sorpresa. Pero no toda sorpresa cuenta con un elemento de maravilla. Hay distintos grados de sorpresa. Imagina, por ejemplo, que un mago convierte un plátano en un bolo. Habrá sorpresa, pero será insatisfactoria porque es ilógico. Estarás sorprendido, quizá incluso te choque, pero conduce a un callejón sin salida. ¿Por qué un plátano? ¿Por qué un bolo? Sin preparar de algún modo ese desenlace, sin significado ni contexto, no hay maravilla. La sorpresa puede ser impresionante, pero carece de arte.

Construir una sorpresa artística en un número de magia es la tarea más dura del mago. El público espera la sorpresa. De modo que, si esperamos una sorpresa y la obtenemos, ¿sigue siendo una sorpresa? La sorpresa definitiva es aquella que resulta lógica en retrospectiva. Si convierto una moneda en una llave, es sorprendente, pero tan aleatorio como convertir un plátano en un bolo. Sin embargo, si la llave sirve para abrir las esposas que sujetan mis manos, recordarás el juego de la moneda que se convierte en llave porque, retrospectivamente, *tenía* que convertirse en una llave. Y, por encima de todo, debes ver el juego solo una vez, porque si lo ves una segunda, ya no habrá sorpresa y, por tanto, tampoco magia.

En 2010, Penn & Teller me engañaron de tal modo con una ilusión que, en cuanto terminó el espectáculo, cambié mi vuelo y compré una entrada para el *show* de la noche siguiente. *Tenía* que verlo otra vez.

La pieza comienza con Penn, el más alto y parlanchín del dúo, sentado a una mesa, a solas en el escenario. Invita a un espectador a sentarse frente a él. La noche que estuve allí, eligió a un tipo con una gorra de NASCAR y un gran mechón de pelo saliendo por la parte trasera.

Penn entregó al hombre una cámara de vídeo conectada en vivo a grandes monitores, de modo que podíamos ver en pantalla lo que el tipo filmaba. Apuntó la cámara a Penn y, a una distancia de pocos centímetros, Penn empezó a hacer cosas asombrosas. Los objetos se transformaban y flotaban, el propio mantel cambiaba de color... todo ello frente al ojo implacable de la cámara, manejada por un voluntario del público. Lo que el tipo no podía ver mientras miraba a través del visor de la cámara era que Teller se había subido a escondidas al escenario, a su espalda, y estaba ayudando a Penn, tirando del mantel por debajo de sus manos. Nosotros, el público, podíamos ver cómo se ejecutaban estas proezas, pero el voluntario no tenía ni idea mientras grababa lo que parecían ser milagros. Empieza como una rutina tontorrona, en la que Penn & Teller gastan una broma a un voluntario mientras el resto del público ve la combinación de su punto de vista (a través de la pantalla) y lo que realmente ocurre mientras Teller saluda y guiña entre proeza y proeza.

Pero entonces Penn cogió la cámara de manos del espectador y la enfocó hacia este... y el hombre se quitó la gorra, la peluca y las gafas de sol. El voluntario se *convirtió* en Teller. *Acabábamos* de ver a Teller detrás de un accesorio, y sin embargo ahí estaba, al otro lado de la mesa con Penn. Quedé tan sorprendido como el resto del público, y *completamente* engañado. Hasta que lo vi por segunda vez.

Cuando miraba donde se suponía que debía mirar, la ilusión funcionaba. Pero cuando supe lo que venía, también supe dónde mirar, y la desviación de la atención fracasó. No por un fallo en el efecto mágico (muy pocos de ellos pueden resistir un segundo visionado). Pero, desde el punto de vista de un mago, la primera vez que ves un juego es entretenimiento y la segunda, formación profesional.

Lo cierto es que la regla de oro de la magia de no repetir nunca un juego es más bien una orientación, y se ha ido difuminando con el tiempo. Hay numerosos juegos —números enteros, incluso— que se han construido en torno a la repetición y variación sobre una sola idea. Estas ilusiones se realzan con cada reiteración. René Lavand (véase pág. 70), un mago argentino, presentaba una rutina magistral titulada «Las migas» en la que tres bolitas de miga de pan aparecen una y otra vez en el interior de una taza de café vacía. Mostraba las bolitas, cada una de ellas poco más grande que un guisante, y a pesar de que guardaba una en el bolsillo, la tiraba de la mesa o la lanzaba por encima de su hombro, volvían a aparecer juntas en la taza previamente vacía.[1] Al final del número seguíamos sin saber qué métodos empleaba. Pero estábamos asombrados por la recurrencia del mismo efecto a pesar de las repeticiones.

Como miembro del público, si quieres apreciar el trabajo de un ilusionista, debes romper la regla de oro de la magia. Todo lo que vale la pena ver, vale la pena volver a verlo, y eso incluye a los magos. Es la razón por la que cambié mi vuelo para presenciar el número de Penn & Teller nuevamente. Me engañó, desde luego, pero ver otra vez la actuación me permitió apreciar lo que al principio había resultado invisible.

La segunda vez que vemos el mismo número de magia puede ser una experiencia educativa y notablemente distinta. Podemos apreciar matices como, por ejemplo, este: ¿fue la hilarante interacción con el espectador algo que surgió de forma natural o la instigó el mago? La primera vez que vi al mago de Las Vegas Mac King, produjo un verdadero estallido de carcajadas en mitad de su número. En el escenario, frente a un auditorio abarrotado, una espectadora había elegido una carta y, a petición del mago, la había firmado. Sin embargo, la había firmado en el dorso, en lugar de en la cara, por lo que el público al completo podía verla cuando Mac la introdujo en la baraja. Así, era completamente obvio qué carta había elegido. Aunque se tratara de un error del todo inocente, supuso tres minutos de risas de las de llevarse la mano a la barriga, y de interacciones genuinas con la espectadora y el resto del público. No obstante, la segunda, la tercera, incluso la décima vez que vi a Mac King, ocurrió exactamente lo mismo. Mediante indicaciones no verbales, produce el momento más divertido de su espectáculo. Sin decir una palabra, induce a la espectadora a firmar el dorso de la carta, y luego actúa como si estuviera absolutamente sorprendido cuando ella lo hace. Todo el que ve a Mac por primera vez cree que se trata de la noche más divertida de su carrera.

---

1. El juego cierra el libro *La belleza del asombro*, de René Lavand, pág. 196. Páginas. Madrid. 2003. (N. del T.)

Cuando ves a un gran mago por segunda vez, puedes valorar cómo desarrolla el espectáculo. ¿Cómo es la transición desde el juego de apertura hacia el siguiente? ¿Cómo elige a sus voluntarios y reduce la interminable espera mientras alguien llega al escenario desde su butaca en la antepenúltima fila? ¿Cómo es su técnica? ¿Cómo manipula la atención?

Si veo a un mago por segunda vez, me gusta sentarme en la última fila, si es posible solo. Estudio al artista, buscando el contexto, indicios de su personalidad detrás de la magia. Pero a menudo también observo cuidadosamente a los espectadores que me rodean. ¿Hay ratos en el espectáculo en los que aprovechen para mirar los mensajes de sus móviles? ¿O están tan absortos que nunca dejan de mirar al mago? ¿Están reaccionando cuando deberían o el guion todavía necesita ajustes?

En los inicios de la televisión, a los ilusionistas les asustaba que les grabasen porque temían que sus números resultaran irrelevantes inmediatamente después de la emisión. Antes, los magos dedicaban décadas a perfeccionar sus números de diez minutos; podían recorrer el circuito de teatros durante toda una vida sin tener que cambiar absolutamente nada. Pero, tras una única aparición en *El Show de Ed Sullivan*, todo el mundo lo habría visto de una sola vez y ya no se podría volver a utilizar.

Hoy las cosas son aún más difíciles. El siglo veintiuno ha traído YouTube, que hace más fácil que nunca ver a los magos una y otra vez. Todo espectáculo grabado de magia debe resistir el escrutinio de múltiples visionados a cámara lenta, pausas, *zooms* y búsquedas de Google.

Los magos nos las vemos con esta nueva tecnología del modo que hemos hecho siempre, manteniéndonos dos pasos por delante. Magos televisivos como David Blaine y Justin Willman trabajan con los más brillantes creadores de magia para ingeniar juegos sin fisuras que asombren en un primer momento *y después* de un millón de visionados. Saben que su material será sometido a un examen mucho más intenso que el que supondría un público en vivo, así que se apoyan menos en la desviación de la atención y mucho más en el ingenio y en una técnica perfecta. Cuanto más atentamente miras, más lo disfrutas.

7

NO, EN SERIO, ¿CÓMO SE SIERRA A UNA PERSONA POR LA MITAD?

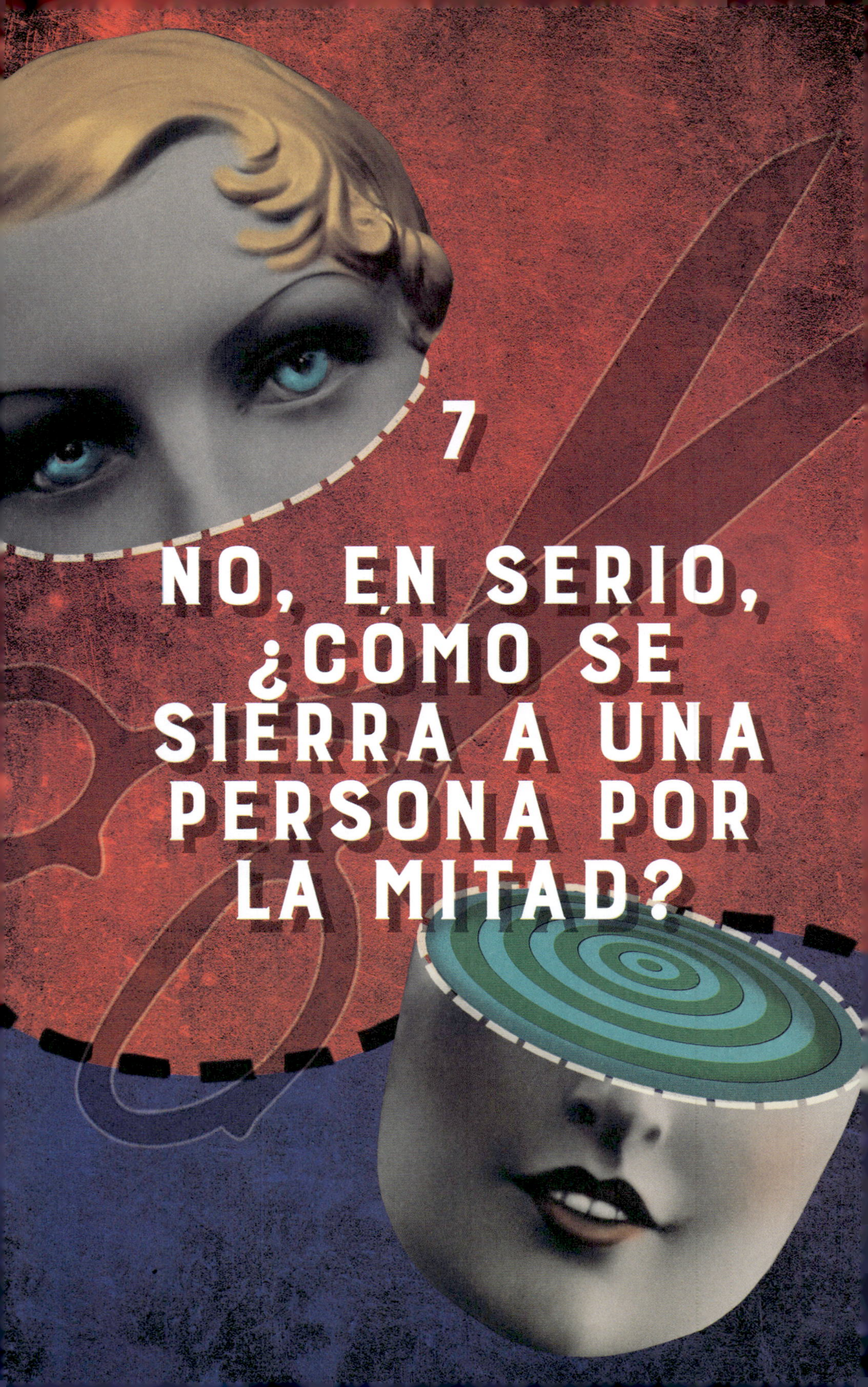

> **«COMPARTIR SECRETOS,**
> **SECRETOS DE VERDAD, DE LOS IMPORTANTES,**
> **AUNQUE SOLO SEA CON UNA PERSONA,**
> **HACE QUE CAMBIEN».**
>
> —ERIN MORGENSTERN, ESCRITORA, ARTISTA

✦✦✦

P. T. Selbit inventó «La mujer serrada», una ilusión cargada de simbolismo, sobre todo de carácter sexista respecto al trato que recibían las mujeres en su época. Su creador, llamado originalmente Percy Thomas Tibbles, nació en 1881 y se abrió camino en la magia con inventos ingeniosos e ilusiones con tramas fantásticas. Invirtió el orden de las letras de su apellido, Tibbles, desechó una b, y recorrió el mundo como P. T. Selbit.

En enero de 1921, en un escenario en Londres, Selbit produjo un seísmo en el mundo de la magia al hacer un anuncio sorprendente:

> Damas y caballeros, es un inmenso placer para mí mostrarles un misterio moderno y una maravilla científica, el problema inexplicable de un cuerpo sólido que atraviesa otro cuerpo sólido, que procederé a demostrar esta noche intentando serrar a una mujer.

Selbit hizo justamente eso, tras sujetar las manos, el cuello y los pies de una mujer tendida dentro de una caja similar a un ataúd. Atravesó la caja con planchas de cristal y, a continuación, con una sierra bien afilada, Selbit procedió a serrar la caja... y a la mujer. Tras un tenso instante de silencio, la mujer salió del ataúd, indemne. El público dejó escapar un suspiro colectivo de asombro.

El contexto lo es todo. Aquella era, como ha observado el destacado historiador de la magia Jim Steinmeyer, la ilusión *exactamente* adecuada para el momento. La Primera Guerra Mundial había terminado recientemente y los espectadores estaban acostumbrados a la muerte, la sangre y la violencia a una escala impensable hasta entonces. Antes de la guerra, se habría considerado de mal gusto poner en peligro la integridad física de una mujer, incluso en un contexto teatral. Pero los violentos veinte eran tiempos de excesos, y «La mujer serrada» era una ilusión provocadora, de ritmo ágil y, por primera vez, aceptable para el público.

Una de las «innovaciones» fundamentales de Selbit fue la decisión de elegir una dama, apoyado en la percepción social de las mujeres en aquella época. Los magos se habían dedicado a decapitar y desmembrar ayudantes durante siglos, pero no era habitual que fueran del género femenino, al que se consideraba socialmente intocable en tales espectáculos, por lo que la visión de una hermosa joven siendo lentamente serrada en dos en un escenario, y después recompuesta, resultaba impactante, aunque siguiera siendo un hombre quien contralaba la acción. Solo unos meses antes de que Selbit estrenara la ilusión, se había aprobado la Decimonovena Enmienda a la Constitución, reconociendo el derecho al voto de las mujeres en los Estados Unidos. De modo que la trama de la ilusión era potente, especialmente para el público de la era del *jazz* que ansiaba el cambio social.

Steinmeyer señala que Selbit tal vez no fuera el primer mago que serró a alguien. El ilusionista francés Jean-Eugène Robert-Houdin escribió sobre una ilusión parecida en la que una persona dentro de una caja era serrada en dos pero, cuando se abrían las dos mitades, de cada una de ellas surgía una persona entera. El efecto consistía en que una persona, al ser serrada, se convertía en dos gemelos, lo cual es notable, pero el público no se sentía implicado emocionalmente en la transformación.

Los cambios en la moda femenina también jugaron su papel. Era 1921: atrás habían quedado las enaguas que entorpecían el movimiento y los vestidos timoratos con encajes hasta el cuello. Ahora el traje escénico podía ser más flexible y ceñirse mejor al cuerpo, lo que a su vez permitía que la caja fuera más pequeña. En el número de Selbit, la ayudante se metía en una caja no mucho más grande que su cuerpo, lo que hacía que la ilusión resultase más engañosa (por no señalar que alguien con un miriñaque sencillamente no cabría en un ataúd rectangular de madera).

En los seis meses posteriores a su debut, diversos magos al otro lado del Atlántico y en los Estados Unidos ya estaban presentando «La mujer serrada». Horace Goldin, un mago corpulento que habitualmente actuaba sin hablar, perfeccionó la caja. Permitió que la cabeza y los pies de su «víctima» sobresalieran por los extremos, y también hizo posible que la caja se pudiera separar mostrando dos compartimentos separados: uno con el torso de la mujer y otro con sus piernas.

Pero la innovación más importante de Goldin fue el enfoque con el que planteó la ilusión. No iba buscando la risa, como a menudo se hace hoy en día. («Con mi suerte —reza el manido chiste— me quedaré con la mitad que come»). En lugar de eso, Goldin se apoyó en el peligro inherente. Disponía ambulancias en el exterior del teatro y, entre espectáculos, los tramoyistas salían por la puerta trasera para vaciar cubos de «sangre» en las alcantarillas. Estos detalles externos hacían que la ilusión en el escenario resultase más terrorífica. Y los medios de comunicación se hicieron eco, lo que explica, en parte, por qué la ilusión se convirtió en un valor seguro para muchos profesionales y lo ha seguido siendo desde entonces.

A cada gran innovación le sigue, para empezar, la imitación, y luego llegan las hordas que solo quieren averiguar cómo se hace. Y Goldin se encontró justo con este problema cuando recorrió los Estados Unidos con su versión. Las primeras productoras cinematográficas vieron la sensación que estaba causando el juego de Goldin e hicieron películas explicando cómo se hacía, en las que se mostraban los métodos exactos que estaba empleando. Demandó a las productoras, pero perdió porque no pudo demostrar que las ideas eran de su propiedad.

Entonces, en un intento de proteger sus métodos de magos rivales, Goldin decidió patentar la ilusión de «La mujer serrada». Pero, al patentarla, hizo que fuera aún más fácil para el público acceder a los planos de la patente. La marca de cigarrillos Camel reprodujo los planos en una campaña publicitaria, destripando la ilusión de Goldin a millones de posibles espectadores antes de que él pudiera presentarles su espectáculo.

Entre tanto, P. T. Selbit intentó duplicar el éxito de su versión de «La mujer serrada» durante el resto de su carrera. Más tarde creó «Destruyendo a una mujer», «Haciendo crecer a una mujer»,

«Estirando a una mujer» y «La mujer indestructible». Pero la oportunidad de su lanzamiento nunca igualó al resultado que había obtenido con el original.

Si de verdad quieres saber cómo se sierra por la mitad a una persona, búscalo en Google. Puede que te lleves una decepción. O puede que te parezca brillante y creativo el secreto de este misterio de un siglo de antigüedad, y pienses que podrías disfrutar inventando ilusiones similares. Todo mago empieza igual que tú, con el impulso de averiguar cómo funciona algo. Pero el acto de buscar el secreto es solo el primer paso del mago. No me corresponde meterte el secreto a la fuerza. «La dignidad del artista —escribió Marc Chagall— reside en su deber de mantener despierto el sentido de la maravilla en el mundo».

8

¿QUÉ OCURRE SI UN MAGO REVELA UN SECRETO?

«NO NOS DEDICAMOS A OCULTAR SECRETOS AL PÚBLICO; LOS GUARDAMOS EN BENEFICIO DEL PÚBLICO».

—MICHAEL WEBER, MAGO

En 1997, Fox emitió un especial protagonizado por el Mago Enmascarado, una figura encapuchada que realizó algunas de las ilusiones más icónicas de la magia y luego, tras los anuncios, explicó exactamente cómo se hacían. El espectáculo se titulaba *Descifrando el código de los magos*, y lucía el sensacional subítulo: *Los más grandes secretos de la magia finalmente revelados*. Fue un exitazo de audiencia. Después hicieron cuatro especiales más.

Y muchos magos se volvieron locos. La International Brotherhood of Magicians, una de las dos mayores sociedades de magos del mundo, demandó a Fox y recogió firmas contra el canal que emitió el programa. Estas acciones tenían un valor meramente simbólico, ya que los efectos mágicos no están protegidos por las leyes de propiedad intelectual. Por desgracia, con cada berrinche, queja y amenaza, los magos consiguieron llamar aún más la atención sobre el tema.

Los especiales alcanzaron una enorme popularidad, y durante una temporada los profesionales no podían ir a ningún sitio sin que les preguntaran por el Mago Enmascarado. Incluso los veteranos, que las habían visto de todos los colores, profetizaron el fin de los tiempos para nuestro arte. En los años cuarenta del siglo XX, la comunidad mágica se había enfurecido igualmente por una campaña publicitaria de Camel en la revista *Life* (véase pág. 37). En formato de cómic, los anuncios revelaban un par de ilusiones para ilustrar el eslogan «En Camel no hay truco». Pero lo de *Descifrando el código de los magos* era distinto: aquí se trataba de *un montón* de magia, cientos de años de desarrollo, todo ello expuesto a millones de espectadores ávidos. Por un tipo con una máscara.

Casi de inmediato se descubrió que el Mago Enmascarado era Val Valentino, un mago mediocre de Las Vegas que tuvo poco éxito, tanto antes como después de la emisión de los especiales. «La principal razón por la que hice el programa —dijo años después— fue conseguir que los magos debatieran sobre el futuro de las artes mágicas». Sostenía que, al revelar ciertos juegos, demostraría la importancia de la presentación en esos efectos.

Pero lo cierto es que Valentino cambió por un cheque secretos que no le pertenecían. Por fortuna para la comunidad mágica, la deslealtad de Valentino no produjo consecuencias importantes. Los especiales revelaron sobre todo el tipo de secreto que puedes mostrar rápidamente en televisión: montacargas, pistones y motores, compinches entre el público, trucos de cámara. Las cifras de audiencia fueron cayendo y el programa se terminó olvidando. El verdadero problema que los magos tenían con él es que daba al oficio una apariencia de estupidez. Cuando solo se revelan métodos simples, rudimentarios y pasados de moda, los espectadores no pueden evitar pensar que lo único que separa a un mago de su público es un truco sencillo y algunos accesorios tramposos. Es una simplificación trágica y una consecuencia del Mago Enmascarado.

La magia sigue un estricto código ético. Revelar un juego es un privilegio que se reserva a su creador. Somos inflexibles al respecto. Penn & Teller me preguntaron hace poco si yo podía enseñar un juego en su especial de magia durante la pandemia *Intenta esto en casa* (*Try This at Home*), y elegí describir el modo en que predigo la altura de una persona elegida al azar. Puedo explicar este efecto sin poner a los demás magos en pie de guerra porque lo inventé yo. Pero no puedo explicar cómo vuela David Copperfield porque no es un efecto mío.

En los últimos cincuenta años, solo ha habido un juego de magia exitosamente protegido por *copyright,* y fue hace unos pocos años. En *Teller contra Gerard Dogge*, Teller descubrió a un mago en Bélgica que copió de forma casi exacta su hermoso efecto personal «Sombras» y, por si fuera poco, lo puso a la venta.

En él, Teller muestra un florero con una rosa en su interior, iluminados por un foco que arroja una sombra de florero y rosa sobre un telón de fondo blanco. Entonces, Teller toca la sombra con un cuchillo y las hojas y los pétalos de la rosa caen del florero. Es una ilusión bellísima que ha estado presentando durante décadas. Cuando la ilusión se puso en venta sin que él lo supiera o hubiera dado su permiso, Teller pudo defender su creación en el juzgado y alcanzó un acuerdo por valor de 545 000 dólares. Sabiamente, Teller había protegido con *copyright* las acciones visibles del efecto como una obra teatral de pantomima (en lugar del método secreto del juego). Así, pudo evitar tener que discutir sobre variaciones insignificantes del método; estaba claro que el oponente de Teller había creado una ilusión que tenía exactamente el mismo aspecto que «Sombras», y eso fue todo lo que importó. El caso supuso una especie de hito, al mostrar el primer paso eficaz que los magos pueden dar para proteger sus secretos.

El caso de Teller es una excepción reseñable, pero los magos no defienden sus secretos en los juzgados. Las leyes actuales de patentes y propiedad intelectual hacen casi imposible que un ilusionista pueda defender la originalidad de una creación. Teller disponía del tiempo, los abogados y los recursos económicos para vencer a un mago del montón. Más que un triunfo legal, fue una victoria de justicia para los magos.

Pero la historia real de cómo se protegen los magos es más interesante y me atrevo a decir que más instructiva para otros gremios. Nos autorregulamos. La razón por la que no hay más plagios e imitaciones en nuestro arte es porque los magos no lo consentimos.

En la Universidad de Yale se publicó un informe exponiendo este enfoque insólito, ajeno a las leyes, para mantener el orden en la magia. Funciona así: si yo invento un juego, tengo la opción de publicarlo o no. Si publico el secreto, queda establecido que es mío. Obtengo el reconocimiento por compartir una idea de la que estoy orgulloso, y puedo beneficiarme de su venta. Pero eso también supone que otros tienen derecho a usarla y a perfeccionarla. Si decido no publicarlo, nadie lo puede tocar. Los demás magos *no* tienen derecho a presentar el mismo juego ni nada que se le parezca demasiado.

Entonces, ¿qué pasa cuando Michaeldini, el Houdini de Minnesota, copia mi juego? Puedo llamar a Michaeldini y decirle: «Oye, soy Joshua

Jay, de Nueva York. Me han dicho que estás haciendo mi "Aparición de un billete de dólar en un coco" en tu espectáculo. Le he dedicado años a ese juego y es mi número de cierre, así que te pido amablemente que dejes de hacerlo».

Y entonces Michaeldini deja de hacerlo. Tal vez no creas que esto funciona, pero sí (en la mayoría de ocasiones). Michaeldini lo retira de su espectáculo, a ser posible con una disculpa, y la vida sigue.

El mundo de la magia es *minúsculo*. Todos nos conocemos. Y Michaeldini sabe que, aunque yo no vivo en Minnesota, conozco a los otros profesionales de la zona. Y Michaeldini trabaja para la misma agencia que yo. A Michaeldini le fabrica los accesorios el mismo profesional que a mí. Si cuento a cualquiera de esas personas que Michaeldini es un ladrón, rápidamente vería su negocio en peligro: la muerte por un millar de pequeños problemas que empezarían a irrumpir en su vida. Se quedaría sin referencias. Menos profesionales querrían construir accesorios para él. Podrían pedirle que dejara de asistir a las reuniones de su sociedad mágica local, o podría descubrir que no se le permite entrar en los seminarios a los que acude para aprender material nuevo. Los agentes con una abultada nómina de clientes no tienen sitio para plagiarios, así que podrían deshacerse de él o empezar a darle los trabajos a un competidor. Michaeldini tiene todos los incentivos para comportarse correctamente y buscar un nuevo juego con el que cerrar su espectáculo.

La teoría típica de la propiedad intelectual es que los creadores se apoyan en las *leyes* para proteger sus creaciones. Sin dicha protección, no hay incentivos para la creación, ya que los plagiarios pueden limitarse a imitar su trabajo. Pero proteger las ideas legalmente es complicado, ya sea en la industria del *software*, la moda, los *snacks* o... la magia. Defender una idea en el juzgado es caro, y la parte con más *recursos* juega con considerable ventaja.

Con todo, el sistema no es perfecto. Hay magos que roban a otros, digan lo que digan las normas no escritas. Y se da la inevitable discusión interna sobre qué significa «bastante distinto». Michaeldini podría preguntar si puede hacer aparecer un dólar firmado dentro de un aguacate en lugar de un coco. Y él y yo tendríamos que debatirlo amistosamente. Podría incluso alegar que ha llegado a la misma idea por su cuenta. La solución podría resultar en que siguiese presentando mi juego a cambio de pagarme una tarifa. Puede complicarse, y se complica.

Pero si lo miras en conjunto, funciona asombrosamente bien. Nuestra industria valora el ingenio y la originalidad. Los magos más creativos presentan piezas personales durante décadas y su material permanece protegido por una *omertà* altruista, un código que la mayoría de nosotros respetamos porque esperamos el mismo respeto para nuestro propio material.

El Mago Enmascarado decidió revelar material que no era suyo, por lo que Val Valentino quedó total e inmediatamente desacreditado. Nunca me he cruzado con él en ningún espectáculo, ni tengo noticia de que nadie lo haya contratado para un espectáculo de magia desde que se emitieron los especiales. El código de honor puede ser francamente eficaz: los magos pueden ser vengativos.

Lo difícil es trazar la línea entre enseñar y revelar, una distinción importante dentro de la magia. Se revela cuando el público no tiene que hacer ningún esfuerzo para aprender cómo se hace un juego o una ilusión. Revelo si voy a la tele y explico cómo se hace una de las ilusiones de David Copperfield. Lo que Valentino hacía con su máscara era indudablemente revelar, ya que todo lo que el público tenía que hacer era quedarse sentado y ver cómo se hacían juegos por cuyo secreto ni siquiera había preguntado. Pero, si yo vendo uno de mis juegos originales, ¿por qué eso no es revelar? Porque probablemente tú buscaste en internet, en una tienda de magia, o en una biblioteca, para averiguar cómo podías aprender magia, hasta que llegaste a mi juego. Mostraste un interés sincero. Buscabas que te enseñaran de alguna forma.

Vamos a llevarlo un paso más allá. Supongamos que dedicas una tarde a investigar cómo funcionan ciertos juegos. Encuentras dibujos esquemáticos que resultan difíciles de interpretar, y explicaciones de mecanismos sorprendentemente básicos. Descubres que los magos sacamos partido de suposiciones comunes y tendencias cuando pedimos a un espectador que nombre una carta o un color. Encuentras suficientes detallitos como para levantar una ceja. Pero sobre todo lo que descubres es, como suele decir Teller, que los magos están dispuestos a dedicar más tiempo a un solo juego de lo que hubieras podido imaginar. Averiguas, por ejemplo, que hay magos capaces de ejecutar una mezcla en la que veintiséis cartas se intercalan de forma perfecta con las otras veintiséis con una precisión quirúrgica. Y esos mismos magos han aprendido a hacerlo sin mirar, mientras cuentan un chiste. Lees sobre cosas que las manos humanas pueden hacer con la suficiente práctica y que resultan impensables para alguien ajeno a nuestro oficio. Ahora que has echado un vistazo en mayor profundidad a lo que se necesita para hacer magia, todo parece tan... *complicado*.

Los espectadores ocasionales dan por supuesto que los secretos de la magia son elegantes y simples, y quienes se dedican a revelarlos quieren que creas que así es. Pero lo cierto es que el secreto de cualquier juego es solo la punta del iceberg. Los pases secretos, la presentación y la manera de enmarcar cada juego son lo que en realidad provoca tu asombro... y no encontrarás esos secretos expuestos en internet o en un libro. Eso se *gana* a lo largo de una vida haciendo magia. Así que, aunque no encontrarás demasiados secretos explicados en este libro, sí que *obtendrás* una mirada sin filtros al modo en que un mago engaña a tu cerebro, e incluso a cómo piensan los magos.

✦✦✦

9

¿CÓMO CREAS MAGIA?

«EL QUÉ ES SIEMPRE MÁS IMPORTANTE QUE EL CÓMO, PORQUE EL CÓMO, SOLO RESULTA MÁGICO SIENDO INDISPENSABLE PARA PROVOCAR UN QUÉ REALMENTE IMPORTANTE».

—GEORGE BERNARD SHAW, DRAMATURGO

Vamos a inventar un juego de magia ahora mismo. Probemos con una levitación, que es universalmente asombrosa independientemente de cómo la presentes. ¿Cómo deberíamos levitar? Mientras escribo en mi mesa, mi teléfono está por ahí cerca, vibrando y sonando e interrumpiéndome. Todo el mundo tiene un móvil, lo que hace que sea un objeto reconocible. Y los magos todavía no han incorporado del todo los móviles en su repertorio. Así que vamos a hacer levitar uno.

Lo primero que hago cuando creo un efecto mágico es olvidarme del método. El cómo se hace viene después. En lugar de eso, fantaseo con mis manos. En el maravilloso libro infantil *La elefanta del mago,* Kate DiCamillo escribe: «"¿Y si?" es una pregunta que pertenece a la magia». Yo pregunto mucho «¿Y si?» cuando estoy creando.

Ahora mismo sostengo el móvil en mi mano izquierda extendida y estoy imaginando qué aspecto tendría si realmente pudiera hacer magia. ¿Flotaría hacia arriba, como un helicóptero despegando? ¿O vamos por el camino más escalofriante de la suspensión, de modo que el móvil permanezca en el aire mientras retiro mi mano hacia abajo? Me encantaría que el móvil simplemente echara a volar y revoloteara por la habitación como un colibrí, pero enseguida me doy cuenta de que no hay forma práctica de conseguirlo. No importa: el cómo se hace viene después.

Empiezo a pensar *empáticamente*. Si un espectador ve flotar un móvil, ¿qué va a pensar? *Es un teléfono trucado.* (Es lo que yo pensaría). Esto supone que, para que la ilusión sea eficaz, debe ser un teléfono prestado. Eso me interesa porque añade una dimensión de drama: en cualquier momento, el teléfono prestado podría caer y romperse. A nadie le importa si se rompe mi teléfono. Pero si está en peligro el teléfono de un espectador... Sí, de momento esto me gusta.

Bien, si haces volar *cualquier* cosa, lo primero que sospecha un espectador es que hay hilos. Los estés usando o no, eso es lo que la gente va a pensar, de manera que automáticamente lo descarto. Por cierto, esa es la razón por la que los magos se arremangan antes de hacer desaparecer un objeto. Da igual lo bella que sea la desaparición o lo absurdo que sería ocultar, por ejemplo, una botella dentro de tu manga, todo el mundo pensará después: *he visto cómo se metía la botella en la manga.*

Por lo tanto, no vamos a usar hilos en nuestro juego, pero ellos no lo saben. Debo aplicar un principio que los vendedores denominan «pre-suasión». Será difícil, si no imposible, convencer a alguien de que no usé hilos *después* de hacer levitar su teléfono. Así que, en lugar de eso, debo convencerle de antemano.

Como mago, lo peor que puedes hacer es afirmar lo obvio. Decir lo que se sobreentiende implícitamente solo sirve para *despertar* sospechas. Nunca diría: «Como puedes ver, no hay ningún hilo enganchado a tu iPhone». ¿Por qué debería haberlo? ¡Qué afirmación tan absurda! Sin embargo, los magos novatos cometen este error constantemente. Empiezan con frases que despiertan sospechas, como: «Damas y caballeros, he aquí una baraja completamente normal». Cuando vemos una baraja, damos por supuesto que es normal a menos que el mago nos dé motivos para pensar lo contrario. Cuando el mago afirma que la baraja es normal, estimula inmediatamente nuestras sospechas. *Pero, ¿es una baraja normal? ¿Por qué me lo tengo que creer? ¿Por qué lo dice él? Déjame que la vea.* Así es como el mago se mete en problemas. Queremos que los espectadores lleguen por su cuenta a la conclusión de que no hay hilos.

Qué tal esto: me prestan un móvil y pido a su propietaria que permanezca en pie a unos pasos de mí. Lo sujeto en una mano y paso la otra por encima y por debajo del teléfono. Si hubiera hilos, se romperían o harían que el teléfono se moviera; así, he mostrado, sin mencionarlo, que no hay hilos. Entonces hago volar el móvil de mi mano a la suya. Con esta estrategia, cuando el aparato aterrice en su mano, *sabrá* que no se han empleado hilos.

El último paso para desarrollar nuestro juego será el más difícil: su *raison d'être*. *¿Por qué* le pido prestado su móvil? *¿Por qué,* acto seguido, lo hago levitar? ¿Porque puedo? No. Demasiada magia facilona cae en esta categoría, y resulta cansino. «Voy a cortar esta cuerda en dos pedazos y la voy a recomponer». ¿A quién la importa? «Voy a hacer flotar esta bola plateada delante de un pañuelo». ¿Por qué?

La buena magia tiene un gancho emocional. «Te voy a enseñar cómo ganar siempre que juegues al *blackjack*». Me gustaría ver eso. «Mi maestro de magia me enseñó su mejor efecto en su lecho de muerte. Me gustaría mostrártelo a continuación». ¡Sí, por favor! «Este es el juego más difícil que hago. A veces no funciona». Sea lo que sea lo que vayas a hacer, tienes mi atención.

Toda magia es metáfora, así que, para determinar el contexto de nuestro juego del teléfono volador, debemos pensar en términos de metáfora. Houdini liberándose de una camisa de fuerza no resulta interesante por sí solo. Es impresionante, y si miráramos arriba y viéramos a un hombre retorciéndose entre ataduras, tal vez nos detendríamos o sentiríamos el impulso de sacarle una foto. Puede decirse lo mismo de un nudista paseando tranquilamente calle abajo. Lo que separa las hazañas de Houdini de la mera diversión es lo que representa: un inmigrante al que no se puede encerrar. Esa es una metáfora que resonaba en el público de Houdini en su época, y aún lo sigue haciendo. Una pregunta interesante para hacerte cuando veas magia es: «¿Cuál es la metáfora?». Te ayudará a establecer el contexto.

De forma que, ¿cuál es la metáfora del juego del móvil que estamos creando? Para mí, el teléfono representa tecnología punta. Hacer levitar este objeto tiene significado porque estamos desafiando a la tecnología mediante un *símbolo* de la propia tecnología.

Ahora, al guion. Es un borrador muy básico, pero estoy pensando en algo como esto:

—¿Me puedes prestar tu móvil? Gracias. Los móviles de hoy son casi como magia: las apps, *el vídeo, Siri... en los ochenta, este móvil habría sido el mayor juego de magia jamás visto.*

[El mago se aproxima a la espectadora y coloca la mano de esta en la posición adecuada, extendida y horizontal. Retrocede unos pocos pasos y pone el teléfono prestado en su propia mano. Hay un silencio y entonces la música empieza a subir suavemente, algo que suene delicado, como un violín. El teléfono flota alejándose lentamente de la mano del mago.]

—Hay quien cree que la tecnología punta ocupará algún día el lugar de la magia.

[Pausa. El teléfono aterriza con suavidad en la mano extendida de la espectadora.]

—Yo espero que no.

Es todavía un borrador, y tal vez un poco sermón, pero tiene potencial para convertirse en una pieza extremadamente potente. Hemos establecido un efecto que lo tiene todo: un gancho inmediato (tomar prestado el móvil de alguien), un efecto atemporal (levitación) y una presentación (la tecnología contra la magia). Ahora todo lo que necesitamos es un método. Nos ha llevado unos minutos imaginar el efecto. Nos podría llevar años perfeccionar el método, lo cual está bien. Estas cosas tardan lo suyo.

Cuanto más tiempo lleves siendo un mago, más difícil resulta pensar como un *muggle* (así se refieren los magos a los profanos. Los magos del universo de Harry Potter creado por J. K. Rowling, claro.). Pero la buena magia no se puede conjurar sin empatía. «No hay lugar para el solipsismo en la magia —escribe Jamy Ian Swiss, un respetado mago e historiador del ilusionismo—. Si la única mente que puedes imaginar es la tuya propia, entonces la única persona a la que terminarás engañando constantemente es a ti mismo... y muchos se pasan la vida haciendo precisamente eso». Por suerte, el público es duro. Si el juego del teléfono tiene algún punto débil, podemos estar seguros de que los espectadores nos indicarán dónde está. Por esto intimida tanto presentar un nuevo efecto: nos están juzgando permanentemente. No existe otra manera de averiguar si un juego de magia funciona: hay que probarlo.

Los grandes magos no dejan al azar los procesos mentales del público. Cada espectador trae consigo un conjunto de supuestos, un punto ciego en el ojo de la mente. Puedes dar por hecho que la moneda es auténtica porque refleja la luz y brilla bajo ella. Puedes dar por hecho que el escenario sobre el que me encuentro es sólido y sin trucajes de ningún tipo. Tal vez no sospeches que tengo una paloma escondida en mi calcetín derecho. ¿Por qué deberías? Si el mago puede identificar tus supuestos, puede emplearlos contra ti. Por eso, desarrollar magia es difícil y lleva tiempo. Tal vez *creamos* que comprendemos cómo vas a responder a un juego, a una idea o a una línea de diálogo, pero no lo sabremos hasta probarlo. En este sentido, la magia es siempre una colaboración entre el mago y el público (véase pág. 20).

Es muy conocida esta idea de Dai Vernon: «En la presentación de buena magia, la mente es conducida, paso a paso, a derrotar su propia lógica». El mago no te engaña. Te engañas tú mismo.

En 2010 me invitaron para hablar sobre el diseño de juegos de magia en los estudios de animación Pixar. Asistían sus principales animadores y ejecutivos, e hice una presentación sobre el uso de técnicas narrativas en los juegos de magia. Cuando terminé, un ejecutivo me hizo una pregunta que no me esperaba: «¿Cómo resuelves los problemas en tu trabajo?».

El hombre me explicó que gran parte del trabajo en Pixar tiene que ver con adaptarse a las circunstancias. Había descubierto que, cada vez que se encontraban con un bloqueo tecnológico o dramático, *resolver* el problema era menos valioso que encontrar formas de rodearlo. Esperaba que los magos tuvieran ideas útiles sobre cómo adaptarse. Me contó que estaban trabajando en un corto y que lo estaban diseñando sin diálogos. Me consultaron cómo se podía transmitir una serie de acontecimientos *sin hablar*. Mi respuesta fue un juego. Presenté un juego de mi repertorio, un juego de cartas, que se hace sin palabras. Logro que elijan una carta, la firmen y la devuelvan a la baraja, sin hablar. Hago que el espectador tome la baraja y la lance al aire, y yo saco la elegida de entre la nube de cartas en revoloteo. No digo una palabra en ningún momento.

El juego que mostré fue la solución para un problema preocupante que me surgió de gira por Asia. La primera noche descubrí que casi nadie hablaba inglés. Nadie reaccionaba a lo que yo hacía, porque nadie podía entenderme. Supe que tenía que hacer un juego que se pudiera entender visualmente, sin indicaciones verbales. Lanzar las cartas al aire y sacar una elegida de entre ellas resulta meridianamente claro:

podrías imaginar a Chaplin o a Snoopy haciéndolo en un *sketch*. La decisión de hacer el juego en pantomima no fue una elección en absoluto. Nadie podía entender mis palabras, de modo que a lo largo de la gira desarrollé la rutina muda para convertirla en algo divertido. Tras mi regreso de Asia, esta «adaptación» se convirtió en mi juego de apertura. Todavía lo uso.

Los magos están en un estado de adaptación constante: así es como resolvemos problemas. Ajustamos nuestro material a escenarios y públicos. La magia de cerca —es decir, la magia que se hace en interacción próxima con el público, en la calle o en un teatro— se despliega de forma muy parecida al modo en el que un trío de *jazz* toca *standards:* con desviaciones deliberadas y únicas. De hecho, el músico y mago de máximo nivel Michael Close denominó a este tipo de magia «jazzística», en base a su componente de improvisación. Hay giros y cambios espontáneos en la magia *jazz*, pero siempre se mantiene una estructura subyacente. El escritor John Irving tiene que saber la *última* frase de su novela antes de empezar a escribir. Ocurre lo mismo con la magia que yo presento. Sé de antemano cómo va a acabar cada efecto, pero lo que conduce a ese final está frecuentemente determinado por las circunstancias.

La más hermosa adaptación que he visto jamás fue un momento tras un espectáculo en Batavia, Nueva York. Uno de los magos, que como yo, participaban en él, Rocco Silano, estaba haciendo magia para algunas personas en el bar. Ha perfeccionado ciertas técnicas mágicas que le permiten hacer aparecer, desaparecer y transformar objetos. Son pases que todos los magos conocen, técnicas difíciles que pocos usan en la práctica, pero Rocco las domina.

Detectó un vaso de agua que parecía no tener dueño, a su lado en la barra y, al moverlo, vio una oportunidad. Introdujo secretamente los dedos en el vaso y se llevó oculto un cubito de hielo. Yo lo capté, pero eso es porque estaba buscando movimientos secretos; nadie más se dio cuenta. Rocco pidió a una mujer que retirara el envoltorio de celofán de su paquete de cigarrillos. Le costó arrancar el plástico transparente ante la atenta mirada de la gente. Mientras todos estaban pendientes de la mujer, Rocco ocultó imperceptiblemente el cubito de hielo. En este momento, yo no tenía ni idea de a dónde se dirigía Rocco con su efecto (y, como admitiría más tarde, él tampoco lo sabía muy bien).

Con las manos aparentemente vacías a la altura del pecho, y el cubito de hielo fuera de la vista, cogió el celofán y lo arrugó entre sus dedos.

—¿A qué te suena esto? —preguntó a la mujer. Ella sacudió la cabeza.

—Piénsalo—. Todavía nada.

—A mí me suena como el hielo —dijo Rocco, y entonces acercó el celofán a su oreja para que la mujer pudiera escuchar cómo el plástico arrugado sonaba notablemente parecido al ruido que hace el hielo cuando se descongela lentamente.

Al pasar el celofán a su otra mano, Rocco lo cambió secretamente por el hielo. Sopló en su puño, como si estuviera exhalando «aire frío» en el plástico. Abrió la mano para revelar que el envoltorio de celofán se había convertido en hielo. Entregó el cubito a la mujer y, mientras se marchaba, ella se quedó atónita, con los cigarrillos en una mano y el hielo en la otra. Sospecho que contará esa historia durante el resto de su vida.

A Rocco le llevó décadas perfeccionar la habilidad para ocultar y cambiar objetos (ha sido campeón de magia de escena), pero adaptó esas habilidades a un juego que creó mientras lo presentaba. Fue una conjunción de oportunidad y preparación. La gente me suele preguntar: «¿Cuál es el juego de magia más fuerte?». Es el que se encuentra en un momento como el que tuvo Rocco en Batavia con aquella mujer en el bar.

La gente describe los juegos de magia, erróneamente, como hazañas que desafían la lógica. Más bien, «la magia es el arte de hacer lógico lo imposible», como dice Jean-Jacques Sanvert, uno de los grandes magos contemporáneos de Francia.

¿Y si la maga presenta un limón y, después, de forma inesperada, tose un par de veces? Entonces, aparentemente por necesidad, transforma el limón en un vaso de limonada. Resulta igualmente engañoso, pero también tiene una lógica interna. La buena magia contiene tanto maravilla como una ruta hacia la comprensión. Como ha escrito Teller, «la magia es la conexión entre una causa y un efecto que no están conectados en el mundo físico, pero que de alguna forma deberían estarlo».

He llegado a la conclusión de que todas las artes pretenden complacer un deseo innato de *hacer*. Escribir es hacer. Pintar es hacer. La caligrafía es hacer. Pero solemos pensar en la magia como un arte escénico, algo que se presenta sobre un escenario mientras otros miran. No obstante, las ilusiones comienzan como preguntas «¿Y si?» que se adaptan antes de —y, a veces, durante— la presentación. La magia es algo que los magos *hacemos* mucho antes de compartirla con el mundo. Detrás de la ilusión hay siempre un proceso.

✦✦✦

10

¿CÓMO NOS ENGAÑAN EXACTAMENTE?

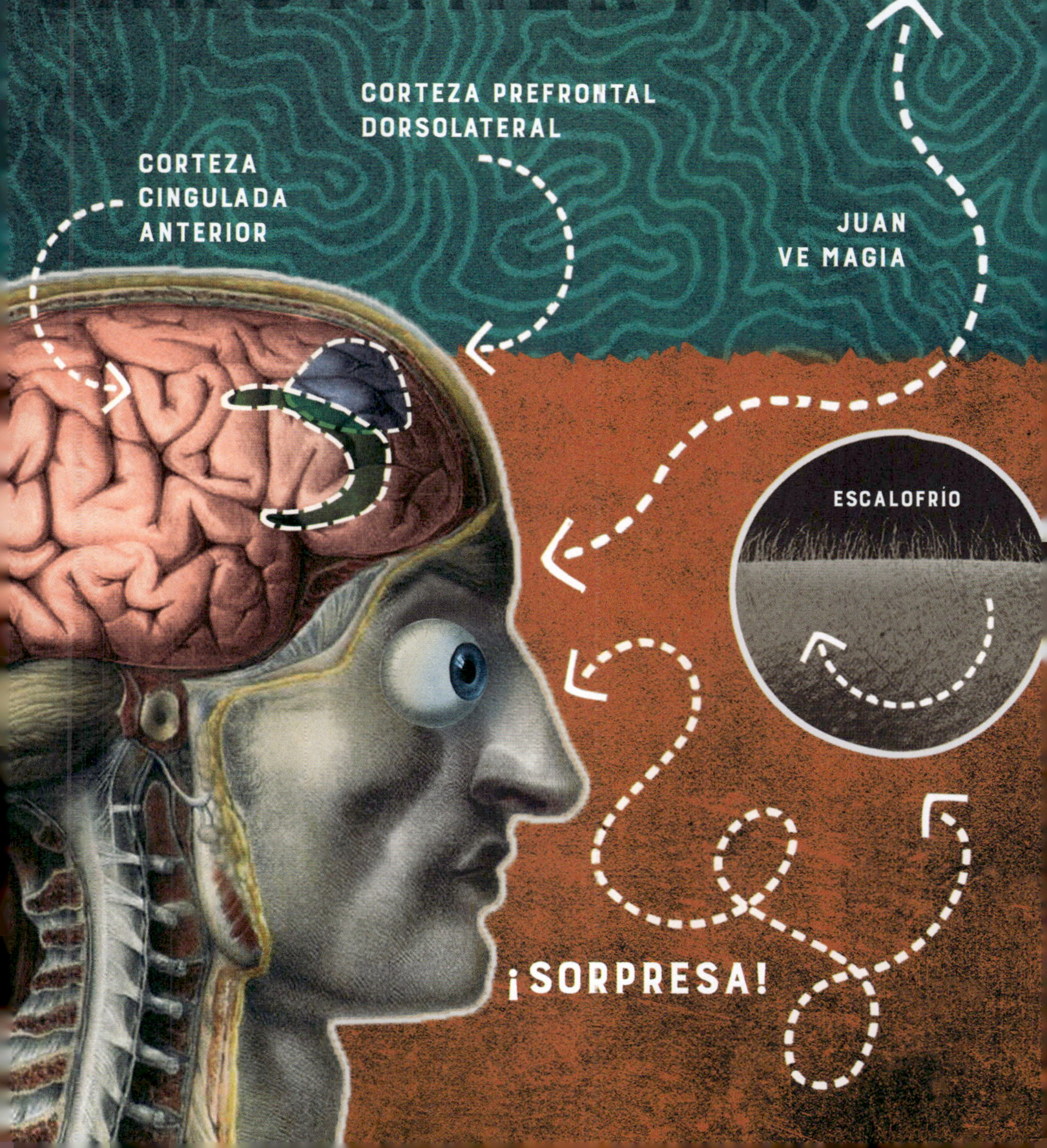

«HAY TODO UN MUNDO ENTRE QUE UN ESPECTADOR *NO SEPA* CÓMO SE HA HECHO ALGO Y QUE *SEPA* QUE NO SE PUEDE HACER».

—SIMON ARONSON, MAGO

La magia no ocurre en las manos del mago, sino en las mentes de los espectadores. Lo que me ves haciendo en el escenario no es lo que hago realmente. Lo que tú estás experimentando —una inmersión completa, a veces abrumadora— es lo que se llama «escalofrío». Y aunque puede parecer exagerado comparar la aparición de una moneda con un orgasmo, el escalofrío a menudo se describe como un «orgasmo de la piel». Es una de las pocas formas en que nuestros pensamientos se manifiestan físicamente. Igual que el llanto, el escalofrío es una reacción fisiológica a estímulos mentales.

En la magia, la sorpresa es el ingrediente clave para provocar el escalofrío en un público. La música es el detonante más fácil, aunque el cine, los juegos de magia o incluso las buenas acciones por parte de desconocidos también pueden provocarlo. Ocurre cuando se produce un cambio inesperado en una pauta, como cuando pongo una moneda en mi mano izquierda y entonces, ¡sorpresa!, ya no está. Ese sencillo juego supone una disrupción de la pauta que tu cerebro ha aprendido a esperar tras toda una vida de experiencias. Cuando la moneda desaparece, hay un cambio inesperado y sorprendente. *Zssst.* La carne de gallina.

Lo que termina siendo carne de gallina en tu brazo empieza como química en tu cerebro. Se libera dopamina cuando tiene lugar una sorpresa positiva. Los adictos al juego, por ejemplo, experimentan subidones de dopamina cuando los sorprende una mano favorable. Los juegos de magia proporcionan una sorpresa similar, y una reacción química parecida en el cerebro.

El experto en psicología cognitiva Gustav Kuhn estudia la relación del cerebro con la magia y el engaño. Con su colega Ben Parris estaba buscando el lugar preciso del cerebro donde se procesa la magia. «Ninguno de los dos creíamos de verdad que la magia se pudiera localizar en un área concreta», admitió Kuhn. Pero descubrieron que dos áreas del cerebro se muestran particularmente activas cuando la gente ve juegos de magia: la corteza prefrontal dorsolateral y la corteza cingulada anterior.

Estas dos áreas son las responsables de identificar y resolver problemas, y su interacción es la clave para entender por qué nos sentimos asombrados. Los juegos de magia son procesados por el cerebro como problemas que hay que resolver. Cuando no se pueden resolver, se transfieren al hipocampo, donde se almacenan los sueños. El mago Juan Tamariz (véase pág. 249) intuyó esto cuando describió un buen espectáculo de magia como un sueño aún por soñar. Introduces un juego de magia en el cerebro y, cuando no se puede resolver, se guarda en la memoria de los sueños. Cuanto más impactante es la magia, más nos acercamos al verdadero asombro, y más sentimos... la carne de gallina.

Las reacciones físicas a lo inesperado son un producto evolutivo. Nuestro pelo se eriza cuando nos alarma un peligro en nuestro entorno: un ruido inesperado o, supongamos, una persona levitando sobre el escenario. La sacudida modifica nuestro estado mental.

Ese estado mental fue denominado «sistema 2» por el psicólogo ganador del Nobel Daniel Kahneman y su colaborador Amos Tversky, que distinguen dos estados en los que existe el cerebro. El sistema 1 es nuestro estado por defecto, en el que nos encontramos cuando comenzamos a disfrutar la magia, con nuestros pensamientos gobernados por el sentido común y respuestas automáticas y emocionales. Es un estado inconsciente: no estamos pensando en que estamos pensando en la magia, simplemente estamos disfrutando el espectáculo.

Pero cuando se presenta una dificultad, una sorpresa que no podemos explicar racionalmente, el sistema 2 se hace cargo de nuestro cerebro, y somete a escrutinio el recuerdo de cada estímulo que acabamos de recibir. *¿Por qué no está la moneda en la mano izquierda? ¿Realmente la puso ahí? ¿Vi antes la moneda en su mano derecha? ¿He dejado de mirar en algún momento?* El sistema 2 es nuestro lado racional y calculador. Es el estado en el que te encuentras cuando estás enfocado al cien por cien. Cuando el sistema 1 falla, el sistema 2 entra en juego para ajustar lo que acabas de ver a lo que sabes. Y cuando el sistema 2 falla, lo que te queda es... el asombro.

Como dijo Paul Schrader, director de cine: «Las mejores películas empiezan cuando estás saliendo del cine». Ocurre lo mismo con la magia. Solo después de que tu cerebro haya intentado explicar el juego y haya fracasado este se convierte en imposible.

Lo imposible es un proceso. Un juego de magia no es realmente magia en las manos del mago; *se convierte* en mágico a través de una secuencia en la mente del espectador. Lo que nos permite disfrutar la magia no es una falta de lógica; de hecho, necesitamos una dosis saludable de lógica para *crear* un recuerdo imposible. Jerry Andrus, creador de juegos y mago, lo tenía por cierto: «Normalmente, cuando te engañas, la mente no se ha equivocado. Ha llegado a una conclusión equivocada por una razón correcta».

Sean ciencia o intuición, estas ideas inspiran los métodos diabólicos con los que se crea la magia. Juan Tamariz entiende el modo en que piensa el público y diseña sus efectos a partir de ahí precisamente para aprovechar los procesos mentales, valiéndose de una técnica que denomina «el método de las pistas falsas».[1]

La idea consiste en analizar toda solución imaginable para un juego; por ejemplo, la desaparición de una moneda. *Te la has metido en la manga. No había moneda desde el principio. Te la has quedado en la mano derecha.* El espectador elegirá una de estas soluciones erróneas pero plausibles. Cuando Tamariz deposita la moneda en su mano izquierda, tal vez decida no mostrar que su mano derecha se ha quedado vacía. Podría, ya que realmente la mano está vacía. Pero sabe que tu mente deducirá que, si la moneda desaparece en la mano izquierda, tiene que haberla retenido la mano derecha. Así, te conducirá a la trampa lógica que ha diseñado. Una vez que la moneda esté bien lejos de ambas manos,

1. Expuesto en *La vía mágica*, de Juan Tamariz. Editorial Frakson. Madrid. 1ª ed. 1987. (N. del T.)

podría incluso mostrar la mano derecha en una posición ligeramente sospechosa, lo cual reforzaría el proceso mental de tu sistema 2 para hacerte creer que la moneda tiene que estar oculta en la mano derecha. Justo en el momento adecuado, mostrará que la mano derecha está vacía. Y tú te quedarás *totalmente* anonadado, gracias a su método de las pistas falsas.

Cuanto mayor la sorpresa, más fuerte será el asombro. «El impacto del misterio suspende toda capacidad analítica —dice Tamariz— así como el deseo de aplicarla». Algunos juegos de magia (y finales de películas, y *crescendos* musicales) son tan potentes que nos rendimos al momento y nos sumergimos en su intensidad. Esos son los momentos fugaces que los magos estamos siempre persiguiendo. Pero crearlos es difícil en extremo. Una de las grandes paradojas de la magia es que nuestro público espera la sorpresa. El desafío para nosotros, los magos, consiste en asombrarte de formas que no esperabas, para hacerte pensar: *no lo he visto venir*; y, acto seguido: *pero debería.*

✦✦✦

11

¿QUIÉNES SON TUS MAGOS FAVORITOS?

(PARTE 1)

«EL TRABAJO DEL ARTISTA CONSISTE SIEMPRE EN HACER MÁS PROFUNDO EL MISTERIO».

—FRANCIS BACON, ARTISTA

Hay varios magos cuya obra admiro por encima del resto: Penn & Teller, David Copperfield y David Blaine, por mencionar a unos pocos. Una de las cosas más gratificantes de escribir este libro fue la ocasión de pasar algún tiempo con cada uno para aprender sobre sus procesos creativos. Por lo demás, los magos que componen esta serie de tres capítulos tienen algo en común: es probable que nunca hayas oído hablar de ellos.

JERRY ANDRUS
(1918-2007)

La magia es un saber arcano que guardamos para nosotros hasta el punto de que algunos de los mejores magos del mundo ni siquiera son profesionales. Practican su arte entre turnos o debajo de sus escritorios, ocultos a los ojos inquisidores de sus jefes. El que tal vez sea el mago más prolífico de todos los tiempos, habiendo publicado más de dos mil juegos originales, trabajaba como operario en una fábrica. Uno de los más soberbios manipuladores que conozco es agente de ventas en FedEx. Y luego está Jerry Andrus, empleado en la Pacific Power Company de Oregón, y uno de los magos más creativos que jamás ha habido. Cuando conocí a Jerry, yo acababa de empezar a actuar en el circuito de congresos mágicos. Por aquel entonces Jerry ya era una estrella que recibía premios y ovaciones en los espectáculos en los que yo hacía de telonero.

Una de las razones por las que Jerry era realmente único es que, a una edad muy temprana, prometió no decir jamás ni una sola mentira. Solo que, en el caso de Jerry, no era una leyenda, iba muy en serio.

La primera vez que supe de la promesa de Jerry, mi lado juguetón quiso ponerlo a prueba tan pronto como lo conociera.

—¿Qué te pareció el tipo de las palomas? —le pregunté.

—Realmente no me gusta ese tipo de magia —me dijo.

Lo intenté de nuevo.

—¿Te gustó el juego que te hice ayer? ¿Ese en el que la moneda aparecía en el lomo de la baraja?

—Acabó demasiado rápido.

Maldición, pensé.

No era solo que Jerry no mintiera nunca; lo que realmente te dejaba huella era su forma de hablar. Soltaba verdades contundentes, sin ambages, sin el menor indicio de duda o timidez.

No mentir jamás ya es bastante difícil en la vida cotidiana. Intenta *no* recurrir a las mentiras piadosas cotidianas que nos evitan tener que cenar con los vecinos o con las que reforzamos la autoestima de nuestros hijos asegurándoles que están hechos unos artistas. No es fácil, pero tal vez sea posible. Lo que realmente cuesta imaginar es cómo un *mago* puede pasarse toda una vida sin decir una sola mentira. Y, sin embargo, Jerry Andrus *jamás* mintió, ni siquiera en el escenario. No decía «Por favor, elige la carta que quieras» a menos que de verdad fuera una elección libre. Es una elección valiente, innecesaria y artística, y hace que presentar magia resulte casi imposible. Bueno, lo *sería*... para cualquier mago a excepción de Jerry Andrus.

La segunda norma autoimpuesta de Jerry era otra proeza aún más difícil: solo presentaba material original. Si lo había creado otra persona, él se negaba a tocarlo. Esto se aplica también, en un sentido más general, a otros magos que admiro, pero lo de Jerry era verdadero fanatismo. Ni siquiera usaba las técnicas típicas en sus efectos (es casi imposible explicar a quienes no son magos lo impresionante que resulta esto). La magia, como todo, se apoya en ciertos fundamentos básicos. Todo el mundo (y realmente quiero decir *todo* el mundo) usa estas técnicas y un centenar más en sus propias secuencias y combinaciones. Son las piezas de construcción de nuestro oficio. Pero Jerry inventó su propio vocabulario técnico. Cada pase y cada momento en su magia original se componía de una docena o más de técnicas originales. Es abrumadora la fuerza creativa que se necesita para ello.

Mi efecto favorito de Jerry Andrus se titula «Zona cero» (Zone Zero). Jerry mostraba un panel con un agujero en su centro. Entonces sacaba una pelota de color amarillo brillante y la metía en el hueco. Al hacerlo, la pelota desaparecía. Mostraba los dos lados del panel, después volvía a introducir su mano dentro de la «Zona cero» y recuperaba la pelota. El efecto parece sacado de un tebeo, con agujeros que supuestamente dan a otras dimensiones. Típico de Jerry.

Como no era un mago profesional, a Jerry le traían sin cuidado las consideraciones prácticas. Se sentía libre para innovar sin los condicionantes que preocupan a un profesional: ángulos, tiempo necesario para poder volver a presentar un juego, durabilidad o nivel de dificultad. En 1950 publicó una técnica llamada el «pase Sidewinder» (Sidewinder Shift), donde una carta elegida se introduce en la baraja y sale secretamente por el otro lado, oculta entre la mano y la muñeca. Es tan difícil que la gente no creía que se pudiera hacer. Habiendo visto (o, quizá debería decir, *no* habiendo visto) el «pase Sidewinder» en acción, puedo atestiguar que resultaba invisible y perfecto en las manos extragrandes de Jerry.

A pesar de su perfil bajo, Jerry era famoso entre los magos y también era conocido en la comunidad escéptica. Era un agnóstico declarado que se oponía a todo tipo de pseudociencia. Sus actuaciones podían ser demasiado intensas en ocasiones, pero también ofrecía explicaciones y consuelo a su público mientras lo engañaba. «Puedo engañaros porque sois humanos —decía—. Tenéis una maravillosa mente humana que funciona igual que mi mente humana». Quería que la gente supiera que el hecho de que te engañen no implica que seas tonto.

Entre sus numerosas peculiaridades, Jerry escribía poesía, inventó su propio dictáfono sin botones, y propuso su propia distribución alternativa al teclado actualmente consolidado.

En 2003 me encontraba de gira por el noroeste del Pacífico y le pregunté a Jerry si podíamos quedar. Me invitó a lo que afectuosamente denominaba el Castillo del Caos, el hogar en el que había vivido desde 1928. (Tras su muerte en 2007, una pareja compró y restauró la casa, y actualmente es un lugar histórico reconocido y abierto a las visitas).

La casa resultaba cómicamente pequeña y desastrosa. En la fachada había la típica ventana con forma de agujero de cerradura, y todo el inmueble, por dentro y por fuera, estaba, bueno, «jerryficado». Había diseñado un órgano conectado al cableado eléctrico de la casa: mientras tocaba, las luces se encendían y apagaban. El propio órgano era un desordenado océano de cables que se parecía más a un artefacto explosivo casero que a un instrumento musical. Tenía en la cocina una cinta de correr sobre la que montó su ordenador, en los tiempos en que los ordenadores eran enormes y tenía torretas conectadas a los monitores. Recuerdo haber visto una sartén increíblemente sucia en la hornalla.

—¿Jerry? —pregunté señalándola.

Sin vergüenza ni particular interés en el tema, contestó:

—No lavo mis sartenes.

Jerry nunca mentía.

Su patio trasero era lo que todo el mundo (desde los niños del vecindario a los fans de Jerry Andrus alrededor del globo) quería ver. Era un laboratorio de ilusiones ópticas, poblado de creaciones del tamaño de coches, apelotonadas con madera podrida y clavos oxidados. Había anillos concéntricos colgando de los árboles, que parecían pasar los unos a través de los otros de formas imposibles, y una señal con una flecha que siempre parecía apuntarte, fuera cual fuese el lugar del patio en que te encontrabas. La fama de Jerry como mago y escéptico, por grande que fuera, palidecía frente a su reputación como creador de ilusiones. Muchas de las ilusiones de juguete con las que te has divertido de niño se crearon en el patio trasero de Jerry. Le pagaron por algunas de ellas, pero no era el tipo de persona que patenta sus ideas o persigue infracciones del *copyright*. Me han dicho que murió prácticamente sin blanca, lo que no me sorprende, porque es evidente que no le motivaba el dinero. Ya mientras vivía hubo museos que dedicaron exposiciones en solitario a sus asombrosas ilusiones ópticas.

«La caja imposible» (Box Impossible) es una ilusión típica de Jerry Andrus con la que todo el mundo se quería sacar un *selfie,* décadas antes de que los *selfies* fueran habituales. Era una caja sin tapa ni fondo y, cuando la mirabas desde el ángulo adecuado, la persona o el objeto parecía encontrarse dentro y fuera de la caja al mismo tiempo, como un grabado de Escher al que se le hubiera dado vida. Como al propio Jerry, era imprescindible dedicarle una segunda mirada.

RUNE KLAN
(1976)

En 2010 se difundió un vídeo de un juego de magia impactante y audaz. Rune Klan, un cáustico mago cómico de Dinamarca, tomaba prestado un zapato de una mujer y procedía a hornear un bollo en su interior. Echaba harina, agua, un poco de sal, aplicaba fuego y, *¡puf!*, sacaba un bollo del zapato de la señora.

La mujer resultó ser la reina de Dinamarca. El clip se viralizó y, aún hoy, si preguntas a cualquier danés por Rune Klan, te contestarán: «¿Te refieres al tipo que hizo pan en un zapato de la reina?».

Los magos han estado horneando tartas en sombreros prestados desde hace más de setenta años, pero usar un zapato resulta, de alguna manera, aún más peculiar, especialmente si pertenece a la realeza.

Rune y yo nos conocimos cuando éramos chavales: él tenía veintiuno y yo quince. A una edad en la que la mayoría de mis amigos ajenos a la magia pasaban sus veranos en un campamento, convencí a mis padres de que era lo bastante responsable para recorrer el país dando espectáculos de magia y conferencias. Rune y yo estuvimos de gira como «maniáticos de la manipulación», el equivalente mágico a los *skaters*, con números abarrotados de técnicas innecesariamente difíciles porque, bueno, nosotros podíamos hacerlas y la mayoría de la gente no. Aprendí de Rune que, para ser grande, tienes que ser osado. Ya entonces tenía claro que Rune era un genio destinado a cosas importantes.

Veinte años después, creo que ha alcanzado la grandeza. No soy objetivo, por supuesto, pero pienso que Rune está presentando la magia más innovadora del momento. Ahora es famoso en Escandinavia y tiene una Factory warholiana cerca de casa, un gran estudio donde pasa el tiempo. Tiene un columpio de tela de yoga aéreo colgando del techo y un libro desplegable del tamaño de un Jeep. Las mesas están cubiertas de prototipos e inventos, unidos con cinta aislante y pegamento aplicado sin mesura. Los magos del lugar suelen pasarse para trabajar en su propio material, y Rune se ofrece para ayudarles cuando no está pidiendo ayuda él mismo.

Rune alcanzó la fama pronto con un estilo cómico arriesgado que encantaba a los adolescentes. Pero a medida que sus admiradores y él maduraban, también lo hizo su humor. Al principio, se reía de la magia. Era un ídolo para los adolescentes para los que actuaba: aparecían canutos gigantes en su boca, un pañuelo sostenido a la altura de su entrepierna se movía «misteriosamente» solo, y cuando intentaba transformar una lavadora en un mapache, «sin darse cuenta» descubría una lavadora hecha de pieles con una cola de mapache.

En su primera gira a nivel nacional, quería iniciar el espectáculo apareciendo mágicamente ante el público. Su equipo construyó una robusta cámara de plexiglás que se llenaría de humo antes de que él apareciera en su interior. «Simplemente, no era mi estilo —explicó Rune—. Era más propio de Copperfield que de mí». Su solución fue típica de Rune. Las luces del teatro se apagaron mientras sonaba *Carmina Burana* a todo volumen. Flechas enormes apuntaban a la cámara de plexiglás mientras se llenaba de humo, con un nivel de producción y una música estridente que parecían salidos del Circo del Sol. Entonces la música se detuvo de golpe y el foco apuntó repentinamente a uno de los laterales del escenario. Rune salió a escena, bebiendo una cerveza. Señaló a la caja y dijo: «Habría molado tanto si hubiera aparecido ahí, ¿no?». Era humor visual y absurdo, y al público le encantó.

Pero la gracia se fue quedando pasada. Tras un puñado de giras y de especiales de televisión, la vieja rutina ya no impactaba tanto. Rune era mayor, y burlarse de la magia parecía demasiado facilón. Ahí fue cuando Rune floreció como artista.

Se reinventó con una serie de inteligentes propuestas conceptuales. En una, Rune colaboró con algunos de los mejores músicos de Dinamarca y presentó un bellísimo espectáculo basado en la manipulación acompañado de música en vivo, con muchos de los juegos parcialmente improvisados cada noche. No había dos funciones exactamente iguales.

En *Sin hijos* (*Childless*), su creación más reciente, explora los diez años de dificultades por los que él y su compañera pasaron intentando concebir y, finalmente, adoptando un niño. En el espectáculo hay risas, cuando parodia a sus amigos treintañeros (madres y padres helicóptero), pero es sobre todo la historia conmovedora de alguien que desea un hijo y no puede tenerlo. La magia del espectáculo es preciosa, pero la historia te arranca las lágrimas.

«Si una idea no me asusta, no la hago», afirma la artista de performances Marina Abramović. Rune es igual: incansablemente provocador.

Mi principal reproche hacia los magos, incluso los grandes, es que a menudo les falta visión. La magia no tiene límites ni en alcance ni en magnitud: pocos dominan el arte de la magia de cerca, y aún menos son capaces de controlar un escenario. Precisan de habilidades totalmente distintas, y sin embargo Rune posee ambas.

Todas las ideas de Rune parecen pésimas hasta que veo cómo las ejecuta.

—Voy a hacer un juego de cartas y a hablar sobre la muerte de mi padre —me dijo hace poco en una conversación telefónica.

—Vale —le dije.

¿Qué otra cosa podía decirle? No me parecía una idea demasiado buena. Pero en un par de años, la veré en el escenario. Y será maravillosa.

RICHARD TURNER
(1954)

Richard Turner puede cortar una baraja y, por el tacto y el peso, decirte exactamente cuántas cartas ha cortado. Puede dar imperceptiblemente de abajo e incluso del centro del mazo. Turner, tejano de origen, ha actuado en televisión en todo el mundo como «El Tramposo» (The Cheat), un tahúr del tipo Mississippi, vestido a menudo con camisa de lentejuelas y una hebilla vistosa. Fuera de los escenarios, ha brillado en el karate *wado-ryu* y, con un cinturón negro de sexto grado, se ha ganado el título de Maestro Turner. Incluso se ha inventado un juego de cartas llamado Batty que ha generado todo un culto de seguidores por las habilidades matemáticas que se precisan para resolverlo.

Otra cosa: Richard Turner es ciego.

Cuando Richard actúa, su ceguera jamás se menciona hasta que ha terminado, en todo caso. Cuando se abre el telón, Richard ya está sentado a la mesa de juego y rodeado de espectadores. Es interesante y divertido, e increíblemente impresionante en su destreza manipulativa. La mayoría de espectadores nunca llegan a darse cuenta de que no puede ver las cartas, ni sus propias manos, ni tampoco al público.

Nunca he entendido del todo las opciones artísticas de Richard, pero yo no estoy en su pellejo. Me parece que la poesía (o quizá la paradoja) de ser uno de los mejores manipuladores de cartas y además ciego es algo que no debería ocultarse. Sin duda, mostrarlo aumentaría la valoración de su arte por parte de los espectadores. Stevie Wonder no se define por sus problemas de visión, pero es una parte esencial de su historia y se manifiesta en sus letras y en sus actuaciones ante el público. Sin embargo, si la gente estuviera al tanto de la diversidad funcional de Richard, las reacciones podrían verse forzadas por la compasión, o impregnadas de ella. La opción de Richard asegura que el público defina su espectáculo por sus excepcionales habilidades y nada más.

Sé cómo consigue Richard su destreza técnica: con más horas de práctica que nadie que yo haya conocido jamás. Nunca he visto a Richard sin una baraja, incluso cuando hemos comido juntos, él seguía ensayando mezclas perfectas a una mano. Lo que más admiro de Richard es cómo ha alcanzado su nivel de habilidad sin ayuda de la vista. La práctica repetitiva no es infrecuente en los magos de talento, y la ceguera no es un obstáculo insuperable para ensayar. Pero las técnicas que Richard domina son invisibles para el ojo y eso exige ajustes muy delicados en los ángulos y las posiciones de los dedos de cada mano. Para lograr esto, no hace concesiones en cuanto a la técnica. ¿Cómo sabe que no se ve algo que no debería verse desde el ángulo delantero? ¿Cómo sabe qué parte de la baraja debe ocultar en el momento preciso? Richard es tan bueno en técnica cartomágica como cualquiera que yo haya visto. Todos los demás especialistas en cartas que conozco se pasan el día sentados en casa, mirando en un espejo mientras ensayan. Richard lo hace todo a oscuras.

No obstante, es inflexible respecto a su técnica. Cuando lo veo después de un espectáculo, habitualmente es crítico con su propia actuación. A mí siempre me parece impecable, pero él «nota» que algo no está del todo bien, un instinto en el que a buen seguro confía ya que debe hacer todo mediante el tacto. La United States Playing Card Company[1] contrata a Richard como analista de tacto, para que les ayude con cuestiones de control de calidad respecto a la textura y el tacto de sus cartas.

Hace algunos años, antes de que hubiera compartido escenario con él, llamé a Richard y me presenté. Le dije que estaría de gira por San Antonio y le pregunté, tímidamente, si podría estar unos minutos con él para que me diera su autógrafo. Me invitó a su casa y pasamos nueve gloriosas horas juntos intercambiando secretos.

Compartir magia con Richard Turner es una experiencia única. En la mesa de su cocina, me dejó atónito una vez tras otra, engañándome con técnicas manipulativas que yo era incapaz de detectar, a pesar de estar vigilando sus manos a centímetros de distancia. ¿Y cómo podía mostrarle yo mis juegos?

Cuando le pedí ayuda a Richard con mi dada de abajo, me dijo que quería «verla» y entonces colocó sus manos sobre las mías y me pidió que ejecutara la técnica.

—Tienes demasiado tensa la mano izquierda —comenzó, como un médico dictando las constantes vitales a un enfermero—. Deberías sujetar la baraja más abajo y deberías estirar los dedos para evitar que se note el movimiento cuando sacas cada carta.

Pasamos varias horas en su casa, el maestro y un aprendiz. Sus manos descansaron sobre las mías durante buena parte del tiempo, y si alguien de fuera hubiera estado mirando, le habría parecido que yo estaba aprendiendo por ósmosis, absorbiendo las décadas de perfección de Richard. Ojalá.

1. Productor y distribuidor estadounidense de naipes. Sus numerosas marcas incluyen Bicycle, Bee, Tally-Ho, Aviator, Mohawk, Maverick, KEM, Hoyle y Fournier. (N. del T.)

RENÉ LAVAND
(1928-2015)

En principio, podría parecer que René Lavand tenía poco en común con Richard Turner. Era de Argentina y apenas hablaba inglés y, a diferencia del personaje del «Tramposo» de Turner, Lavand era sutil, y entretejía relatos y poesía con su magia de cerca. Pero Turner y Lavand tenían más en común que el hecho de ser dos maestros de élite de la técnica cartomágica. A la edad de nueve años, ambos desarrollaron una diversidad funcional. Turner perdió la vista, Lavand su mano derecha. Mientras jugaba en el carnaval, un coche atropelló a René y le machacó la mano derecha. Llevó una postiza durante el resto de su vida.

Lavand llegó a la magia más tarde que la mayoría. Abandonó una carrera en la banca por la magia, primero como ilusionista de escena y, con el tiempo, como mago de cerca. Lavand fue pionero en una potente combinación de narrativa y magia. Sus actuaciones a menudo comenzaban, y concluían, con monólogos que tocaban temas tan variados como la poesía de Pablo Neruda, la vida en tiempo de guerra, o el folclore argentino.

Puesto que aparentemente todos los juegos de magia precisan del uso de las dos manos, Lavand tuvo que inventar su propio «vocabulario» físico de técnicas. Diseñó formas de mezclar una baraja, y deshacer secretamente las mezclas, solo con su mano izquierda. Aprendió a dar en falso de abajo, en segunda y en tercera. Casi todas las desapariciones, apariciones y transformaciones se ejecutan al pasar un objeto de una mano a otra; sean cartas, monedas o, en el caso del juego más célebre de Lavand, migas de pan. Pero sin una segunda mano a la que pasar los objetos, Lavand creó un repertorio completo de técnicas nuevas y maravillosas para ejecutar esas desapariciones y transformaciones con cinco dedos menos que todos los demás.

Tenía trece años la primera vez que vi a René, en un espectáculo en Washington D. C. Por aquel entonces, yo amaba la magia por lo que era: algo que usaba para engañar a mis amigos del colegio, algo con lo que entretener a mis manos inquietas. Pero René Lavand ofrecía más. Mientras manipulaba las cartas citaba a Picasso y a Borges y hablaba sobre el papel del mago en nuestras vidas:

—Por eso he venido a este lugar: para estimular *su* sentido de la maravilla —decía.

Tras su espectáculo, pude conocerle e incluso me las apañé para mostrarle mi propio juego, patéticamente deficiente, con mis manos de treceañero temblando de principio a fin.

Mientras aprendemos y nos formamos, hay personas que llegan a nuestras vidas solo por un instante y cambian la forma en que pensamos sobre nuestro oficio o sobre nosotros mismos. Richard Turner y Rune Klan me ayudaron porque no eran personajes hiperbólicos. Pero René Lavand era más grande que la vida; no había conocido a nadie como él. Abrió mis ojos a la idea de que hay un escalón, otro nivel *más allá* de ser un gran mago; el de llegar a ser un artista.

✦✦✦

12

¿CON QUÉ TE GANAS LA VIDA?

«REALMENTE NO PUEDO HACER MAGIA; SOLO PUEDO AYUDARTE A QUE TÚ LA VEAS».

—PETER SAMELSON, MAGO

«Soy mago», es lo que respondo con no poco orgullo cuando la gente me pregunta a qué me dedico. A menudo, la reacción es de incredulidad. «¿Haces alguna otra cosa?», es lo que suelen añadir. Parece que les cuesta asumir un trabajo que, en esencia, tiene que ver con la imaginación. Tiende a parecerles irrisorio. Irrelevante. Un entretenimiento.

Esta desconexión viene de la diferencia entre lo que el mago hace y lo que el público ve. El mago ejecuta una serie de movimientos ensayados, sincronizados con palabras o música, y lo que el público ve es... magia. Pero lo que el público ve no está realmente ahí.

No ocurre lo mismo cuando se trata de un actor en el escenario. Lin-Manuel Miranda no es *realmente* Alexander Hamilton; somos conscientes de ello mientras observamos desde nuestras butacas, por mucho que nos dejemos llevar por su técnica, su habilidad y su talento. En un espectáculo de magia, sin embargo, hay espectadores *intentando* averiguar el secreto, intentando *no* creer, y aun así, la magia ocurre. Llámalo suspensión involuntaria de la incredulidad.

Como soy mago, lo que me ves hacer es muy distinto de lo que realmente hago. Ves a un ayudante levitando, pero yo veo una red de métodos y principios complejos entretejidos para crear una ilusión. ¿Qué conecta al mago con el público? Superficialmente, poca cosa.

No puedo evitar sentir que lo que hago para ganarme la vida es... fraudulento. Y lo que pretendo, artísticamente, es ofrecer al público algo real, no algo que parezca real solo durante un instante. Engañar a la gente es, en el fondo, insatisfactorio. La magia debería ser algo más que diversión o distracción.

No soy el único que aspira a conseguir algo más profundo que una ilusión. «Aunque sé que no puede hacerse —dijo M. C. Escher, el fantástico artista inspirado por las matemáticas— quiero hacerlo de todas formas».

Porque, si nada de lo que tengo que ofrecer es real, ¿para qué está entonces el mago? ¿Para entretener? ¿Para hacer gracia? Solía sentirme inseguro respecto al lugar del mago en el mundo. Entonces fui a Canadá.

Estaba en Toronto, de gira con mi primer libro. En el escenario éramos tres personas, cada uno autor con un libro recién publicado. El primer autor de la mesa redonda acababa de volver de Afganistán: su libro contaba su lucha contra el estrés postraumático. Hizo una lectura en voz alta fabulosa. Después fue el tipo que había a mi lado, con su libro sobre sobrevivir al cáncer. Respondió a preguntas del público. Fueron, como puedes suponer, minutos bastante duros. El responsable de la librería me presentó diciendo:

—Y, a continuación, nuestro mago será el juez del concurso de tallar calabazas que hay atrás.

Los escritores de verdad leen en voz alta y responden a preguntas del público, mientras que los magos... son jueces de calabazas. Pero no me ofendí. Los otros dos autores habían escrito sobre cosas serias, importantes. Yo soy una distracción respecto a cosas como la guerra y el cáncer. Tras premiar a la calabaza ganadora, actué para aproximadamente un centenar de personas y firmé unos cuantos libros. Lo que me afectó, sin embargo, fue hablar con la gente tras el espectáculo. Casi todas las personas con las que hablé aquella noche se habían involucrado de un modo u otro en los conflictos de Oriente Medio o habían sobrevivido al cáncer. Pero, una tras otras, vinieron para ver más magia. Un chaval en particular era incansable.

—¿Por qué quieres ver tantos juegos de cartas? —le pregunté.

—Porque estoy ingresado en el hospital cada dos por tres —me explicó—. Soy un paciente a tiempo completo. Cuando hacemos magia, me siento como yo mismo.

Nunca olvidé al chaval, ni lo que dijo. Cuando *nosotros* hacemos magia. *Nosotros.* Él comprendía que la magia no es algo que el mago hace al público. Es un baile, y él se sentía parte de la experiencia. Y aquella experiencia le permitía salirse de sí mismo (y de sus problemas de salud). La magia le hacía sentirse vivo.

A mí también me hace sentir vivo. La magia es una parte de mí hasta tal punto que es instintiva. Recuerdo una reunión familiar en vacaciones, cuando era adolescente, en la que había un gran despliegue de comida, tíos y tías, y regalos. Avanzada la velada, mi madre se dio cuenta de que llevaba una hora desaparecido, y buscó por toda la casa hasta que me encontró, solo, tumbado en el suelo, ensayando. No puedo separarme de una baraja, nunca. Me hizo una pregunta pertinente: ¿por qué no podía dejar la magia siquiera por una noche?

Le dije que hago magia porque no puedo no hacer magia. No paro porque no quiero parar.

Como magos, nuestro objetivo es mostrar a la gente algo sobre ellos mismos. La fotoperiodista Dorothea Lange ha escrito: «la cámara es un instrumento que enseña a ver sin una cámara». El mago es un instrumento que enseña a los espectadores a experimentar el misterio sin un mago.

13

¿CON QUÉ FRECUENCIA ENSAYAN LOS MAGOS?

«NO PUEDES VALORAR LA IDEA DETRÁS DE UN JUEGO DE MAGIA HASTA QUE LO VES PERFECTAMENTE EJECUTADO».

—TELLER, MAGO

✦✦✦

Ahora mismo son más de las dos de la madrugada. Cuando empiece a quedarme dormido, cosa que ocurrirá pronto, dejaré a un lado este portátil y apagaré las luces. Pero entonces alargaré la mano hasta una manoseada baraja en mi mesita de noche. Sé perfectamente dónde está, incluso a oscuras. Como hago todas las noches antes de dormir, me tenderé sobre mi espalda mirando a la oscuridad, ensayando técnicas en la penumbra. Algunas noches solo dedico unos minutos a mezclar y trastear. Si estoy practicando activamente algo nuevo, puede que trabaje durante una hora. La mayoría de las noches la baraja se las apaña para volver a la mesita, pero no es raro que me despierte con las cartas esparcidas por toda la cama.

También hay una baraja encima del frigorífico y otra en la cesta de revistas junto al retrete. Las hay en todos los cajones de las mesitas de café de mi casa, y tengo barajas en cada uno de mis abrigos. Cuando vuelo de vuelta a Ohio para ver a mis padres, también tengo barajas repartidas por su casa. Mamá jamás toca esas barajas; lo entiende.

Cuando me preguntan con qué frecuencia ensayo, no sé cómo responder a la pregunta, porque practico casi todo el rato. Doy gracias por ser mago en lugar de violonchelista, porque con mi instrumento puedo ensayar en el cine, en un avión, o mientras como. No es que la vida interfiera con el ensayo, o que el ensayo interfiera con mi vida; a estas alturas ambas se han fundido en una sola actividad. Para ti puede ser un viaje rápido a la tintorería, pero para mí es la ocasión para perfeccionar una nueva forma de robar una carta de una baraja. ¿Una cola larga en correos? Quince minutos extra para trabajar en mi dada de abajo. La gente está tan absorta en sus propias vidas que la inmensa mayoría ni siquiera repara en las cartas que desaparecen y reaparecen en las puntas de mis dedos. Si ensayo mientras almuerzo, lo más normal es que el camarero diga:

—Jugador de póquer, ¿eh?

Yo simplemente asiento y sigo ensayando.

El elemento que define el ensayo en magia es la precisión. La presión del meñique o un milímetro de movimiento pueden marcar la diferencia, en un espectáculo, entre que alguien ahogue un grito o que se encoja de hombros. El legendario entrenador de fútbol americano Vince Lombardi lo clavó cuando dijo: «La práctica no perfecciona. Solo la práctica perfecta perfecciona».

Darwin Ortiz[1] fue mago y experto en trampas de juego. En su efecto de cierre, «El tahúr consumado» (Ultimate Card Shark), se da a sí mismo cuatro Ases y una mano perfecta de *bridge* de forma magistral. Llegado un punto, se detiene y pregunta, en tono totalmente serio:

—¿Se dan cuenta de que, en el tiempo que me llevó aprender a hacer esto, podría haberme licenciado en medicina?

Es gracioso. Pero también cierto. A su nivel más elevado, la magia es un estilo de vida. No practicas entre clases de tenis, ni la haces solo cuando te contratan para un espectáculo. La vives y la respiras constantemente. Cuando se desborda sobre el resto de tu vida, sabes que vas por buen camino.

Cuando conozco a gente nueva, a menudo la recluto para ayudarme con algún proyecto en curso. «¿Eres modista? Qué interesante. Déjame que te haga una pregunta: ¿qué sabes sobre bolsillos secretos?». Cuando veo una película, solo puedo pensar en los efectos especiales y en posibles modos de adaptarlos a mi trabajo. Presté atención cuando vi *Vértigo (De entre los muertos)* de Alfred Hitchcock, pero solo porque pensé que podría usar el mismo giro de guion en un juego de cartas. (Lo hice: el juego se titula «Hitchcock», y aparece habitualmente en mi

1. Darwin Ortiz, autor de numerosos libros de magia (traducidos al español) falleció el 14 de octubre de 2023 en Estados Unidos a la edad de 75 años. (N. del E.)

espectáculo). Los franceses tienen un término para este tipo de inmersión en la propia carrera, para el cual no hay equivalente en inglés: *déformation professionelle*,[2] o la noción de ver el mundo desde la óptica de tu trabajo.

He descubierto que ver a alguien ensayando magia resulta inquietante para los profanos. Hay gente que me ha visto repetir una y mil veces la misma acción mundana (guardar una baraja en su estuche, o dejar caer una moneda dentro de un vaso). También practico en absoluta oscuridad, para aprender a ejecutar técnicas complejas sin mirarme las manos.

La práctica en magia normalmente comienza con un cuidadoso análisis de la acción que queremos simular. Si la magia trata de conseguir lo extraordinario a partir de lo ordinario, el primer paso consiste en aprender a reconocer lo ordinario. Quizá quieras aprender un «falso depósito», un término que designa la acción de fingir dejar un objeto en tu mano izquierda mientras lo «retienes» secretamente en la derecha. El trabajo no comienza aprendiendo los detalles del falso depósito; eso llega después. Primero, te interesa pensar sobre algo en lo que probablemente nunca has pensado antes. *¿Qué aspecto tiene exactamente la acción de depositar con mi mano derecha una moneda en mi mano izquierda?*

No hay detalle nimio en este análisis. ¿Qué hace tu pulgar derecho durante la acción? ¿Dónde estás mirando? ¿Cuál es tu postura? Un elemento clave en un falso depósito es la posición de tus pies. No bromeo: estas cosas son importantes.

Una vez que sabes qué aspecto tiene la acción real, empiezas a comprender qué aspecto *debería* tener la acción simulada. Alternas la acción real de dejar la moneda con el falso depósito, en el que meramente finges dejar la moneda en la mano izquierda. Ensayas frente a un espejo de mago, con tres hojas que te muestran tres ángulos distintos de un solo vistazo. Lo que vas buscando son los *flashes*, un término con el que se refieren los magos a la acción de mostrar involuntariamente una técnica secreta. (Si quieres enfurecer a un mago, búscalo después de un espectáculo y dile que ha «flasheado»).

2. Evidentemente, en español sí existe el término «deformación profesional». (N. del T.)

Después de un centenar de veces, todavía sigue habiendo una clara diferencia entre el depósito real y el falso depósito. Pero después de unas cinco mil veces, ya estás en condiciones de someterlo al test de la pareja. «¿En qué mano está?», preguntas. Si pueden decirte en qué mano está la moneda, toca volver frente al espejo.

Ensayar una técnica implica frustración profunda y júbilo absoluto, una dualidad similar a la que experimenta un atleta tras una intensa sesión de entrenamiento. Las técnicas exigen tantas decenas de miles de repeticiones que a menudo me duelen las manos tras un ensayo intenso. Aprender a *disfrutar* ese dolor es lo que separa a los buenos del resto. Se convierte en motivo de orgullo.

Después de cada acción viene el análisis. *¿Ha tenido un aspecto más natural? ¿Qué he hecho de otra manera? Tiene buen aspecto desde un ángulo frontal pero, ¿por qué se ve el truco desde el lado?* Roberto Giobbi, uno de los grandes autores en nuestro campo, nos recuerda: «Un poco mejor es mucho mejor».

Los neurocientíficos llaman metacognición a este tipo de autoexamen: la habilidad de distanciarnos de nosotros mismos y observar nuestro proceso mental mientras ensayamos. Los buenos magos son maestros de este tipo de ensayo con la precisión de un láser. Es nuestro espacio seguro. El objetivo es ocultar las acciones de retener, pinzar, desplazar y empalmar bajo la apariencia inocente de pasar una moneda de una mano a otra.

Ni qué decir tiene que lleva tiempo que la técnica salga bien. Lo más irónico es que, cuanto mejor eres, menos se ve. Si un malabarista practica con siete mazas, su recompensa consiste en que el público aprecia la habilidad adquirida cuando actúa. Pero, como mago, tu recompensa por una técnica digital perfecta es que los espectadores no vean *nada*. «La mayoría de artes se esfuerzan por convertir su técnica en transparente —ha escrito el mago Jamy Ian Swiss—. Solo la magia pretende reducirla a la invisibilidad».

Es una toma de conciencia a la que debe enfrentarse todo mago: la de que nadie verá todas las horas que hemos dedicado a perfeccionar una pieza. La mayoría lo asumimos. Otros eligen un estilo más vistoso llamado *cardistry,* un nuevo movimiento en que se exhiben increíbles y elegantes mezclas y cortes. Esta corriente, practicada casi exclusivamente por los magos más jóvenes, es nuestra versión de los *skateboarders.* Ejecutan intrincados juegos con cartas hipervisuales, a menudo empleando técnicas que *parecen* tan difíciles como son. Dan y Dave Buck, unos gemelos del sur de California, fueron pioneros en el género. Entre los diecitantos y los veintipocos años, asombraron a la industria de la magia cogiendo diversas técnicas ocultas y mostrándolas a plena vista, como en los malabares. Los Buck y sus epígonos crearon técnicas para hacer que las cartas salieran disparadas de la baraja, arrojarlas contra sus pies y hacerlas manar de una mano a otra. Es un bello estilo de manipulación de cartas que resulta fácil de apreciar, y se ha propagado como tendencia por todo el mundo.

En cuanto a mí, soy de la vieja escuela. Mis técnicas, y el sudor que les dedico, son personales. La práctica es meditación. Sé que nunca podré compartir con mi público las minúsculas innovaciones que descubro por medio de una experimentación incesante. Y eso puede resultar frustrante cuando te has volcado en la práctica.

La razón por la que de pequeños nos encanta la magia es porque queremos atención. Queremos impresionar. Queremos poseer habilidades de las que los demás carecen. Algunos niños quieren impresionar, en particular, al género opuesto. Pero esas razones terminan por ser insuficientes con el tiempo, y por eso pocos siguen interesados en la magia después de la adolescencia. La realidad llama, y la magia se va al fondo del cajón. Los que nos quedamos con ella, lo hacemos porque encontramos otras satisfacciones más sutiles. Somos los que nos *relajamos* con el sonido de las cartas de una baraja entremezclándose antes de irnos a la cama. Practicamos el empalme con las dos manos, no porque sea necesario, sino porque es un desafío. Cuando un juego nuevo desarma la lógica del público, satisface una pulsión en mi mente de un modo que nada más puede hacerlo. Hay en ello una belleza interna; una victoria silenciosa, ajena a celebraciones, que busco una y otra vez.

✦✦✦

HOUDINI

14

¿FUE HARRY HOUDINI EL MAGO MÁS GRANDE DE TODOS LOS TIEMPOS?

NO.

15

¿POR QUÉ SIGUEN SIENDO MAYORÍA LOS HOMBRES EN LA MAGIA?

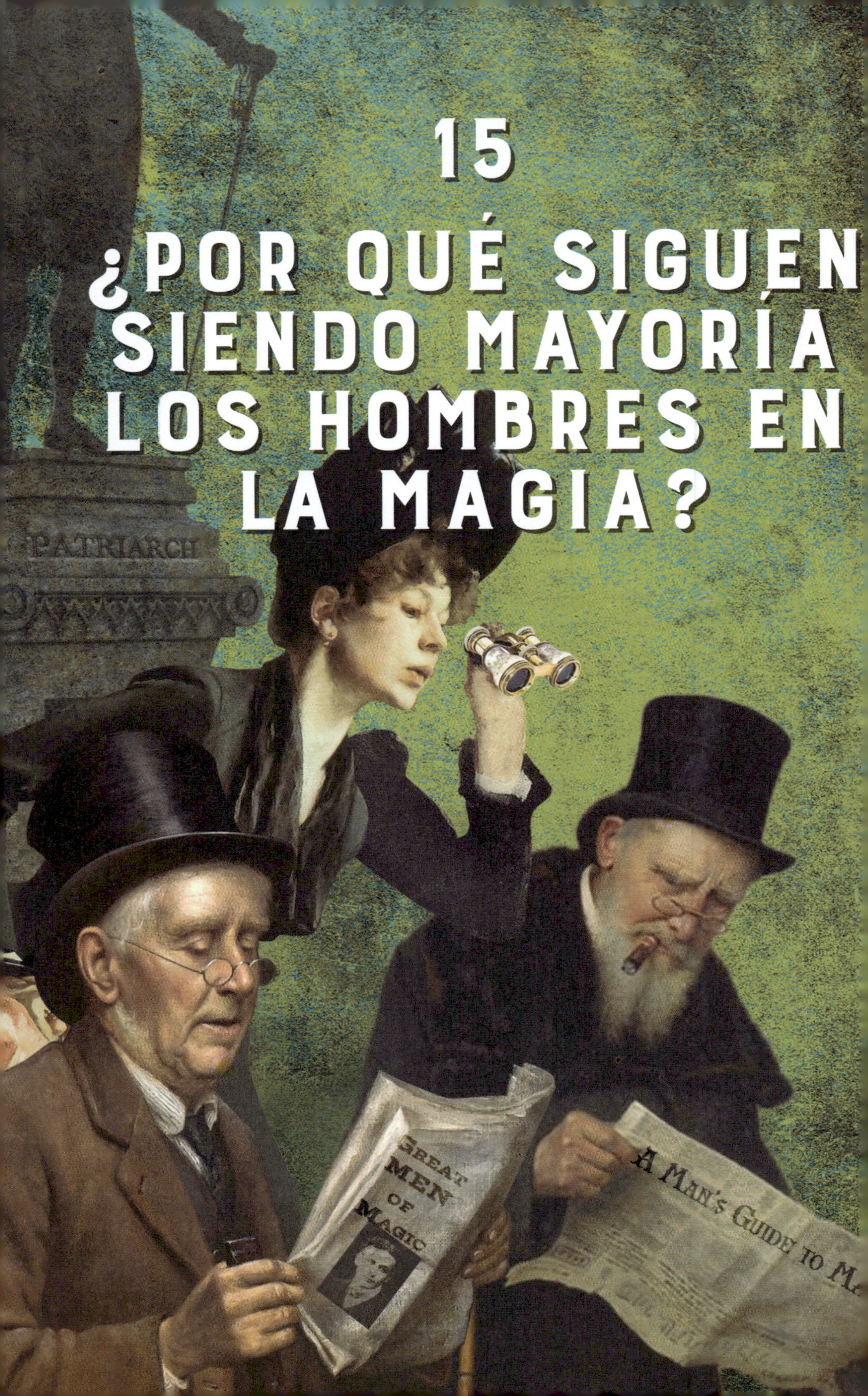

«LO SIENTO,
PERO NOS PARECE QUE LAS MUJERES
NO SABEN GUARDAR SECRETOS».

—PORTAVOZ DEL MAGIC CIRCLE, LA ASOCIACIÓN
MÁGICA MÁS GRANDE DE GRAN BRETAÑA, 1972

Aunque siento un profundo respeto por los magos que he mencionado antes como mis favoritos, me entristece profundamente que sean *todos* tipos blancos ya entrados en años. No deja de preocuparme que, hasta donde yo sé, haya tan pocas mujeres y personas de color en la magia.

El problema está inscrito en la cultura de la magia. Desde que P. T. Selbit creó «La mujer serrada», las mujeres se han empleado más como accesorios en los espectáculos de magia que como compañeras en pie de igualdad. Se las ha reducido a objetos, primero sexualizadas, después sometidas a violencia, forzadas a «sobrevivir» a decapitaciones, a ver atravesados sus torsos por espadas, salir disparadas de cañones, y a soportar cualquier cosa que los magos necesitaran que hicieran sus ayudantes para conseguir el aplauso.

Esta verdad es particularmente sangrante porque las mujeres eran, y a menudo siguen siendo, las heroínas preteridas en muchas ilusiones, ejecutando las técnicas tras la magia en total oscuridad, ocultas a la vista, mientras los magos se bañaban en el brillo de los focos.

El mundo masculino de aficionados a la magia tampoco ha sido precisamente acogedor para las mujeres. He dado conferencias para sociedades mágicas de todo el mundo y, a excepción de algunos grupos en Japón y China, son abrumadoramente masculinos, así que no sorprende demasiado que abunden el sexismo y la misoginia. En Japón, sin embargo, he dado conferencias para sociedades donde las mujeres eran la mayoría del público, un acontecimiento alentador pero desgraciadamente infrecuente. La mayor organización de magia del mundo, la

International Brotherhood of *Magicians*,[1] es muy elocuente respecto a las limitaciones de su membresía. El *Magic Circle*, la sede y sociedad mágica más grande del Reino Unido, no admitía mujeres hasta 1991.

Este sexismo, sistémico y profundamente arraigado, se extiende por desgracia al público. Un experimento realizado por Pascal Gygax, un mago y científico alemán, consistía en mostrar a los participantes unos vídeos de asombrosos juegos de magia de cerca en los que solo se veían las manos de quienes los ejecutaban. Se preguntaba entonces a los participantes que evaluaran la dificultad de cada juego y también que eligieran a la persona que los hacía mejor: «Natalie» o «Nicholas».

Por supuesto, Natalie y Nicholas eran la misma persona, pero los resultados fueron elocuentes. La gente atribuía más habilidad a Nicholas, incluso cuando su material era el mismo que el de Natalie.

Cada año, cerca de dos mil magos toman Las Vegas para asistir a *MAGIC Live!*, el congreso mágico más importante de Estados Unidos. Con un buen espectáculo, es el lugar idóneo para lanzar una carrera. Todo el mundo lleva su mejor material, por lo que es un maravilloso encuentro de magos dispuestos a arriesgarse, compitiendo por la atención de la industria. En 2018, todo el mundo hablaba de Ding Yang, la mujer que «hace aparecer una paloma con su pie».

Cuando Ding hizo aparecer una paloma con su pie en *MAGIC Live!*, consolidó su carrera. Un ser humano cabeza abajo con una paloma en lo alto del pie representa una imagen insólita en la magia, pero una maga dominando un escenario en Las Vegas resulta casi igual de insólita. Se ganó una ovación en pie casi instantánea.

Como ocurre con casi todos los éxitos súbitos, la historia de Ding está llena de luchas y sacrificios, y empezó con años de entrenamiento como acróbata en China. Su número incluye una serie de proezas cada vez más difíciles sobre una plataforma de metal, y cada secuencia gimnástica concluye con la aparición de una paloma. Aparecen en globos y pañuelos de seda, y la actuación culmina con Ding suspendida cabeza abajo, con

1. Jay destaca el género masculino de la palabra «Brotherhood», que significa «fraternidad». (N. del T.)

una máscara en equilibrio sobre su pie derecho. Su pie izquierdo sacude un montón de pañuelos de seda y una paloma aparece *sobre su pie*.

El número de Ding es resultado de su pasión. Ya tenía un número normal, pero ella quería elevar su magia. Juliana Chen, otra maga china, vio potencial en ella y le ayudó a conseguir una beca del gobierno para estudiar en Canadá con uno de los mayores expertos occidentales en palomas, Greg Frewin. Ding dejó atrás a su marido y a su hijo pequeño para desarrollar el número. Junto con Frewin, que quería poner sus habilidades acrobáticas al servicio de la magia, trabajó en el número durante cinco meses, usando el enorme teatro de Frewin en Niagara Falls como laboratorio para probar ideas. Al final, habían pulido el número hasta convertirlo en una sensación.

Si el número de Ding Yang exhibe cualidades físicas y resistencia, el de Tina Lenert gira en torno al amor. Este número icónico comienza con una conserje (Tina), apoyada en su carro de limpieza, con las mejillas teñidas de suciedad. Los magos lo reconocen desde la posición con que se abre. Cuando comienza a sonar a música, el público vitorea igual que los fans ovacionan los primeros acordes de su canción favorita. *Sí —pensamos— estamos a punto de ver al Señor Fregona.*

El Señor Fregona es el coprotagonista del número de Tina, lo cual supone una verdadera proeza para un objeto inanimado. La fregona girada hacia arriba se parece bastante a una cabeza de cabellera alborotada. Cuando Tina envuelve el palo de la fregona con su bata de conserje, esta adquiere un cuerpo larguirucho. Cuando corona al Señor Fregona con un sombrero, le crecen brazos mágicamente... y cobra vida.

A Tina Lenert se la reconoce ampliamente como una de las maestras de la magia escénica, en parte porque incorpora muchos elementos diversos. Sus números combinan su experiencia en el baile, el mimo y la música. Nacida en Venezuela, Tina se mudó con sus padres a Malibú, California, cuando era adolescente, y durante un tiempo formó parte de la escena *rock* de Los Ángeles con una banda llamada The Leftovers. Fue fundadora de la Compañía de Mimo de Los Ángeles (L. A. Mime Company), pero finalmente aterrizó en la magia como su medio de expresión.

«Empecé a pensar en la gente que trabaja en la limpieza, y en lo importantes, aunque invisibles, que son —dice Tina sobre la idea inicial del Señor Fregona—. Preferimos estar en lugares limpios, pero no queremos ver cómo los limpian. Me gustaba la idea de mostrar a alguien que se supone que es invisible al principio, y, según transcurren ocho minutos, adquiere visibilidad total».

Todos los elementos teatrales de su pasado (mimo, teatro, música, marionetas, magia) confluyen en el número de ocho minutos del Señor Fregona, una secuencia que apunta directamente al corazón. Como conserje, Tina se muestra tímida y ni siquiera es capaz de mirar al encantador Señor Fregona. Mientras permanece en pie junto al hombre fregona (y lo controla como una marioneta), este hace aparecer joyas y flores para ella, arrancando una sonrisa reservada a la conserje a quien todos pasan por alto. La coreografía con la que Tina interpreta a dos personajes al mismo tiempo es tan fluida que olvidas que estás viendo a una sola persona ejecutar complejos efectos de magia repartidos entre dos personajes. Como en el mejor teatro, no solo no percibimos el artificio, sino que olvidamos que existe. Estamos envueltos en un encuentro fantástico entre una mujer y su alma gemela. Justo antes del final del número, el raído uniforme de conserje de Tina se convierte en un vestido de noche. *Se apagan las luces.*

Las magas deben superar la injusta dificultad añadida de conseguir que el público y los demás magos vean más allá de su género y valoren su trabajo por sus propios méritos. Alexandra Duvivier, una maga parisina, lo tuvo el doble de difícil. También tuvo que encontrar la forma de distinguirse de su padre, Dominique Duvivier, uno de los magos más respetados de Francia.

Dominique es un pionero en la magia de cerca, con una buena cantidad de libros, premios y apariciones televisivas en su haber. Pese a todo, Alexandra logró apartarse de su sombra y conquistar su propio espacio bajo los focos.

Y bien que se lo ganó. Al principio, su padre no la animó. «Mi padre nunca me hizo magia cuando era pequeña —explica—. Tuve que suplicar». Solo cuando demostró que trabajaría duro consintió en orientarla.

Dominique es el dueño de Le Double Fond, un legendario local de magia del distrito Marais de París. Durante siete noches cada semana, la gente se agolpa en el icónico teatro-bar para ver los espectáculos de magia del elegante Dominique Duvivier y un reducido plantel de los mejores magos de París. Los espectáculos se dan exclusivamente en francés, por lo que es uno de los teatros favoritos de la escena local y las entradas se agotan con meses de antelación.

En 2001, Alexandra debutó en un dúo con su padre, presentando una deslumbrante versión del clásico juego de los cubiletes, sin pronunciar una palabra durante toda la actuación acompañada de un fondo musical. El número se basa en el tema del duelo de magos, con Dominique ejecutando una increíble secuencia de desapariciones y apariciones, superada acto seguido por Alexandra, que la ejecuta con el doble de rapidez y empleando tres bolas al mismo tiempo. La actuación culmina con ambos colaborando para hacer aparecer fruta bajo los cubiletes y, por fin... haciendo aparecer un cuarto cubilete a plena vista. Es una remezcla, atrevida y artística, del juego clásico.

En 2006, Alexandra estrenó su propio espectáculo en solitario, *Entre tú y yo*. Lo ha presentado, al igual que sus otros espectáculos, millares de veces como maga residente en Le Double Fond. En 2018 apareció en *Fool Us* de Penn & Teller y consiguió engañarles. Durante años, demasiados magos consideraron a Alexandra, incorrectamente, como un clon de su padre. Ha recorrido el globo, y se ha ganado críticas entusiastas presentando su propio material con su estilo también propio. Ya no es «la hija de Duvivier», es Alexandra Duvivier.

Ding Yang y Alexandra Duvivier pertenecen a una nueva ola de magas que están ocupando papeles protagonistas en el escenario. Es al mismo tiempo decepcionante y sorprendente que sigan siendo tan escasas las magas en la actualidad. Tal vez sea aún más decepcionante que se haya olvidado u omitido a las magas pioneras. Véase el caso de Adelaide Herrmann. Nacida en Londres en 1853, Adelaide empezó su carrera en la magia como ayudante de su marido, Alexander Herrmann. Con la ayuda de Adelaide, este alcanzó la fama en Europa y, durante un tiempo, fue el mago más popular del mundo. Por supuesto, Adelaide era mucho más que la ayudante de su marido. Estaba profundamente involucrada (dentro y fuera del escenario) en la producción del espectáculo, también en su gestión económica, y desarrolló sus propios efectos en solitario.

Cuando su marido murió inesperadamente de un ataque al corazón en 1896, Adelaide rápidamente volvió a subir al escenario y realizó una gira con el sobrino de Alexander, Leon Herrmann. Se separaron después de tres temporadas juntos y, en 1899, en una época en la que había muy pocas magas que actuasen solas, ella anunció que viajaría con un espectáculo propio. A pesar de los riesgos inherentes al efecto, incluso presentó «La bala atrapada entre los dientes» en su espectáculo.

Adelaide Herrmann es un tesoro olvidado en los anales del espectáculo, y sabríamos muy poco de su papel en la historia de la magia si no se hubieran descubierto sus memorias privadas. La familia Herrmann las fue pasando de generación en generación, inconsciente de su valor. En 2010, se las entregaron a Margaret Steele, maga y académica, que publicó el fascinante relato de Adelaide sobre la vida cotidiana de la primera maga famosa.

✦✦✦

16

¿*POR QUÉ* NO SE CONSIDERA A HOUDINI EL MAGO MÁS GRANDE DE TODOS LOS TIEMPOS?

«QUIERO SER EL PRIMERO.
QUIERO, ROTUNDAMENTE, SER EL PRIMERO.
EL PRIMERO EN MI PROFESIÓN...
A ELLO DEDICO TODOS MIS PENSAMIENTOS,
TODA LA FUERZA QUE HAY EN MÍ.
PARA COLOCARME A LA CABEZA DE MI
OFICIO: ESO ES TODO LO QUE PIDO.
CUANDO YA NO PUEDA HACERLO,
DIRÉ ADIÓS A LA ALEGRÍA DE LA VIDA».

—HARRY HOUDINI, MAGO

Harry Houdini es el mago más famoso de todos los tiempos, no el más grande (véase pág. 83). El legado más duradero de Houdini es su fama, en su tiempo y en el nuestro. Se ha dicho que George Bernard Shaw proclamó como a los tres hombres más famosos en la historia del mundo a Jesucristo, Sherlock Holmes y Harry Houdini. Luego señaló que dos de esos tres eran probablemente ficticios.

Houdini era un visionario; pero de las relaciones públicas. Fue el «primero» en alcanzar muchos logros, pero raramente fueron innovaciones artísticas. Se trataba, más frecuentemente, de tretas publicitarias.

Houdini afirmaba que podía aguantar la respiración durante diez minutos (no podía). Decía que era el artista mejor pagado del circuito del vodevil (no lo era). Sostenía que era capaz de liberarse de *cualesquiera* esposas que se le dieran (no podía).

Ahí está el problema de Harry. Tenía talento, pero su ambición era superior a sus habilidades. El artista adecuado para el momento justo, su intuición más decisiva fue la de ubicarse en una categoría unipersonal. Houdini no era solo un mago; era un escapista.

La miniserie sobre Houdini del Canal Historia (aquella «basada en hechos reales») lo retrata de forma probablemente incorrecta como un agente secreto fumador de hierba que trabajaba para el gobierno de los Estados Unidos. Los medios tienen la costumbre de exagerar las exageraciones del mayor auto-exagerador de todos los tiempos.

Si da la impresión de que no me gusta Houdini, no es el caso. Tengo una de sus camisas de fuerza y un par de esposas suyas. Siempre lamentaré que me sobrepujaran cuando intenté comprar el bolsillo con las iniciales HH arrancado del pijama con el que murió. Colecciono recuerdos de Houdini porque me fascina su ambición. Tanto para los entusiastas de la magia como para los propios magos, solo hay dos eras en el ilusionismo: antes de Houdini y después de Houdini.

No caeré en la madriguera de conejo que supone contar la vida de Houdini. Hay numerosas biografías suyas que mezclan un bonito cóctel de logros y drama: la historia de éxito de un inmigrante que pasa de la miseria a la prosperidad, la devoción por su madre, cómo se codeó con todas las celebridades y los estadistas de su época, su conflicto con sir Arthur Conan Doyle, su cruzada contra los espiritistas y, por supuesto, su dominio del escapismo. El aspecto más crucial de su duradero legado probablemente sea que murió repentinamente, demasiado joven, y de un modo que los historiadores todavía siguen intentando comprender en todas sus implicaciones.

17

¿CÓMO CONSTRUYES UN ESPECTÁCULO DE MAGIA?

«EL SECRETO, POR LO DEMÁS, NO VALE LO QUE VALEN LOS CAMINOS QUE ME CONDUJERON A ÉL».

—JORGE LUIS BORGES, ESCRITOR, POETA

El secreto para montar un gran espectáculo de magia es... que no hay un verdadero secreto. Se podría comparar adecuadamente con la descripción que daba el escritor Gene Wolfe del proceso de escribir ficción: «Nunca aprendes a escribir una novela —dijo—. Simplemente, aprendes a escribir la novela que estás escribiendo». Mi enfoque particular para montar un espectáculo se basa en identificar momentos fantásticos en mi vida que puedo hilar en juegos de magia: tropezarme con un amigo en la otra punta del mundo, hacer magia para una persona que no puede ver, un cambio de planes de último minuto que me salvó la vida. He convertido cada uno de estos momentos en juegos en mi espectáculo. En otras ocasiones, la búsqueda del espectáculo mismo casi me arruina la vida. Cualquiera que se haya consagrado de forma absoluta y fanática a algo conoce bien esta dicotomía.

El mago inglés David Jones me contó una historia que nunca olvidaré. Se había perdido de camino a un espectáculo, y se detuvo a pedir indicaciones a un granjero.

—¿Cómo puedo ir de Birmingham a Newent? —preguntó.

—No puedes ir de Birmingham a Newent —contestó el hombre, con actitud zen. Jones se quedó patidifuso—. Tienes que ir de Birmingham a Worcester y a Ledbury, y desde ahí a Newent.

Cuando tienes la oportunidad de ver un juego, normalmente dura menos de cinco minutos. Pero para llegar a él, el mago empezó con una idea que tenía potencial pero aún estaba verde. Por medio de centenares de ajustes, un poco de ensayo y error, y quizás alguna crisis, llegó a algo que funcionaba.

Entra en juego la intuición. Ahora se me da mejor identificar lo que no va a funcionar que hace veinte años. Sé, por ejemplo, que los juegos de magia con charla rimada casi siempre fracasan. Ya sea un rap satírico o un juego de magia sincronizado con los versos de Dylan Thomas, siempre parece resultar trillado y torpe. Ahora también sé que, cuanto más haya que memorizar para hacer un juego de magia, mayor es la probabilidad de que salga mal. Hay algunos efectos preciosos que no presento porque sé que intentar recordar un centenar de posibles desarrollos terminará por hacer que fracase en el escenario. Pero, a pesar de mi experiencia, no creo que ahora se me dé particularmente mejor que cuando empecé a decidir qué *iba* a funcionar. Es fácil recordar nuestros errores y experimentos fallidos. Pero las formas de obtener y presentar efectos mágicos son infinitas. Hay algunas reglas presuntamente inquebrantables sobre lo que funciona o no en un espectáculo de magia, hasta que llega alguien y las reescribe.

Se me ocurre una docena de razones por las que David Blaine no debería terminar sus espectáculos sentado en el escenario respondiendo a preguntas del público. No es solo que nunca se haya hecho antes, es que los espectáculos de magia (*todos los espectáculos de magia*) terminan con una ilusión final. Un gran final, tal vez un efecto muy personal, pero en todo caso, algún tipo de traca final mágica. No en el caso de David. Tras su última exhibición de resistencia, sale a escena envuelto en una toalla, y el público le hace preguntas. De algún modo, resulta teatralmente fascinante.

Montar un espectáculo de magia implica una especie de alquimia. Hay efectos para abrir, piezas para el tramo central, y juegos finales, por lo que componer una lista de efectos resulta relativamente sencillo. Pero los grandes espectáculos de magia también se aprovechan de los momentos *¡ajá!*, intangibles, irracionales, que llegan cuando menos los esperas. Puede que estés aguantando la respiración bajo el agua, o averiguando qué ocurre cuando intentas actuar borracho, pero llega una intuición inesperada y encuentras una nueva perspectiva para tu espectáculo.

Es importante alcanzar el equilibrio adecuado. Considero que la magia con espectadores en el escenario es la más interesante de ver y presentar, pero si lo haces una y otra vez, termina haciéndose tedioso. El objetivo de toda estructura de espectáculo tiene que ser la variedad. Quieres llevar al público a través de un amplio rango de efectos y experiencias.

He montado tres espectáculos en mis treinta años en la magia, pero el último, *Seis cosas imposibles* (Six Impossible Things), fue mi ballena blanca. Ambicioso en su alcance, estúpida y temerariamente poco práctico, ocupó toda mi atención durante treinta y seis meses, y luego lo presenté en el circuito *off-Broadway* todas las noches durante año y medio.

El concepto del espectáculo era sencillo y, creo, contundente: un show de magia basado en las experiencias. Cada pieza se enmarcaba en un entorno distinto. En lugar de un teatro, elegí un *escape room* con varios ambientes separados para crear una aventura inmersiva. El público permanecía de pie durante la mayor parte del tiempo, a menudo rodeándome. Todos los magos que participaron en el diseño pensaban que era una locura crear semejantes condiciones, tan insólitas.

Cada pieza empezaba como algunos de los capítulos de este libro: con una pregunta que yo no sabía cómo responder exactamente. Por ejemplo, con una del tipo: «¿Cómo puedo hacer magia sin usar la vista?». La respuesta era comenzar el espectáculo en total oscuridad. Se suministraban accesorios a todos los participantes, que *sentían* cómo se producía la magia; no podían verme, ni tampoco lo que sostenían en sus manos. Entonces los espectadores me seguían a un sótano tenuemente iluminado, donde metía el dedo índice de uno de ellos en un cortapuros y casi se lo amputaba (es una versión en miniatura del juego de la guillotina que hice de pequeño). Esta pieza un tanto sádica surgió de la pregunta «¿Puedo crear una ilusión basada completamente en el miedo?».

Durante *Seis cosas imposibles* hacíamos magia sentados en el suelo, rodeados y, al final, de uno en uno: solos tú y yo, compartiendo un juego de magia íntimo. En vez de ajustar mi material al entorno, quería adaptar el entorno al material.

El espectáculo era necesariamente pequeño; se reducía a veinte invitados por noche. Me busqué problemas enormes al tener un público tan poco numeroso y emplear un entorno tan insólito (una habitación estaba cubierta completamente por grafiti; otra era una cocina de los años cuarenta). Cuando llevaba poco tiempo presentándolo, veinte abogados rusos compraron todas las entradas de una sesión y se presentaron tan borrachos que la mitad de ellos no podían ni tenerse en pie. Cuando tienes una multitud de quinientas personas, unos pocos fiesteros apenas se notan desde el escenario. *Pero cuando todo el mundo* está borracho y a centímetros de ti, es una pesadilla. También descubrí que la mayoría de técnicas mágicas se han diseñado para ser vistas únicamente de frente. En *Seis cosas imposibles,* la gente observaba la magia desde todos los ángulos, incluso desde atrás. Aquel espectáculo supuso el mayor desafío creativo de mi vida. Nunca antes había estado tan cerca de tirar la toalla.

Apoyándome en los datos que he visto, diría que más del noventa por ciento de los magos encuentran su material en tiendas de magia, en libros o en vídeos. Pocos se atreven a crear juegos originales. Es probable que la mayoría de magos que has visto estén presentando clásicos a la manera tradicional. «Los cubiletes». «Los aros chinos». «El billete prestado en el limón». Son clásicos por una buena razón. Al público le encantan.

Para bien o para mal, el material de *Seis cosas imposibles* tenía poco que ver con los clásicos. Se trataba de creaciones originales para contextos a medida. No sé si a todo el mundo le gustó *Seis cosas imposibles,* pero ciertamente no era para claustrofóbicos.

La lección más importante que aprendí sobre la construcción de un espectáculo fue la importancia de cortar. *Seis cosas imposibles* no funcionaba cuando empezamos, y yo no conseguía diagnosticar el problema. Había momentos potentes, pero parecía descompensado; había demasiadas presentaciones estridentes, y a menudo la magia perdía claridad debido a mi insistencia en ofrecerla de forma diferente. Probamos a añadir nuevas piezas y a reescribir. Compramos mejores focos e involucramos a otro director. Pero yo seguía desconcertado.

Como último recurso, probé a sumar restando. ¿Y si no añadimos ni cambiamos nada? ¿Y si, en lugar de eso, simplemente cortamos dos piezas? ¿Qué efectos tiene en el resto del espectáculo suprimir material?

Supuso una mejora instantánea. Eliminamos el juego inicial y el tercero, y entonces todos los grandes problemas del espectáculo parecieron resolverse solos. Nos quedamos, finalmente, con seis piezas: seis cosas imposibles. Se había arreglado el ritmo, la energía del público mejoró, las partes graciosas tenían más gracia. Al incluir menos, de alguna forma el conjunto creció. Al prescindir de la grasa, el espectáculo ganó en potencia.

Sea cual sea el músculo mental que entra en juego en la creación de un espectáculo, se fortalece con la experiencia. Este capítulo se abre con una cita de Jorge Luis Borges que es una guía para mi vida: «El secreto, por lo demás, no vale lo que valen los caminos que me condujeron a él». El orgullo que pueda sentir por *Seis cosas imposibles* se acabará disipando con el tiempo. En cuestión de cinco años, me avergonzaré de algunas de las decisiones que tomé, igual que ahora me avergüenzan mis juegos más antiguos. En algún punto, dejaré atrás todo ese material. Pero las lecciones aprendidas se quedarán conmigo para el siguiente desafío.

✦✦✦

18
¿CÓMO USAN LOS MAGOS LA TECNOLOGÍA?

«LA CIENCIA ES MAGIA QUE *FUNCIONA*».

—KURT VONNEGUT, ESCRITOR

En un espectáculo reciente, haciendo magia en corrillos, pedí prestado un dólar a un hombre que había junto a mí. En sus mismas narices, hice desaparecer el billete y que reapareciera en su cartera. Es un juego de mi repertorio que es tan directo como visual, y siempre me ha funcionado bien. Pero entonces este tipo para el que estaba actuando (tendría unos veinticinco años) sacó su teléfono. Buscó en Google «Josh Jay truco billete dólar», dio con un vídeo en el que revelaban cómo se hace mi juego, y pulsó *Play* mientras yo estaba allí, indefenso, viendo cómo la ilusión se desmoronaba para él y los otros tres invitados que le rodeaban.

Solía ser más sencillo: un mago presentaba un efecto, y los espectadores se quedaban con la sensación de la magia. Ahora, millares de juegos clásicos se revelan en internet y otros están disponibles por diez pavos (¡compra ahora y te regalamos los gastos de envío!). En lugar de deleitarnos en el misterio, o luchar contra él, estamos condicionados a preguntar a nuestros teléfonos por todo lo que no entendemos.

¿Qué deben hacer los magos?

Es un problema fascinante que concierne específicamente a los magos, y todavía estamos buscando una solución. La tecnología creó la dificultad, y también la está resolviendo, fundamentalmente en secreto, claro. Lo que está ocurriendo, ante la revelación de secretos a granel, es que los mejores creadores de la magia están innovando. Gracias a la intervención de la tecnología, jamás ha habido mayores incentivos para crear nuevas ilusiones, más engañosas que nunca.

Los magos también fueron de los primeros en adoptar tecnología nueva y hacerla pasar por magia. Jean-Eugène Robert-Houdin

(1805-1871), el mago más importante de Francia, aprovechó para su espectáculo la «fiebre del éter» que tomó París a mediados del siglo XIX. El éter, ya se empleara como anestésico o se abusara de él como droga recreativa, tenía una reputación mística. En su teatro en París, Robert-Houdin abría una botella de éter «concentrado» y fingía hacer inhalar la droga a su hijo, que entraba en una suerte de estado hipnótico. El niño se subía en pie a un taburete apoyado a su vez encima de un banco. A los lados, sobre sendos taburetes, se colocaba un bastón por debajo de cada brazo para sostener al pequeño. Una vez que el éter parecía haber hecho efecto, se retiraba lentamente uno de los bastones y el taburete sobre el que estaba el niño, dejando el cuerpo inerte suspendido en el aire. Aparentemente «aligerado» por los efectos del éter, el hijo se mantenía flotando mientras Robert-Houdin retiraba los taburetes uno por uno. Entonces Robert-Houdin levantaba las piernas del niño hasta una posición horizontal y lo soltaba, con lo que el cuerpo quedaba en paralelo al escenario, pero suspendido en el aire metro y medio por encima de este, con solo un brazo apoyado en el único bastón que no habían retirado. Por supuesto, algunos sospechaban que era un truco, pero otros creían que era una demostración genuina de los efectos de una nueva droga muy potente.

Robert-Houdin fue también uno de los primeros en utilizar electroimanes, cuya poderosa fuerza de atracción se puede encender y apagar con un interruptor. Se le suele atribuir el fin de una *guerra* haciendo uso de esta tecnología, aunque la historia ha sido puesta en tela de juicio recientemente. Pero el legado de su juego, «El cofre ligero y pesado», se mantiene. El efecto empezaba colocando en el escenario un pequeño y bonito cofre de madera, del tamaño de una caja de zapatos. Se invitaba a subir a los espectadores más fuertes de entre el público, y Robert-Houdin los hechizaba haciendo que, aparentemente, perdieran toda su fuerza. Se pedía a los hombres que levantaran el pequeño cofre pero, a pesar de todos sus esfuerzos, eran incapaces de moverlo. A continuación, Robert-Houdin hacía subir a una niña, que levantaba el cofre sin la menor dificultad.

Por aquel entonces, Napoleón III, el primer presidente de Francia, estaba empezando a temer una revuelta en Argelia. Por petición suya, Robert-Houdin presentó «El cofre ligero y pesado» a un grupo de rebeldes conocidos como los morabitos. Tras ver cómo este «hechicero» los despojaba de su fuerza, se dispersaron por el desierto. Robert-Houdin afirmó que había aplastado la revuelta mediante la magia y la ciencia. Lo cierto es que presentó el efecto en Argelia, pero lo demás queda abierto a la interpretación.

Georges Méliès (1861-1938) era mago antes de convertirse en pionero del cine. Tras percibir un gran potencial en los primeros proyectores de cine, compró y modificó su propia cámara, y a continuación procedió a inventar o a perfeccionar muchos de los efectos especiales que todavía usamos hoy en día: fundidos, apariciones, desapariciones, composiciones, e incluso color manual. Sus primeras películas, en las que se quitaba su propia cabeza, bailaba con esqueletos y se estrellaba con un cohete en un ojo de la luna, fueron deslumbrantes avances tecnológicos más allá de la comprensión del público. Pero, en realidad, eran efectos de magia en pantalla.

Estos métodos decimonónicos (sencillos trucajes de cámara y cofres magnéticos) resultan pobres para los estándares de nuestro tiempo, pero es divertido imaginar lo impresionantes que pudieron parecer en su contexto, cuán vanguardistas y tecnológicamente deslumbrantes. Para encontrar equivalentes modernos, y también para comprender qué papel juega la tecnología en la magia actual, el mejor sitio para mirar son los *stands* de los vendedores en un congreso de magia. Lo típico es que haya docenas de creadores bajo un mismo techo, cada cual vendiendo su mercancía y haciendo demostraciones del último grito en magia. La sala donde se encuentran los *stands* de los vendedores es como el Callejón Diagón de Harry Potter en la vida real.

Hace poco ha estado de moda el metal sensible al calor. Durante décadas, los magos se han valido de técnicas digitales o de cambios para «hacer» que una moneda se doble. La desventaja del cambio es que nunca llegas a ver el metal doblándose, solo el antes y el después. Pero existe algo llamado «metal con memoria», que puedes frotar a temperatura ambiente, haciendo que se doble de forma lenta y sobrecogedora en las manos del espectador.

Hace un par de años, el juego de moda se llamaba «Pyro». Lo lanzó una ingeniosa empresa que atiende sobre todo a chavales jóvenes interesados en la magia. Sus juegos tienen una publicidad fabulosa y vienen vistosamente empaquetados. «Pyro» es un aparato que se lleva en el brazo y que lanza bolas de fuego al aire. Lo has leído bien: imagina un puñado de quinceañeros lanzando bolas de fuego de sus muñecas. ¿Qué podría salir mal?

En 2017, Juan Carlos Rodarte, un mago mexicano Premio Invención de la FISM en 1997 en Dresden, revolucionó la comunidad mágica al relanzar al mercado un método para transferir firmas de un objeto a otro. El invento, que llamó «Clone», era increíble, pero suscitaba todo tipo de dilemas éticos. Imagina que firmas una carta y yo hago que aparezca en el otro extremo de la sala, dentro de una caja cerrada. ¿Impresionante? Y que lo digas. Pero lo que no sabes es que, cuando firmaste esa carta, obtuve secretamente un duplicado exacto de tu firma y lo apliqué, en tiempo real, sobre otro objeto. No puedo revelar un secreto que no me pertenece, pero se trata de un proceso enteramente químico. No hay escaneos, cambios de tamaño ni impresiones. Tú firmas algo y yo obtengo (en tinta) exactamente la misma firma tal como ha salido de la punta de tu bolígrafo. He ahí un juego que no conviene que caiga en las manos equivocadas.

Los mejores magos se mantienen al día respecto a los últimos desarrollos tecnológicos, y eso está cambiando el modo en que creamos ilusiones. «Cuanto más grande es tu ciencia —ha escrito Vladimir Nabokov— más profunda es la sensación de misterio». A medida que el mundo evoluciona, también lo hace el material que presentan los magos. Ya no hago el juego con el billete de dólar tal como lo hacía antes. He desarrollado un método superior, uno que nadie ha revelado en internet... al menos, no hasta que alguien consiga averiguar cómo lo hago.

✦✦✦

19

¿CÓMO USAS *TÚ* LA TECNOLOGÍA?

«DEBES SORPRENDER AL PÚBLICO DE UNA FORMA ESPERADA».

—WILLIAM GOLDMAN, GUIONISTA

Mientras el público usa cada vez más la tecnología para buscar magia en Google y YouTube (para descubrir los secretos de los magos o ver sus efectos una y otra vez), nosotros nos defendemos en secreto, instrumentalizando los datos y los experimentos para refinar nuestras ilusiones con una novedosa precisión científica. Sí, incluso los magos están usando la ciencia de datos contigo, hoy en día.

Aunque los neurocientíficos han estudiado a los magos esperando profundizar en los mecanismos de la atención y en cómo se desvía, nunca se había llevado a cabo un estudio de la magia con el propósito de ayudar a los magos. Esto cambió en septiembre de 2014, cuando recibí un correo electrónico de la Dra. Lisa Grimm, pidiéndome que diera una charla e hiciera magia en su clase en la universidad. La Dra. Grimm es profesora de Psicología en la universidad de Nueva Jersey, donde también realiza experimentos sobre cognición humana. Quería la perspectiva de un mago. A su juicio, los magos tienen mucho que ofrecer al campo de la psicología y viceversa. Parecía un bolo peculiar y estimulante, así que acepté.

Comencé con algo de magia, y después di una charla para el grupo. Suelo usar las mismas ideas generales para todas las charlas que doy, concentrándome en los aspectos básicos de la desviación de la atención y por qué la magia importa. Compartí mis ideas sobre por qué a la gente le gusta la magia y se ilusiona repetidamente con ella. Expliqué que, como dice Jerry Andrus, el público «llega a la conclusión equivocada por la razón correcta».

Pero, mientras hablaba, una crisis existencial iba surgiendo en mi interior. Estaba compartiendo estas ideas porque creía en ellas. Me las habían corroborado todo lo leído y lo que me habían contado muchísimos magos más sabios. Pero, ¿de dónde habían sacado *ellos* la información? ¿Era posible que fuese incorrecta, parcial o totalmente? ¿Y si fuésemos los magos quienes hacemos inferencias erróneas, y llegamos a conclusiones precipitadas sobre nuestros públicos? ¿Qué es lo que realmente importa en un juego de magia? ¿Entendemos la magia tan bien como creemos? La verdad es que en realidad no lo sabemos.

Tras el espectáculo, compartí con la Dra. Grimm mis dudas sobre algunas de las «verdades» fundamentales de la magia que había empezado a reconsiderar. ¿Cuánto le importan realmente a la gente los secretos tras los efectos? ¿Qué se necesita para hacer magia potente? ¿Ilusionamos a la gente tanto como creemos? De repente, tenía docenas de preguntas. La Dra. Grimm no tenía las respuestas, pero sabía cómo encontrarlas: mediante estadísticas, experimentación y análisis.

Nuestra colaboración empezó en enero de 2015 y ha seguido hasta hoy. En colaboración con la Universidad de Nueva Jersey, hemos diseñado experimentos para recoger datos cuantitativos y cualitativos sobre los temas de la magia, los magos y la ilusión. Algunos de nuestros hallazgos han modificado lo que creíamos saber como, por ejemplo, si a las mujeres les gusta más la magia que a los hombres (así es) o cuáles son las cartas en las que más suele pensar la gente (los Treses rojos).

Una de las cosas más fascinantes que hemos descubierto es la importancia de la presentación del mago. Para investigar sobre ello, mostramos un vídeo de Shawn Farquhar, campeón mundial de magia, a un grupo de participantes en el estudio. En el vídeo, Farquhar hace el número con el que ganó el gran premio en la Federación Internacional de Sociedades Mágicas (FISM), la competición más prestigiosa de la magia. A la mitad de los participantes les mostramos el vídeo sin ninguna introducción, y a la otra mitad se les muestra el mismo vídeo pero se les explica que van a ver a un campeón mundial de magia haciendo el número con el que ganó el premio más importante.

Aunque ambos grupos disfrutaron el número de Shawn y le dieron valoraciones altas, el grupo al que se explicaron sus credenciales se mostró *cuatro veces más dispuesto* a verle presentar su espectáculo completo. Una y otra vez, con distintos magos y estilos de magia, las presentaciones aumentaron la apreciación por la magia por parte del público e incluso mejoraron su recuerdo de lo que habían visto.

Pero el descubrimiento más sorprendente de la encuesta tiene que ver con lo que a la gente le gustaba más y menos de la magia. Entre las cosas más populares están las que cabía esperar: el diecisiete por ciento simplemente quería «que le sorprendieran», al catorce por ciento le gustaba el misterio de la magia, al doce por ciento le gustaba no saber cómo se hacían los efectos, y un diez por ciento quería adivinar cómo se hacían. (Hay una sutil pero importante diferencia entre el placer de no saber y la emoción de «resolver» un juego de magia, lo cual es uno de los temas en los que se enfoca la investigación de la Dra. Grimm). La forma de presentar los juegos por parte del mago también es importante, aunque menos: es lo que más disfruta un seis por ciento, la misma cantidad que quienes afirmaron que su aspecto favorito era la «habilidad».

Pero ninguno de los aspectos mencionados más arriba resultó ser el más popular en un espectáculo de magia. Te vas a...

...¡sorprender! Lo que más gustaba a un veinticinco por ciento era el elemento sorpresa. Gente de todas las procedencias, géneros y edades valoraban más la sorpresa que el hecho de quedarse maravillados.

Este descubrimiento hizo que reevaluara mi magia por completo. Me hizo pensar en los juegos que hago y dónde, con qué frecuencia, y cuándo ofrezco a mi público auténticas sorpresas. Cuando diseñamos el estudio, supuse que la gente se sentiría atraída por el peligro, los grandes aparatos o el humor. Pensé que, en menor medida, a la gente le encantarían los efectos visuales y el uso de objetos prestados. Pero incluso cuando se les proponían estas ideas, la gente se inclinaba con más fuerza por la sorpresa o, como lo expresaban muchos, «no saber qué va a pasar después».

La idea de que el público espera una sorpresa apunta a una de las paradojas nucleares de la magia, ya que la sorpresa es una emoción que, por definición, debe ser inesperada. Y sin embargo, del mismo modo que la gente va a ver películas de miedo esperando que la horroricen, establecimos de forma concluyente que la gente que ve magia no solo espera lo inesperado: lo *ansía*.

Así mismo, lo que no convence de los espectáculos de magia también fue inesperado. Más de un tercio de los participantes en nuestro estudio dijeron que no les gustaba que los magos hicieran los mismos juegos. Usaron palabras como «cliché», «repetitivo» y «trucos viejos» en sus descripciones. Estaba convencido de que lo que probablemente no gustaría de los espectáculos de magia a los espectadores era el mago.

Supuse que a la mayoría de la gente los magos les parecerían faltos de gracia y antipáticos (y así fue en algunos casos), o que encontrarían la mayoría de presentaciones tontas y pasadas de moda, incluso cursis (sabéis que hablo de vosotros, tipos con sombrero-de-fieltro-y-tirantes). Pero, pese a tener oportunidad de hacerlo, pocos expresaban reticencias de este tipo. Los datos por sí solos indican que los magos deben siempre ser lo más creativos que puedan.

Como era de esperar, este enfoque «estadístico» de la magia es polémico. Tras su primera publicación en la revista *Magic*, el estudio recibió críticas por parte de algunos que consideraban la magia como inclasificable y por tanto incuantificable. El público puede percibir de cierto modo un juego concreto en manos de un mago determinado, pensaban, y de forma totalmente distinta cuando lo presenta otro profesional. Otros criticaron cómo recogimos los datos (a través de internet), pues pensaban que la única manera de estudiar la magia es en vivo, en persona. Tras publicar el estudio, participé en una mesa redonda en un congreso de magia y otro de los ponentes me lanzó un dardo sutil desde el escenario. Estábamos hablando sobre efectos de apertura. Explicó el suyo y luego dijo: «Y no me hicieron falta gráficos de tarta para desarrollarlo». El arte no es una ciencia, o eso es lo que dicen.

Este enfoque sistemático para el estudio de la magia está todavía en pañales, pero ya ha comenzado a cambiar el modo en que algunos creamos magia. Cuando se les pide que piensen un número entre uno y cien, ¿cuáles son los más habituales en hombres, mujeres o niños? Los resultados de nuestro estudio son sorprendentemente precisos. Tenemos nuevas perspectivas sobre qué rango de edad es más susceptible a la sugestión por parte de un mentalista. Si te pido que pienses en un color, puedo hacer una predicción razonablemente acertada del color que elegirás basándome en elementos observables en tu apariencia. Y el color en el que pienses me dirá también algo sobre la carta en la que es más probable que pienses si te lo pido, todo ello basado en los datos.

Los pensamientos pueden parecer arbitrarios, incluso etéreos. Por eso resulta impresionante cuando un mago finge adivinarlos. Pero lo que hacemos no es aleatorio en absoluto. Hay una pauta en tu manera de pensar. Y tus pautas concretas de pensamiento específicas se hacen más predecibles cuantos más información recogemos sobre ellas. Google usa estos datos para venderte a sus anunciantes. Los magos los utilizan para leerte el pensamiento. No voy a compartir aquí nuestros hallazgos, pero estaré encantado de ilusionarte con ellos en mi espectáculo.

La tensión entre la magia y la tecnología quizá no haya sido nunca tan importante como en estos tiempos de innovación vertiginosa. ¿Cómo, nos solemos preguntar, pueden los magos competir con los efectos especiales alucinantes de las películas? ¿O las nuevas atracciones físicamente envolventes de los parques temáticos?

Desde luego, la magia no es inmune a la tecnología. El teléfono móvil que probablemente tienes a tu lado mientras lees esta frase dejó obsoletos subgéneros completos de magia. Los más afectados a este respecto fueron los mentalistas, ya que nuestros teléfonos nos dan acceso al tipo de información que solo los mentalistas conocían hace unos pocos años.

Un juego popular de mentalismo cuando yo era más joven consistía en adivinar una canción elegida por un espectador. El mentalista mostraba una minicadena y pedía que se nombrara en voz alta una canción de entre millares de opciones. Entonces pulsaba el *play* y *Wake me Up Before You Go-Go* sonaba a todo volumen en los altavoces. (En los ochenta, este juego era absolutamente brutal). Ahora el efecto lo puede conseguir cualquiera que tenga un *smartphone* y una suscripción a Spotify: alguien nombra una canción y, unos clics después, ya está sonando.

Los datos personales han sido siempre un pilar del mentalismo: cumpleaños, direcciones, el nombre de tu cuñado. Pero ahora esta información es completamente accesible en redes sociales. Averiguar el signo del zodiaco de alguien antes provocaba verdadero asombro. Ahora no suscita más que encogimientos de hombros y la comprensión casi inmediata de que la información está a unos pocos clics de distancia.

Pero los mentalistas han evolucionado, y los mejores utilizan acontecimientos que ocurren en el presente, en *este* momento, anticipando decisiones que aún no hemos tomado. Los que destacan de verdad nos dan alguna pista sobre los mecanismos psicológicos que pueden estar usando, solo lo suficiente para mostrarnos el poder de nuestra mente. Derren Brown describe así su espectáculo, mediante lo que denomina «ciencia blanda». «Este programa combina magia, sugestión, psicología, desviación de la atención y presentación —dice al comienzo de su espectáculo—. Consigo todos los resultados que verás mediante una mezcla variada de estas técnicas».

Si le das una vuelta más al tema de la tecnología, la pregunta se convierte en «¿Crearán magia las máquinas algún día?». La respuesta: ya lo han hecho. En 2017, investigadores de la Universidad Queen Mary de Londres diseñaron ordenadores que crean juegos de magia originales. De hecho, la inteligencia artificial ha producido algunos juegos matemáticos sencillos que están entre los peores que he visto jamás. Son rompecabezas, en realidad, y no tienen nada que se parezca a una trama entretenida. Su existencia genera titulares, pero a los propios juegos les falta un elemento humano que no estoy seguro que los ordenadores puedan nunca emular.

La magia es, decididamente, baja tecnología. Cartas, monedas, gomas elásticas. Tiene que ver con la cercanía, con estar a punto de tocar lo improbable. No falta entretenimiento basado en la tecnología, pero solo la magia ofrece lo desconocido. Puede que no sepas exactamente cómo brilla el sable láser de Darth Vader, pero sabes que es un efecto generado por ordenador. Sin embargo, cuando ves buena magia, hay un misterio: algo que ves y disfrutas, pero no necesariamente comprendes. Y mientras lo desconocido ocupe ese precioso vacío, habrá magos para mostrarnos el camino hacia él.

20

¿QUÉ PAPEL JUEGAN LAS PALABRAS EN LA MAGIA?

«LOS ACCESORIOS CREAN INTERÉS.
LAS PALABRAS CREAN SIGNIFICADO».

—MAX HOWARD, ACTOR, MAGO

Los magos no solo usan las palabras para explicar y entretener, sino también para ilusionar. Olvida por un momento la técnica digital. Las palabras (y solo las palabras) te harán ver cosas que no están ahí, y te inducirán a recordar situaciones que jamás ocurrieron.

No fui capaz de apreciar el asombroso poder de la charla de un juego de magia hasta que realicé una gira por China la primera vez. Cuando estuve allí, me comuniqué con el público a través de «Rock», mi amable pero desafortunado intérprete. Era un adolescente al que una compañía de producción había encargado que tradujera cada noche mi espectáculo desde el escenario. Fuera del escenario, sin embargo, me costaba entender su inglés rudimentario.

Rock era un chaval estupendo que además sentía la profunda responsabilidad de asegurarse de que yo cataba todo lo que China tenía para ofrecerme. Me llevó a un mercado nocturno, donde puedes comer pezuñas y cuernos, y probar un bocado de lagarto frito o un dulce cuenco de sopa de ojos. «¿Quieres serpiente?», me preguntó. La rechacé educadamente, señalando que teníamos espectáculo al día siguiente en Cantón y no quería arriesgarme a tener problemas de digestión.

La noche siguiente, entre show y show, Rock preguntó de nuevo:

—¿Quieres serpiente?

—¿Ahora? —repliqué— ¡Por supuesto que no! Actúo en veinte minutos!

Se acabó convirtiendo en la cantinela del muchacho, que me preguntaba si quería serpiente en prácticamente todos los huecos de nuestra apretada agenda. Mi paciencia se fue acabando a medida que la sorpresa de la novedad perdió fuerza.

—¡No quiero comer serpiente! ¡No más serpientes! —dije finalmente cuando perdí la paciencia.

—Pero Sr. Josh —dijo, confuso y un tanto frustrado—, ¿por qué no me deja comer serpiente?

—Porque te pondrás malo y entonces nadie podrá entender el espectáculo. Por favor, nada de serpiente para *ti* y nada de serpiente para *mí*.

Finalmente, la promotora a cargo de mi gira me llamó y me consultó si tenía algún problema con el traductor, lo cual me pareció raro. Después me acusaron de tenerlo sin comer. Me pilló fuera de juego y lo negué tajantemente. «Dice que has rechazado todos sus ofrecimientos para llevarte un aperitivo, y que últimamente incluso le has prohibido a él tomar aperitivos entre espectáculos». Comprendí entonces que, a mis oídos, cuando hablaba Rock, «aperitivos» (en inglés, *snacks*) y «serpientes» (*snakes*) sonaban muy parecido. Me deshice en disculpas con él por malinterpretarle, nos dimos un abrazo, y desde entonces Rock no volvió a pasar hambre en la gira.

Cada noche, la barrera idiomática entre nosotros demostraba el papel fundamental que pueden jugar las palabras en un espectáculo de magia. La magia tiene el poder de trascender esta barrera, y algunos de los momentos más maravillosos de mi vida se han producido presentando mis juegos ante personas que no hablan inglés, cuando la magia sencillamente debe hablar por sí misma. Pero, para mí, hacer magia sin hablar es como hacerla con una mano atada a la espalda.

En cualquier momento concreto, el campo de visión de una persona es enorme, pero lo que recordamos de lo que hemos visto es una mínima parte. Lo que olvidamos lo completan nuestros cerebros, y los magos se aprovechan de ello al máximo. Por ejemplo, quizá te pida prestada una moneda y la haga desaparecer. La introduzco en mi puño y entonces ya no está. Pero las palabras que uso durante la desaparición pueden cambiar radicalmente la experiencia en tu mente. Los magos lo llaman «coloración presentacional».

«Observa cómo tu moneda se deshace lentamente, cómo se disuelve en el aire». Ajustando las acciones a las palabras, puede que amase suavemente la moneda entre los dedos y la lance al aire como lanzaría una pizca de sal. Aunque en realidad la moneda nunca llegó a estar dentro del puño, tu mente lo compensa, en muchas ocasiones haciéndote ver cómo la moneda se deshace en un polvo dorado que se desintegra en el aire.

O podría plantearlo de otro modo.

«Y exactamente así... *¡chas!*... la moneda ha desaparecido». Esta vez puedo dar una palmada juntando ambas manos para mostrar que la moneda ya no está. La palabra *chas* y el sonido de la palmada producen una sensación de inmediatez, como si la moneda hubiera desaparecido en ese preciso instante en una explosión parecida a la de un petardo.

Las palabras también pueden desviar la atención de la mente. Puede que te diga: «Adivina: ¿tu moneda está de cara o de cruz?». Ahora he cambiado la premisa. Si hago desaparecer una moneda, inevitablemente te cuestionarás dónde ha ido a parar, y si acaso estaba de verdad dentro de mi puño. Esto te acerca peligrosamente al método que puedo haber empleado para hacer desaparecer la moneda. Así que, en lugar de eso, te puedo plantear si la moneda está de cara o de cruz. La respuesta es irrelevante, pero la pregunta confirma que hay, de hecho, una moneda en mi mano. Te presento solo dos opciones, cara o cruz, y tienes que hacerte esta pregunta antes de que puedas contestarla.

Recuerda: si puedes conseguir que la gente se haga las preguntas equivocadas, jamás llegarán a la respuesta correcta.

Los grandes magos son a menudo también buenos escritores, y usan un lenguaje emocional y descriptivo que dará forma eficazmente a tu recuerdo de la magia. Antes he dicho: «Observa cómo la moneda desaparece lentamente». Estoy pintando una imagen de lo que visualizarás en tu mente, y el ritmo «lento» al que lo imaginarás. Cuando digo «se disuelve en el aire», doy un contexto a la desaparición. Al deshacerse la moneda, el polvo que deja podría caer al suelo, pero en lugar de eso pinto una imagen del polvo flotando hacia arriba, más ligero que el aire, como el polvo de hadas en *Peter Pan*.

¿Crees que exagero? ¿Que contigo no funcionaría? Los neurocientíficos han demostrado que la mayoría de nuestras experiencias están al menos tan configuradas por la impresión de un hecho como por el propio acontecimiento. Las palabras hacen que recordemos las cosas de otro modo. En la primera parte de mi número, a menudo pido prestadas unas gafas de leer a alguien, las coloco en una mesa, y las animo. Se dan la vuelta, se quedan suspendidas y se mueven, todo ello sin que nadie las toque. Después, invito al espectador a recoger las gafas. Entonces pregunto:

—¿He tocado tus gafas? —Confirma que no lo he hecho—. Y, ¿te importa examinarlas ahora mismo, en tus propias manos, para asegurarte de que no tienen nada raro?

Minutos después, puedo reformular lo ocurrido de un modo más favorable. Aparentemente, me limito a resumir lo que he mostrado al público, pero si te fijas, en realidad estoy retocando lo sucedido.

—Entonces me prestaste tus gafas e hice que se movieran *en tus propias manos*, sin tocarlas, y luego lo examinaste todo.

Cuento una mentira flagrante, pero la envuelvo entre dos verdades evidentes. Es cierto que me prestó sus gafas, y es cierto que las examinó tras el juego. Pero entre esas dos afirmaciones verdaderas estoy deslizando un recuerdo modificado: que el juego ocurrió en las manos del espectador. Dar vida a unas gafas es un efecto potente sobre una mesa, pero sería aún más fuerte si pudiera ocurrir en las manos del espectador. Por desgracia, no puedo hacerlo. Pero empleando únicamente palabras, hago que mis espectadores recuerden un juego mucho más impactante que el que realmente hice.

Los mentalistas también se valen de este enfoque. Tal vez pida a alguien que escriba el nombre de la primera persona a la que besó, pero sin mostrarme lo que ha escrito. En un momento posterior del espectáculo, la miro a los ojos y le digo:

—Quiero que pienses en la primera persona a la que besaste. Ahora, di la verdad en voz alta para que todos puedan oírte: ¿nos habíamos visto alguna vez antes de esta noche?

Ella niega con la cabeza.

—¿Te hemos pedido yo o alguien que digas un nombre en concreto?

Vuelve a negar con la cabeza.

—¿Hay alguna forma de que yo pueda saber quién es esa persona?

Ella, y toda la gente que nos rodea, cree que no es posible.

—Mírame a los ojos. Has pensado en tu primer beso, y nunca antes nos habíamos visto. Pero voy a entrar en tu mente... ¡Lo tengo! ¡Es Andrew Gladwin!

Todas las preguntas que formulo se ajustan a la verdad, pero al mismo tiempo transmiten una idea incorrecta en su conjunto. Pensó en su primer beso y yo le leí el pensamiento. Nunca menciono el hecho inconveniente de que tuvo que escribirlo en un papel en cierto momento. Esto forma parte del método, pero se convierte en invisible en el «resumen» que ofrezco.

Como proclama Paul Auster en su fantasmagórica *Trilogía de Nueva York*: «Las cosas recordadas [tienen] tendencia a subvertir lo recordado».

✦✦✦

21

¿QUIÉNES SON TUS MAGOS FAVORITOS?

(PARTE 2)

«EL GENIO DE UN GRAN MAGO ES TAN IMPRESIONANTE COMO EL GENIO DE UN GRAN CIENTÍFICO».

—AMIT KALANTRI, ESCRITOR, MAGO, MENTALISTA

RICKY JAY
(1946-2018)

Escribo esta frase el 26 de noviembre de 2018, dos días después de que haya muerto Ricky Jay. Pasé el día de ayer releyendo sus libros y viendo viejas grabaciones de actuaciones suyas, intentando averiguar cómo escribir de una figura con tanto talento pero tan compleja. Como un juego de magia oscuro y retorcido, la muerte de Ricky supuso un golpe desagradable. Ahora todo es diferente.

Lo complicado de Ricky es intentar reconciliar a Ricky el personaje con Ricky la persona. En mi intento de unir estas dos caras suyas tan distintas, las últimas cuarenta y ocho horas han revelado un aspecto en él que nunca antes me había planteado.

Para empezar, no soy pariente de Ricky Jay. Me lo preguntan mucho y la gente se confunde. Mi verdadero apellido es Jay; su verdadero apellido era Potash.

Ricky era un artista visionario y un talento singular. Es uno de mis magos favoritos, y su estilo como intérprete me influyó más que el de ningún otro mago. Desde las primeras frases de su legendario espectáculo unipersonal, *Ricky Jay and His 52 Assistants* (Ricky Jay y sus 52 ayudantes), quedé cautivado. Tenía verdadera fuerza sobre el escenario:

> Damas y caballeros, permitan que les presente a mis cincuenta y dos ayudantes. Observen el contraste de estilo y carácter. Van de la simplicidad lisonjera al esplendor real. Algunos son pasivos e inertes, otros insolentes y beligerantes, algunos suicidas, igual que ustedes y yo.

Ricky tenía fama de ser difícil e irascible. Pero la muerte de una persona nos ofrece una perspectiva inaccesible mientras vive, y ya he comenzado a reconsiderar este enfoque.

No se relacionaba con muchos magos. En lugar de eso, se limitaba a una camarilla de iniciados afines a él. No publicó la magia que había creado, ni daba conferencias para otros magos. Eso no le resta valor como artista en modo alguno, ni lo hace menos digno de nuestros elogios. Pero resulta destacable.

Todos somos el fruto de nuestros maestros, y Ricky aprendió de los mejores. Pasó sus años de formación estudiando con Dai Vernon, el mago de cerca más importante del siglo pasado. Dai acogió a Ricky, compartió con él secretos y técnicas, y le dedicó su tiempo. El legado de Dai es seguro no solo porque era el mejor de su época, sino también porque fue tan generoso con su trabajo. Vernon publicó libros, juegos y vídeos que todavía estudiamos; y aceptó alumnos que siguen dando conferencias sobre su obra a día de hoy.

La generosidad es la norma en la comunidad mágica. Es irónico que, en la comunidad más cerrada y reservada, los magos sean al mismo tiempo muy solidarios entre sí. La verdad es que es el motor de nuestro arte: la disposición a compartir, la mentorización, la tutela del experto al principiante. Es un tema recurrente en estas páginas porque es una de las mejores tradiciones de la magia, y me ha ayudado a convertirme en el mago que soy, desde cuando Jerry Andrus aceptó tomar un café conmigo hasta la noche en la que me senté a la mesa de la cocina de Richard Turner. Estos hombres son los gigantes de nuestro campo, y buscaron tiempo para mí, un extraño, no porque tuviera algo que ofrecerles a ellos, sino porque ellos tenían algo que darme. Así es como funcionamos los magos.

Por lo general, Ricky no participó de esta costumbre. He escuchado rumores sobre ocasiones en las que pudo compartir un juego aquí o allá, pero decidió no mostrar su obra la mayoría de las veces y rechazó invitaciones para actuar o aparecer en reuniones exclusivamente para magos. Así sea. Estaba ocupado convirtiéndose en un maestro.

Ricky alcanzó la fama, a una edad temprana, tanto por su técnica manipulativa como por su habilidad para lanzar naipes. Tenía Récords Guinness lanzando cartas, por distancia y también por precisión. Una de sus proezas características consistía en lanzar cartas que quedaban clavadas en la pulpa interior de una sandía.

En los años setenta, Ricky apareció en programas televisivos con Mike Douglas y Merv Griffin, y estuvo de gira con músicos como Ike y Tina Turner. Pero su trabajo alcanzó cotas inusitadas cuando escribió y protagonizó su propio espectáculo para el circuito *off-Broadway*, *Ricky Jay and His 52 Assistants* (me encantaba el título y todo el espectáculo). Estaba consagrado casi por completo a la magia con cartas, y causó sensación en Nueva York y en todos los demás sitios donde se apareció. El director fue el dramaturgo David Mamet, un viejo amigo de Ricky.

Ricky Jay and His 52 Assistants es, sin exagerar, perfecto. De principio a fin, es la cima de la cartomagia: erudita, pero no pesada, y pura diversión. La premisa se basa en la historia de la magia y, aparte de los trajes con hombreras de los noventa que viste Ricky, todavía resulta actual. A lo largo del espectáculo, Ricky habla sobre sus influencias en la magia, presentando los juegos de sus mentores; todo el espectáculo desprende su particular personalidad. Tenía un ingenio cortante y solía fanfarronear, pero su personaje escénico era tan entrañable que no podías evitar adorar al tipo. Había nacido en Brooklyn, lo que le confería una cierta brusquedad tanto en el escenario como fuera de él. Cuando ves en YouTube vídeos suyos (y deberías), tu primera impresión podría llevarte a pensar que es un pariente loco en un muy mal día. Pero solo el tío Ricky puede manipular una baraja con tanta elegancia.

Ricky era un estudioso y un ludita. Escribió varios libros fascinantes sobre la historia de la magia, entre los que destaca *Learned Pigs and Fireproof Women* (Puercos sabios y mujeres ignífugas). También era un actor de carácter con talento, e interpretó a un timador en *Casa de juegos* y al enemigo de James Bond en *El mañana nunca muere*. Presentó una serie en NPR titulada *Jay's Journal* (El diario de Jay), rescatando a personajes extraños y maravillosos de los viejos tiempos del teatro.

Su carrera es destacable porque nunca dio un paso en falso; casi todo lo que tocó profesionalmente salió bien.

Lo que me apenó de Ricky fue que decidiera no transmitir sus conocimientos. No hay ninguna ley que lo prohíba: eran sus ideas y podía hacer con ellas lo que deseara. No debía nada a ningún mago que no fuera tan bueno como él. Pero era justamente eso, al menos para mí: Dai Vernon y todos los magos cuya obra estudió tampoco le debían nada a Ricky. Y, sin embargo, le dieron mucho a través de sus escritos y al permitirle acceder a ellos. Si Dai Vernon hubiera adoptado la misma actitud que Ricky Jay, no habría Ricky Jay. Una de las razones por las que la muerte de Ricky Jay es una pérdida enorme, es que tantos secretos por los que tan duramente trabajó han desaparecido con él.

¿Cómo abordaba la escritura de un juego? ¿Cómo gestionaba los nervios escénicos? ¿Cómo lograba la minúscula separación por encima de la carta inferior de la baraja justo antes de hacer el *pop-out* de Piet Forton (sacar una sola carta mientras se mezcla) sin fallar una sola puñetera vez? Nunca lo sabremos. Y así es, al parecer, como lo quería Ricky.

Así es como lo veía yo hasta que falleció. Pero no fue su muerte lo que me hizo cambiar de opinión. Fue Facebook y el resto de redes sociales. A medida que iba mirando una tras otra, veía que estaban llenas de homenajes al maestro desaparecido.

«Hoy estoy muy triste. Todo el mundo de la magia comparte esta emoción. Gracias, Ricky Jay. Descansa en paz».

«Hemos perdido a un gigante de la magia. Gracias, Ricky Jay, por años de inspiración».

«Ricky Jay, gracias por todo lo que le has dado al mundo».

Borbotones de elogios, historias personales, dibujos amateur. La gente compartía vídeos clásicos de Ricky en YouTube. Los vi todos. Lloré.

Lloré porque de repente comprendí cuánto nos había enseñado. Hizo falta que muriera para que yo fuera capaz de entenderlo.

SIMON ARONSON
(1943-2019)

Mi padre murió cuando yo tenía veintitrés años. Cuando falleció, acababa de graduarme en la universidad. Me sentí, por primera vez en mi vida, como si hubiera entrado en barrena. Así que llamé al tío Simon. Siempre tenía los mejores consejos, ya fueran sobre magia, dinero o relaciones. Simon *siempre* acertaba.

Para que conste, Simon Aronson no era mi auténtico tío; era un amigo íntimo. También era uno de los «amateurs» más respetados de la magia. Antes de su muerte en 2019, se había retirado de su trabajo como abogado inmobiliario. También pasó doce años en la Universidad de Chicago, sacándose grados en Filosofía, Economía y Derecho. Mientras hacía todo eso, se las apañó para inventar algunos de los efectos de magia con cartas más originales de la historia.

Simon se especializó en juegos sofisticados de cartomagia, muchos de los cuales se basaban en complejos principios matemáticos. El don de Simon para la magia matemática era tan grande como su habilidad para disimular las matemáticas debajo de presentaciones ingeniosas (en un juego de Aronson, jamás sospecharías que las matemáticas tienen algo que ver). En la magia de Simon, te podían pedir que cortaras la baraja y que recordaras la carta por la que habías cortado, pero en su mente, acababas de crear una ecuación del tipo $52 - n = x$, donde n es el número de cartas que has cortado y x el sonido de tu mandíbula al chocar contra el suelo cuando te dice cuál es la carta por la que has cortado. Una vez cada década, lanzaba un nuevo libro de magia de trescientas páginas, y sus numerosos fans dedicaban meses a avanzar lentamente por el material y absorber cada detalle y nota a pie de página como si fuera la Biblia. La magia de Simon es tremendamente engañosa: era un mago entre los magos. «Hay una enorme diferencia —escribió— entre que el espectador no sepa cómo se hace algo, y que sepa que no se puede hacer».

Las páginas de sus libros, que parecen más manuales de matemáticas que libros de magia, están llenas de ecuaciones. Aunque nunca apareció en *Fool Us* de Penn & Teller, sus juegos sí fueron presentados allí en varias ocasiones. Los magos aprenden la magia de Simon en sus obras y piden permiso para presentarlos en televisión. Y siempre, hasta la fecha, han conseguido engañar a Penn & Teller.

Un abogado jubilado que imagina un principio capaz de engañar a todo el mundo: ese es el lado de la magia que nadie ve. No todos los creadores que más nos influyen están en los escenarios de Las Vegas. Los verdaderos genios a menudo están recogidos a solas en una habitación, tomando notas para el próximo gran efecto mágico del mundo. Necesitamos al próximo Simon Aronson al menos tanto como a la futura superestrella de la magia.

Simon era un genio mágico y matemático, culto y exitoso, de ahí que, a la edad de veintitrés años y sintiéndome perdido por la muerte de mi padre, le llamé y le pregunté qué debía hacer con mi vida.

Señaló, acertadamente en mi opinión, que algunos de los mejores magos del mundo solían estar siempre sin blanca y se veían obligados a aceptar espectáculos humillantes y a trabajar hasta una edad avanzada. «Múdate a Chicago —me dijo— y matricúlate en la Facultad de Derecho».

Estaba francamente hundido por aquel entonces pero, aun así, sabía lo suficiente como para no seguir el consejo del tío Simon. No obstante, era exactamente lo que yo necesitaba escuchar en ese momento. Solía tomarle el pelo diciéndole que aquel fue el *único* de los consejos que me dio que jamás seguí. Pese a todo, siguió siendo mi modelo de conducta y el creador más inteligente que conocí jamás. Murió solo unos meses después de leer el primer borrador de estas páginas.

JEFF MCBRIDE
(1959)

Lo más parecido a una universidad que tiene la magia es la McBride Magic & Mystery School en Paradise, Nevada. La escuela está abierta a estudiantes de todo el mundo, y yo soy uno de sus egresados. La razón por la que me apunté fue sobre todo por estar algún tiempo con el fundador de la escuela y su principal atracción: Jeff McBride.

Jeff no puede pasar desapercibido en ningún sitio. Su vestuario, dentro y fuera de escena, es el mismo: kimono japonés, pantalones de deporte con una banda elástica y, muy a menudo, una riñonera llena de magia vistosa (confeti, cintas, abanicos, pañuelos de colores) con la que puede actuar en cualquier momento, cosa que suele hacer. Su pelo es producto de otra era: una melena encrespada que le llega hasta los hombros, con mechas rojas y rubias. En la serie *Star Trek: Deep Space Nine* crearon un personaje extraterrestre basado en Jeff McBride, y el chiste que suele contarse en la industria es que no les hizo falta cambiar gran cosa. En el mejor de los sentidos: aunque es desafiante y orgullosamente ochentero, como un homenaje a la década en la que despegó su carrera, Jeff posee un talento de otro mundo.

La pasión de Jeff McBride por la magia es estimulante y contagiosa. Me encanta estar cerca de Jeff porque, a pesar de tener más «horas de vuelo», o experiencia escénica, que nadie que yo conozca, Jeff conserva el mismo nivel de entusiasmo que los chavales ojipláticos que vienen a estudiar con él. Simplemente le encanta trabajar con otros, ayudar a alguien a pulir su número, y aprender el último juego de moda. Y hay magos de todo el mundo que pagan un buen dinero por la oportunidad de trabajar con él, sea en solitario o en clases junto con otros.

El número de Jeff sigue siendo icónico, a pesar de sus raíces ochenteras. Entra en el escenario con una máscara kabuki blanca. Cada vez que se quita una máscara, aparece otra. La máscara cambia de color, flota, baila por todo el escenario. El gran final de su número, sincronizado con un apabullante crescendo de música de sintetizador, llega cuando se quita la última máscara, revelando, por primera vez, su cara. Jamás he visto que deje de provocar una ovación en pie.

El número, como toda la obra de Jeff, da cuenta de una gran variedad de intereses. Ha estudiado ballet, *jiu-jitsu* y mimo, y todo ello forma parte de su espectáculo. Incluso ahora, a los sesenta años, Jeff *todavía* da la necesaria voltereta cuando corresponde. Parece que su energía para actuar jamás decae.

La Mystery School está en casa de Jeff, que también es una especie de museo místico y alternativo. Pertenece al movimiento neopagano, por lo que, además de su técnica manipulativa exquisita, los estudiantes nos vemos obligados a soportar una buena dosis de palabrería sobre la importancia alquímica de la tierra, el viento, el fuego y el aire. Cuando asistí a su escuela, en un momento dado sonaba un tambor, nos sentábamos en círculo, y pasábamos una varita de cristal a quien quisiera hablar.

Es una experiencia un poco hippie, la Magic & Mystery School de Jeff, con su nombre tan bien elegido; una experiencia de la que es fácil burlarse cuando la miras desde fuera. Quiero decir, tenemos a un tío en kimono, con mechas, enseñando técnicas de manipulación de cartas a una habitación llena de gente que, seamos honestos, tampoco encaja mucho mejor que él en el resto del mundo. Sin embargo, cuando atravieso la cortina de cuentas en la puerta de la Mystery School, me siento en casa. Esta es mi gente, y me encuentro ante uno de los mejores. Y, ya esté ayudando a un chaval a encontrar un método para hacer aparecer una hucha de cerdito para su número de escena, o ayudándome a escribir el guion de una pieza que se me resiste, todos estamos allí juntos, intentando resolver las cosas.

DERREN BROWN
(1971)

Derren Brown debería estar en la lista de magos favoritos de todo el mundo, a pesar de que ya no sea un mago. Derren es mentalista, pero estas distinciones son un poco difusas. Aunque puedas ver a un mentalista una noche y a un mago la siguiente, y vivir experiencias muy distintas, desde el otro lado del escenario (el nuestro), tienen más en común de lo que podría parecer.

Mago o mentalista, Derren Brown es especial. Es una estrella del teatro y la pantalla en el Reino Unido y cuenta en su haber con docenas de especiales de televisión y espectáculos en el West End. Los magos famosos a menudo presentan material que no impresiona a otros ilusionistas. En su defensa, la televisión a menudo exige que los juegos sean muy simples y generales para atraer a la mayor cantidad de espectadores que puedan verlos desde casa. Raramente hay un punto de vista característico o un enfoque creativo en la mayor parte de la magia que sale en televisión.

Derren es la excepción. Su trabajo es altamente innovador. Una vez convenció a alguien sin ninguna experiencia para que pilotara un avión y, en otro especial de televisión, preparó una escena para convencer a un espectador de que cometiera un crimen. Ha mostrado cómo predecir el caballo ganador en una carrera. (El secreto: antes de la carrera convences a todas las personas, individualmente, para que apuesten por caballos distintos, y luego solo muestras las imágenes de la persona a la que convenciste de apostar por el caballo que finalmente ganó). Su material es famoso por estar siempre a punto de cruzar la línea de lo creíble: te atrae con milagros en los que casi puedes creer.

Derren empezó como mago de cerca, haciendo magia de mesa en mesa en un restaurante. Su primer especial de televisión, *Mind Control* (Control mental), se emitió en el año 2000 y fue un éxito, lo que le convirtió en una celebridad en el Reino Unido.

Como una especie de prólogo para un espectáculo de escena en 2008, Derren reveló que era gay en un fascinante monólogo sin contenido alguno de «mentalismo». Había hecho pública su sexualidad en 2007 en un artículo periodístico, pero su monólogo sobre el escenario se desplegaba sobre el contexto más amplio de los secretos que guardamos o no como seres humanos, y la razón por la que lo hacemos. Era una hermosa pieza teatral, y un salto cualitativo para la credibilidad de la magia. Nuestro arte no se suele percibir como forma de expresión, pero Derren demostró a la crítica y al público de todo el mundo que un espectáculo de mentalismo podía hacer más que revelar lo que alguien estaba pensando: podía mostrar lo que el artista siente. La magia puede dar a quienes la practican una voz para expresar su interior.

Otra de las aportaciones más duraderas de Derren a nuestra industria fue hacer que el mentalismo molase de nuevo. Cuando se emitió *Mind Control* en el año 2000, una nueva generación descubrió las posibilidades del mentalismo. Los especiales de magia de David Copperfield eran enormemente populares, pero mientras los espectadores sabían que David era un artista, pensaban que Derren era *de verdad*. Derren convencía a alguien de que debía matar a un famoso y llevaba a cabo un golpe a una galería de arte usando únicamente técnicas de sugestión. El precio que hemos pagado por la labor pionera de Derren son veinte años de mentalistas imitadores presentando versiones adulteradas de su material por todo el mundo.

La otra gran aportación de Derren fue no pretender que tenía poderes. En cambio, siempre insiste en que sus proezas se pueden explicar por habilidades aprendidas y creíbles: una combinación de magia, psicología, desviación de la atención y presentación. Es como un Sherlock Holmes de la vida real, capaz de deducir en qué país vas a pensar basándose en el color de tus calcetines. No es más cierto que afirmar que puede leerle la mente a alguien, pero el matiz es importante. El público no sale de su espectáculo preguntándose «¿Cómo ha hecho eso?». Los espectadores salen diciendo: «*Qué* impresionante la forma en que lo ha hecho».

22

¿PUEDE LA MAGIA ENGAÑAR A LOS MAGOS?

«TE ENGAÑARÁ UN JUEGO SI IMPLICA MÁS TIEMPO, DINERO Y ENSAYO DEL QUE TÚ (O CUALQUIER OTRO ESPECTADOR CUERDO) ESTARÍAS DISPUESTO A INVERTIR».

—TELLER, MAGO

Me encanta que me engañen. *Me encanta*. Pero con cada espectáculo que presento y cada juego que invento, mi puerta a la ilusión se cierra un poco más. Ojalá me engañaran más a menudo, aunque solo fuera como recordatorio de la sensación que he dedicado mi vida a intentar provocar. Es un momento infrecuente de doble conciencia en el que puedo ver a través de los ojos tanto del mago como del espectador. Muchos veteranos dicen que no los han engañado en décadas, pero yo no conozco a un solo mago al que ya no se pueda desconcertar.

Sin embargo, la última vez que me engañaron a fondo fue en Copenhague. Tenía ganas de ver a mi amigo Rune Klan (véase pág. 65). Actuar para colegas de oficio produce una sensación extraña. No puedo hablar por Rune, pero cuando hay otro mago en mi público, el resto de los espectadores desaparecen y, en mi mente, actúo solo para una persona, preguntándome a cada paso si ha llegado a percibir un detalle original o una nueva sutileza que podría haberle engañado.

Rune empezaba su *show* entrando a escena solo con una tela grande: sin accesorios, cajas ni trampillas. Agitaba la tela en el aire y se cubría brevemente. Cuando caía la tela, estaba apoyado contra una moto. El motor rugía. Me engañó. Del todo. *No tenía ni idea*.

Tras el espectáculo, Rune me llevó entre bastidores y me volvió a volar la cabeza, esta vez compartiendo conmigo su método. (Revelo aquí cómo funciona su «Aparición de la moto» porque me ha dado permiso y ya no presenta el efecto). «No se me ocurría ninguna forma de hacer que apareciera una moto en el escenario porque es demasiado grande, demasiado pesada y ruidosa —me explicó—. Entonces me di cuenta de que no necesitaba hacer aparecer una moto *de verdad*». Dicho lo cual, Rune sacó a la vista una gran pieza plana de cartón recortado. Era la foto de una motocicleta, a tamaño natural, ni remotamente convincente vista de cerca. «Con la iluminación adecuada y el sonido de un motor rugiendo, esto parece una moto. Y hacer que aparezca es tan fácil como poner el cartón en pie, así». Rune engañó a nuestros oídos y a nuestros ojos con una moto de cartón. Añade un poco de humo, iluminación favorable y... *¡abracadabra!*

La ilusión es tan audaz que funciona. Y ello se debe a que Rune entiende cómo va a ser la experiencia del espectador. Cuando oímos el sonido de una moto, y vemos algo que parece una moto, lo aceptamos. Nuestros sentidos nos traicionan, y quedamos completa y satisfactoriamente ilusionados. Como espectadores, la única pregunta que nos hacemos es «¿De dónde ha salido eso?». «La labor de un mago —escribe Teller— es dejarte con una hermosa pregunta, no con una fea respuesta».

He revelado un secreto para traerte este momento. Pero sospecho que la historia te resultaría indiferente si simplemente hablara sobre una moto que aparece. Habría que conmemorar como se merece el ingenio de momentos como este. En lugar de eso, simplemente se cuentan en los corrillos de los congresos de magia, y únicamente los recuerdan los magos, si acaso los recuerda alguien.

Hay un juego que ha engañado a magos (y a públicos) durante más de cien años: el reloj misterioso de Robert-Houdin. Jean-Eugène Robert-Houdin fue un extraordinario mago francés del siglo XIX que se había formado como relojero. Muchos lo consideran el padre de la magia moderna, y fue su experiencia analítica como relojero la que le ayudó a crear algunas de las proezas más recordadas de la historia de la magia. Pero, por lo que a mí respecta, su legado más duradero está en los relojes que fabricó. Estoy seguro de que esos artefactos imposibles te desconcertarán por completo, incluso aunque tuvieras uno en tus manos. Desgraciadamente, tendrás que confiar en mi palabra, porque los relojes misteriosos de Robert-Houdin son extremadamente escasos; quedan menos de setenta, y alcanzan precios de cien mil dólares en subastas. David Copperfield tiene una habitación llena de ellos.

El más extraordinario de los relojes misteriosos de Robert-Houdin es el de la columna de cristal. Resulta precioso a la vista, pero si no lo examinas atentamente, puede que se te escape el detalle que te va a ilusionar. El reloj tiene una base decorativa sobre la que se alza un grueso tubo de cristal de unos veinticinco centímetros de largo. En lo alto de este tubo transparente hay una esfera de cristal. Puedes ver a través de ella. Hay números romanos y manecillas de reloj en la esfera, pero las manecillas están suspendidas sobre el cristal. Aunque da la hora, no hay alambres conectados a las manecillas. No hay rodillos, ni engranajes, ni pilas. El propio tiempo se convierte en un misterio. Y, sin embargo, las manecillas giran lentamente a su compás. Recuerda que el reloj es de 1839, décadas antes de que existieran pilas fiables y fuentes de energía aplicables en tales condiciones, y más de un siglo antes de la tecnología inalámbrica. Es una ilusión suspendida que quita el aliento.

Algunos de los secretos de la magia resultan menos impresionantes cuando descubres lo simple (o lo compleja) que es la solución. Pero los relojes misteriosos de Robert-Houdin ganan por los secretos que esconden. Robert-Houdin no los diseñó como efectos mágicos, pero su elegante mecanismo es fundamental para apreciar su ingenio.

De modo que, con gran reverencia, voy a compartir ahora contigo el método. El secreto de los relojes misteriosos está oculto, audazmente, a plena vista. El tubo transparente de cristal a través del cual puedes ver no está hueco, ni es tan sólido como podrías esperar. En lugar de eso, hay un tubo *dentro* del tubo, y el tubo interior rota secretamente, indetectable incluso para el ojo más atento, dado que es transparente. La base del reloj oculta los engranajes habituales, y el tubo interior rotatorio mueve las manecillas en la esfera del reloj por medio de otro mecanismo de cristal dentro de cristal. Lo que percibes como una esfera de reloj hecha de una única pieza sólida de cristal es en realidad un conjunto de capas delgadas, cada una de las cuales rota, secretamente, al compás del tiempo. Los relojes de Robert-Houdin son efectos mágicos perpetuos, que han estado asombrando al público durante tanto tiempo como el que llevan marcando sus manecillas.

Imagina que estás viendo a un mago y, sin que se dé cuenta, ves algo que no deberías haber visto. En otras palabras, se le ve el truco. Le prestaste tu tarjeta de crédito y, cuando parece guardarla en el bolsillo derecho de su pantalón, te das cuenta de que la ha lanzado secreta y muy rápidamente tras su espalda, a su mano izquierda dispuesta para recogerla. Nadie lo ha visto excepto tú. Como mago, a mí me impresionaría la destreza. Pero ya no me ilusionaría.

Esto es lo que hace que la magia sea tan difícil. Puedes seguir apreciando una canción aunque desafine en un par de notas. Se puede encontrar una pincelada errática incluso en las obras de los maestros. Pero un pequeño error en una rutina de magia es suficiente para destrozar la ilusión. La magia exige precisión y perfección. Cualquier cosa que no las alcance es una chapuza.

Engañar a otro mago es algo diferente. Al público le fascina la idea del «mago entre magos». Es una de las razones por las que *Fool Us* de Penn & Teller ha tenido tanto éxito. Queremos ver cómo alguien les da una lección a los maestros. Cuando escribo esto, *Fool Us* está comenzando su octava temporada. Debo confesar que no simpatizo del todo con el aspecto competitivo, pero es un éxito indiscutible, no solo en Estados Unidos sino en todo el mundo. La premisa es que los magos concursantes presentan juegos originales y entonces Penn & Teller intentan averiguar cómo los han hecho. Puedo imaginar, en la reunión donde se presentó el proyecto, a alguien preguntando: «¿Y si hacemos un *American Idol* de la magia?».

En cualquier caso, el formato tiene muchas virtudes, porque los espectadores podemos ver una variedad de material y de estilos, y luego a Penn & Teller intentando aplicar la lógica para determinar cómo se ha conseguido cada efecto. Es el programa de variedades de esta generación, y el mejor sitio para ver buena magia en la tele. El elemento de concurso es la típica tontería hollywoodiense, pero se añadió para aplacar a los ejecutivos obtusos que dan luz verde a estas cosas.

Cuando surgió la ocasión de actuar en el programa, no sabía si conseguiría engañar a Penn & Teller, pero pensé que tenía una oportunidad con «Out of Sight» (Fuera de la vista), un efecto original que creé para presentar ante personas invidentes (véase pág. 174). El efecto tiene una trama enigmática que gira en torno a hacer magia para personas que no pueden ver: me pongo una venda para privarme de mi propia capacidad de ver, y entonces presento toda una rutina de adivinación del pensamiento sin el auxilio de la vista. Incluso aunque no engañara a Penn & Teller, sabía que sería distinto a todo lo que se había presentado en *Fool Us*.

Antes de la grabación, los productores me dieron dos reglas inviolables. La primera: no uses señuelos con Penn & Teller. Aborrecen que, por ejemplo, una secuencia les haga creer que hay una persona oculta bajo el mantel, y cuando se retira este, en lugar de la persona aparezca una bandera con la palabra «¡ERROR!» escrita en ella. Y lo pillo. El objetivo del programa es hacer magia de calidad que engañe al cerebro de forma natural, no tender una trampa para engañar a dos magos conocedores.

La segunda regla: nunca discutas con Penn & Teller. Los productores deciden si Penn & Teller han averiguado el secreto, y entonces el mago se retira con dignidad. He oído hablar de magos que discutieron detalles técnicos en el escenario, delante del público. Esos segmentos se cortaron para la emisión.

Cuando presenté «Out of Sight» en *Fool Us*, primero saqué una carta elegida mentalmente por un miembro del público, y entonces, tras adivinarla correctamente, mostré que todas las demás cartas de la baraja estaban en blanco. Y finalmente, como podía, le entregué la baraja al espectador como recuerdo. Por esta razón, Penn & Teller dieron por supuesto que tenía que haber hecho un cambio de baraja, lo que implica que habría usado dos barajas: una con cartas normales y otra con cartas en blanco. Tras encontrar la carta elegida, tendría que haber cambiado el resto de naipes en el filo de la mesa. Aunque no salió en el montaje final, Penn incluso elogió lo limpiamente que había ejecutado el cambio. Su nivel de confianza a la hora de diseccionar mi efecto era elevado.

El problema era que *no hice un cambio de baraja*. Pero allí, en el escenario, delante de las cámaras y un auditorio abarrotado de personas, recordé la regla número dos: nunca discutas con Penn & Teller. ¿Qué hago? Ellos creían que habían resuelto el efecto, y el presentador incluso había terminado la secuencia: «Demos otro aplauso a Joshua Jay». Destrozado por dentro, pero con una sonrisa plantada en mi cara, comencé el largo camino hacia las bambalinas (esto se eliminó por completo en el montaje final de mi actuación).

—Un momento —llamó Jonathan Ross, el presentador—. Me están hablando los productores. Josh, vuelve.

Un momento después, Penn & Teller atravesaron el escenario, un trofeo bajó del techo y cayó confeti de los travesaños. Había engañado a Penn & Teller y, durante unos pocos segundos muy largos y deprimentes, ellos también me habían engañado a mí.

Te sorprendería saber lo que puede engañar a un mago. Muchos de los juegos que lo consiguen se basan en un planteamiento parecido al de esos timos en los que el tahúr da una buena mano al incauto pero se da una mejor a sí mismo: el juego parece basarse en un método muy conocido y entonces... *¡tachán!*... la solución que esperábamos resulta ser un callejón sin salida.

Lennart Green presentó el juego definitivo para engañar a magos a principios de los noventa. Green concursaba en la competición de magia más prestigiosa, la Federación Internacional de Sociedades Mágicas (FISM), en 1988, con un número de cartomagia que parecía tan imposible que los jueces dieron por supuesto que estaba usando cartas trucadas. Green encontraba cartas nombradas de forma instantánea, y ordenaba barajas mezcladas sin que se viera manipulación alguna. Por ello, le dieron puntuaciones mediocres pensando que había tomado atajos.

Green se presentó en la siguiente FISM tres años después en Lausana, Suiza, e hizo el *mismo número*. Solo que esta vez, cuando terminó, soltó las cartas en la mesa del presidente del jurado. Era una baraja completamente normal. Ese año ganó la competición.

Hay un viejo adagio en magia que reza que, si un profano entiende un uno por ciento del método de un mago, no le engaña. Pero si un mago no entiende un uno por ciento del método, ha sido engañado.

Cuando era muy joven, conocí a un mago veterano que presentaba su número en los últimos tiempos del vodevil. Hacia el final de su actuación, hacía que una copa de vino desapareciera de un modo que, hasta hoy, me sigue desconcertando. Solo tenía nueve años cuando le vi hacerlo, y me quedé asombrado. Así que le pregunté cómo se hacía. Su respuesta (una vieja frase del vodevil, no me cabe duda) me enseñó algo fundamental sobre pedir a otros magos que expliquen sus juegos, incluso a colegas magos.

—¿Puedes guardar un secreto? —me preguntó. Asentí con la cabeza para indicar que podía—. Yo también —dijo.

Esa sensación de absoluto asombro ya se ha perdido casi por completo para mí. Es el peaje que pagamos a medida que avanzamos en el arte de la ilusión. La primera vez que deduje cómo se hacía un efecto mágico, con nueve años, fue, en muchos sentidos, el momento definitorio de mi vida. Pero fue también el último instante en que realmente viví la magia como espectador. Todavía me pueden engañar, pero mi papel en la magia ahora está claro: enseño a la gente la puerta que lleva a la maravilla. La paradoja es que se trata de una puerta que yo mismo ya no podré volver a atravesar jamás.

✦✦✦

23

¿POR QUÉ ALGUNAS PERSONAS ODIAN LA MAGIA?

«EN TODO HAY UNA PIZCA DE MAGIA Y EN TODO HAY ALGO DE SIN SENTIDO, PARA EMPAREJAR UN POCO LAS COSAS».

—LOU REED, MÚSICO

Mi episodio favorito de *En los límites de la realidad* se titula «A Nice Place to Visit» (Un bonito lugar para visitar). Rocky, el protagonista, muere y se despierta en un más allá aparentemente perfecto. Gana siempre a la ruleta, obtiene todo lo que desea y está rodeado de hermosas mujeres. Pero después de un mes, su mundo perfecto empieza a aburrirle. Al explicárselo a un ángel, y decirle que prefiere ir «al otro sitio», este le responde: «Pero es que este es el otro sitio».

En cada espectáculo que doy, pregunto cuántos de los espectadores están viendo magia por primera vez. Irremediablemente, más de la mitad del público levanta la mano. La magia no es un arte escénico universalmente popular... y está bien que así sea. Es más popular que, por ejemplo, los títeres o el mimo, pero nuestro apetito de música, teatro o televisión es más grande. Si un día te cansas de Radiohead, simplemente cambias tu lista de reproducción.

Sé que la probabilidad de que los teatros de magia alcancen a los clubes de comedia es baja, y que MTV no se va a poner a emitir vídeos de magia próximamente. Pero estoy satisfecho con la posición de la magia en el universo del entretenimiento. Crees en ella, la buscas, y la ves cuando la necesitas.

Cuando se trata de magia, menos es más. Cuanto más material muestra un mago a su público, menos lo aprecia este. Mis amigos se ven obligados a ver mis juegos en desarrollo y a responder a mis preguntas sobre cada uno de sus aspectos. ¿Os ha engañado? Si os pidiera que describierais lo que acabáis de ver, ¿qué diríais? ¿Os gustaría más si lo hiciera con tarjetas de crédito en lugar de cartas? Mis amigos siempre son generosos con su tiempo, hasta cierto punto. Al principio tienen muchas ganas de ayudar, pero elegir demasiadas cartas es como comer demasiado dulce: puedes sufrir un empacho de asombro tan fácilmente como uno de azúcar.

La tele es el medio en mejores condiciones de demostrarlo. Ocurre con más frecuencia cuando alguien que no es mago obtiene el control creativo de un programa de magia. Un productor de televisión, o de un espectáculo de Las Vegas, decide que hay que aumentar la ratio de magia por minuto. El resultado es magia *rock and roll*. No hay preparación ni premisas, solo transformaciones y desapariciones y sorpresas. *Boom. Bang. ¡Ta-chán!*

Es probable que tú también lo hayas visto. Mat Franco asombró al público en *America's Got Talent* en 2014. Era joven, cautivador y divertido pero, lo que es más importante, estaba haciendo algo distinto. En cinco de las seis primeras temporadas del programa los ganadores fueron cantantes, siendo canciones más de la mitad de los números que se presentaban. Mat llegó y encontró una carta elegida cortando la mesa del jurado. Fue el primer mago que ganó el concurso. La siguiente temporada parecía que había un mago cada semana. Algunos tenían talento, pero el público se insensibilizó a la magia.

Por lo demás, la magia sigue en los márgenes de las variedades. Puede que veas a alguno de nosotros en un club de comedia o en un crucero, o tal vez pases una década entera sin ver un mago en vivo.

Y así debe ser.

La magia escasea en los escenarios porque escasea en la vida real, tal vez porque el rango emocional es más estrecho. Hay películas sobre amor y pérdida y destrucción y el Watergate. No hay, de momento, espectáculos de magia sobre las Guerras Napoleónicas. Por lo general, tendemos a ver magia buscando algo en concreto, y eso es lo que no podemos esperar encontrar con seguridad en ningún otro sitio: asombro. Puedes ver todas las películas de Marvel que quieras, pero la magia del cine tiene una explicación sencilla: la han hecho con ordenadores. Si quieres ver magia que te haga pensar y sentir y que te deje boquiabierto, vas a ver a un mago. El atractivo de la magia está en su escasez. Pierde su poder si se convierte en algo habitual: no tienes más que preguntar a mis amigos.

24

¿CUÁL ES EL PÚBLICO MÁS DIFÍCIL DE ILUSIONAR?

«LA MENTE INTUITIVA ES UN DON SAGRADO, Y LA MENTE RACIONAL ES SU FIEL SERVIDORA. HEMOS CREADO UNA SOCIEDAD QUE HONRA A LA SERVIDORA Y SE HA OLVIDADO DEL DON».

—ALBERT EINSTEIN, CIENTÍFICO

Hace poco estaba presentando un espectáculo en un evento llamado G4G,[1] una reunión de matemáticos teóricos, científicos, lógicos, magos, locos de los puzles y entusiastas del origami. Quinientos frikis puñeteramente listos en un salón de baile de un Ritz-Carlton, esperando para verme hacer magia. Una periodista me acorraló entre bambalinas y me preguntó si me ponía nervioso actuar para un público tan distinguido. Dije que no estaba especialmente preocupado, que los principios de la magia engañan incluso a las mentes más brillantes. Parecía decepcionada.

—Bueno, entonces —preguntó—, ¿cuál es el público más difícil de engañar?

Respondí sin dudar.

—Los niños.

(Quienes seáis padres, no me cabe duda, lo habréis adivinado al instante.)

—Habría pensado que los borrachos alborotadores o algo así —dijo.

Lo pensé un momento. Cuando los adultos beben, se vuelven impredecibles, cogen cosas que no deberían, dicen a voces cómo creen que se hace un efecto. Pero los niños se comportan así *todo el rato*.

Cuando se trata de resolver juegos de magia, seguro que un adulto con treinta, cuarenta, incluso cincuenta años de experiencia de vida tendrá ventaja sobre un niño de ocho. Sin embargo, los magos avezados temen la inteligencia de los niños.

1. Gathering for Gardner es el nombre de las reuniones que se celebran anualmente en muchos países para honrar y recordar a Martin Gardner. (N. del E.)

Por esta razón: la imaginación de un niño de cinco años no tiene límites. Y para los magos, eso es peligroso. Piensa, por ejemplo, en una niña que mira al cielo y ve un pájaro volando. Después observa a su gato.

—¿Pueden volar también los gatos? —pregunta.

Este es el tipo de pregunta encantadoramente ingenua que embelesa a los adultos.

—No —respondemos—. Los gatos no pueden volar.

Los niños viven nuestro mundo como si fuera Nunca Jamás, hasta que finalmente aprenden que no lo es.

A los críos pequeños normalmente no les impresionan los magos porque su línea entre la realidad y la magia es difusa. El mundo de un niño rebosa de magia que tú y yo damos totalmente por supuesta. Móviles, microondas, aviones... son asombrosos efectos de magia si no tienes ni idea de cómo funcionan. El desafío del mago para niños es competir con esas máquinas increíbles.

La magia infantil a menudo es despreciada por magos que la consideran artísticamente pobre. Pero yo siento la mayor admiración por quienes pueden hacer magia efectiva para niños. Silly Billy (nombre artístico de David Kaye) es un líder y pionero en el campo. Ha escrito sobre la diferencia entre hacer magia para niños y magia para adultos.[2] Él cree que en la magia para niños lo realmente importante no es la magia. Es la *interacción*.

—Queremos que los niños señalen, griten, pidan «¡Dale la vuelta!», respondan una pregunta, muevan los dedos para hacer que la magia ocurra, y reciten las palabras mágicas —explica—. En mi espectáculo para niños, busco cuatro interacciones por minuto. Eso es una interacción (risa, grito, mover los dedos...) cada quince segundos.

Como adultos, hemos aprendido a aplicar nuestras experiencias anteriores a situaciones nuevas. Usamos la lógica para hacer inferencias. Por eso nos engañan. Los niños no hacen las mismas inferencias porque carecen de experiencia de vida. En lugar de eso, se basan en la intuición.

Es un clásico lo de sacar una moneda de la oreja de alguien: tu tío puede haber encontrado un cuarto de dólar detrás de tu oreja en algún momento de tu vida. Cuando este juego se ejecuta bien, los adultos se

2. En *Serio de remate*, de David Kaye. Páginas. Madrid. 2007. (N. del T.)

asombran, y la mayoría no consigue entender cómo es posible. «¿Cómo ha llegado ahí la moneda?». Como ocurre con todos los buenos efectos mágicos, la ilusión hace que el espectador derrote a su propia lógica.

A un niño no se le disuade tan fácilmente. Quiere que lo repita, esta vez enseñando primero que tengo las dos manos vacías. Quiere inspeccionar la oreja de antemano, y que esta vez lo haga muy despacio. Los niños son la peor pesadilla del mago.

Si lo que te gusta es resolver juegos de magia, olvida todo lo que sabes e intenta ver el mundo con los ojos de un chaval. Los niños dicen lo que piensan, lo que puede resultar incómodo cuando actúas ante ellos. Yo lo aprovecho para mis propios fines, lo que ha dado lugar a situaciones aún más peculiares. En algunas ocasiones he llamado a la puerta de mis vecinos y les he preguntado si puedo hacerles un juego de magia a sus hijos. Yo, un hombre de treinta y ocho años, preguntando a la mamá de Joey si Joey puede salir un rato a la puerta para valorar mi último efecto. Los niños tienen la quietud mental necesaria para ver a través de los mecanismos de muchos principios mágicos, y escuchan una voz interior que la mayoría de adultos ignoran. Si puedo engañar a Joey, puedo engañar a cualquiera. «La gente más sofisticada que conozco —dijo una vez Jim Henson— son todos niños en su interior».

Howard Thurston, uno de los grandes magos de principios del siglo XX, desarrolló su propia táctica para tratar con niños. Uno de sus juegos más famosos era la levitación de una persona. Cada noche, Thurston invitaba a un niño distinto de entre el público para servir de ojos y orejas del público, y lo llevaba de la mano por debajo de la mujer flotante para que hiciera de ojos y orejas del respetable. El niño estaba tan cerca de la ilusión que con seguridad tenía que haber visto el secreto: una compleja red de alambres finos, imperceptibles a cierta distancia. Pero los niños jamás hablaron. ¿Cómo es posible? La historia ha llegado hasta nosotros por un anciano que, de niño, fue invitado por Thurston durante el efecto de la levitación. Cuando el niño miró hacia arriba, vio una vasta red de alambres y poleas, pero antes de que pudiera pronunciar una palabra, el atildado Sr. Thurston susurró de modo que solo él pudiera escucharlo: «Si tocas esos putos alambres, te mato».

El método era siniestramente brillante. Desde el punto de vista del público, el niño parecía sobrecogido por el milagro que flotaba sobre él.

En realidad, el impacto se debía a haber escuchado semejante palabrota de boca de un ilusionista con tan buenos modales. Este sistema también aseguraba que el secreto seguiría a salvo después del espectáculo. (Quiero decir, ¿a qué niño de seis años se le permite repetir ese taco a sus padres?).

La maravilla decae con la edad porque, a medida que nos movemos por la vida, nos asombran menos las cosas que experimentamos. Los aviones en el cielo ya no nos hacen levantar la vista maravillados. Pulsamos interruptores de la luz sin pensar en lo increíble de la electricidad. Tampoco pensamos demasiado en el milagro de nuestra propia existencia porque estamos demasiado acostumbrados a misterios que no entendemos. «Si las preguntas de la infancia no obtienen respuesta antes de cierto punto —ha escrito mi autor favorito, Norman Maclean— ya no se pueden volver a formular de nuevo».

La maravilla está ligada para siempre a nuestra infancia, y por eso la magia nos hace *sentir* como niños. Cuando un mago nos asombra, regresamos a un estado mental que tal vez ni recordemos de forma consciente: nuestra juventud. En este sentido, la magia no está diseñada para los niños, sino para el niño que pervive dentro de cada uno de nosotros. Nietzsche escribió: «La madurez del hombre es haber vuelto a encontrar la seriedad con la que jugaba cuando era niño». Todos buscamos el botón de reiniciar la vida, para devolvernos a un tiempo en el que los gatos tal vez pudieran volar como pájaros. Para los adultos, la magia es una huida temporal de la realidad. Para los niños, la magia es la realidad.

✦✦✦

25
¿CUÁL ES TU JUEGO MÁS DIFÍCIL?

«HE DESCUBIERTO QUE, SI UNO QUIERE TRANSMITIR LA SENSACIÓN DE QUE POSEE UNA GRAN HABILIDAD, ES UNA VENTAJA POSEER REALMENTE UNA GRAN HABILIDAD».

—DARWIN ORTIZ, MAGO, ESCRITOR

Una parte enorme del trabajo de un mago consiste en exagerar el nivel de dificultad de un efecto. A menudo realizamos intensos esfuerzos mentales mientras pensamos sobre la marcha al tiempo que ejecutamos una técnica demencial de manipulación y hacemos chistes. Todo para que tú no llegues a darte cuenta de lo que auténticamente está ocurriendo delante de tus narices. Por otro lado, hay muchos efectos que parecen increíblemente difíciles (como librarse de unas esposas trucadas) y que son tan sencillos como quitarse unas manoplas.

A veces el mago debe realizar una mezcla perfecta. Es decir, hay que dividir la baraja en dos montones exactamente iguales, de veintiséis y veintiséis cartas. Después, juntando los extremos, las cartas se deben entremezclar de forma perfecta, una a una, y deslizarse a su posición. Dominar esta técnica exige un año de ensayo constante. Muchos magos que conozco simplemente no pueden apoyarse en ella debido a que sus manos no son lo bastante firmes o su vista no es lo bastante aguda. Tengo un efecto que necesita una mezcla de este tipo. El juego más distintivo de mi amigo Paul Gertner es «Unshuffled» (Desmezclado), en el que debe ejecutar *cuatro* mezclas perfectas seguidas, sin fallar. Lo ha hecho en directo en televisión. Eso se llama tener agallas.

La parte más complicada del espectáculo que hace poco cerré en Nueva York es de hecho lo que parece más aleatorio: escoger voluntarios. Las técnicas complejas y las argucias para desviar la atención en mi *show* están tan ensayadas, tan interiorizadas, que apenas soy ya consciente de ellas. Pero la decisión concreta que afectaba en mayor medida al impacto de la magia era a quién invitaba a participar. El espectador adecuado gritará, reirá y se quedará boquiabierto en los momentos precisos. Un espectador inadecuado impostará indiferencia. Para complicar más las cosas, el espectador adecuado para mi primer acto, en el que simulo cortar el dedo de un voluntario, es totalmente inadecuado para el acto cuarto, donde cuento una historia valiéndome de una baraja.

Para el primer acto, busco a alguien que tenga un dedo delgado porque el agujero del cortapuros es demasiado pequeño para el meñique de cualquier persona. También necesito que sea una persona tímida, así que busco entre el público a alguien que *no* esté haciendo contacto visual claro. Puede que charle unos instantes con uno o dos candidatos, y luego elijo al que tenga menos chispa, al que parezca que puedo asustar más a conciencia.

En el acto cuarto, pido a un espectador que se siente en el suelo mientras relato un cuento sobre cómo se conocieron un hombre y una mujer. La historia es dulce, incluso empalagosa, pero el giro final es que trata de mis padres, lo que la convierte en la historia de mis orígenes, y por tanto aún más valiosa. Es decir, valiosa, si la persona a la que he elegido entra en el juego. He elegido a espectadores que no dejan de interrumpir con sus comentarios, y es un desastre. Y la gente más joven, en general, no sabe cómo reaccionar al inevitable factor sentimental inherente a una pieza como esta. Busco una persona de mediana edad, que parezca verdaderamente interesada. Y, al tratarse de una pieza romántica, necesito a alguien que, por quien le acompañe entre el público, parezca tener ya pareja de modo que yo no dé la impresión de ser un baboso intentando utilizar una historia de amor para ligar durante mi espectáculo.

Tal vez pienses que me complico demasiado la vida para elegir voluntarios, pero puedo decir sin exagerar que es la variable que define el resultado. En ciertas noches puede que no esté en plena forma (o que lo esté especialmente). La diferencia en mi actuación es casi imperceptible para el público. Pero los voluntarios son quienes hacen que el espectáculo sea lo que es.

Harry Lorayne, fallecido en 2023 a los noventa y siete años, fue un mago y experto en mnemotecnia. Era un habitual de *The Ed Sullivan Show* y los programas de Merv Griffin y Mike Douglas en los sesenta y setenta, donde siempre hacía exhibiciones de memoria prodigiosa. Algunas se basaban en trucos, pero una en concreto era completamente real. A Harry le presentaban a todos los miembros del público, uno por uno, a medida que entraban en el teatro o el salón de baile, a menudo por parte del anfitrión del evento: «Harry, quiero presentarte a Alfred y Elaine Jolovitz. Estos son Joe y Pam Martuccio, y este es el pequeño Eli Bosnick». Le podían presentar a trescientas personas o más según iban entrando.

Más tarde, Harry ofrecía un espectáculo en el escenario y, al final, pedía a todos que se pusieran en pie. Entonces recorría cada fila e iba recitando el nombre de cada persona: «¡Esa es Elaine Jolovitz! ¡Alfred Jolovtiz! ¡Joe y Pam Martuccio! ¡Eli Bosnick!». En una época anterior a los pinganillos y las cámaras ocultas, era una demostración genuina de memoria prodigiosa, y es *increíblemente difícil*. Como mago, tengo aún más respeto por el número de cierre de Harry, porque a menudo lo hacía varias noches cada semana. Esto implica que después de cada actuación debía «limpiar» en su mente el sistema mnemotécnico que usaba para recordar los nombres, de modo que pudiera repetirlo la siguiente noche.

Adoro este tipo de actuaciones tan poco frecuente. El método del efecto es *exactamente* el que dices que es. Los magos dedican tanto tiempo a mentir al público sobre lo que hacen que resulta una novedad cuando hacen exactamente lo que dicen que están haciendo. Cuando todo el mundo espera una mentira, la sorpresa más impactante es la verdad.

Todd Robbins, un historiador y artista de feria excéntrico y mundialmente famoso, afirma que la gente ve ejecutar proezas falsas en juegos de magia y cree que son verdaderas, pero ve proezas verdaderas en barracas de feria y cree que son falsas.

En 2016, David Blaine cerró esa brecha con una mezcla insólita de magia y proezas de barracón. Hablaremos más adelante de la compleja carrera y la personalidad de David (véase pág. 264), pero, a mi juicio, Blaine está haciendo el material más difícil de nuestro gremio. No me refiero a técnicas con cartas o a hazañas memorísticas. El espectáculo con el que realiza sus giras es una mezcla de magia y proezas, y la mayoría de ellas (si no todas) son reales. Atraviesa su mano con un picahielos. Y, ¿te gustaría saber cómo lo hace? *¡Atravesando su mano con un picahielos!*

Después se cose los labios con aguja e hilo reales. ¿El método? *¡Coserse los labios con aguja e hilo!*

El espectáculo termina con David aguantando la respiración durante más de diez minutos en un tanque de agua. ¿Cómo? Solo hay una forma de hacerlo, y a David le llevó años aprenderlo, pero es un truco sin secreto.

Mi escena favorita de mi película favorita, *Atrápame si puedes,* gira en torno al maestro timador Frank Abagnale y cómo aprobó el examen del Colegio de Abogados de Luisiana. Se hizo pasar por piloto de aviones, por médico y por profesor, pero nadie conseguía averiguar qué argucia había usado para aprobar los exámenes.

—¿Cómo lo hiciste, Frank? —pregunta Tom Hanks, que interpreta al detective.

—No hice trampa —responde—. Estudié durante dos semanas y aprobé.

✦✦✦

26

¿PUEDES HACER TRAMPAS A LAS CARTAS?

«CONFÍA EN TODOS, PERO CORTA SIEMPRE LA BARAJA».

—FINLEY PETER DUNNE, HUMORISTA

✦✦✦

Sí. Pero no lo he hecho nunca, salvo una noche o dos en la universidad, y solo para demostrar una cosa. Hacer trampas está mal, hacer trampas es ilegal y hacer trampas es cutre. A un mago habilidoso no le resultaría difícil desplumar a sus amigos, pero se acabaría quedando sin ellos. Cuando la gente me pregunta si puedo hacer trampas a las cartas, lo que *realmente* quieren saber es si las habilidades manipulativas que los magos se han esforzado en adquirir pueden emplearse para arrasar en una partida de póquer en la que se juegue fuerte. A la gente le gusta idealizar los atracos ingeniosos y los golpes a casinos, pero es una pregunta a la que no se puede responder. Aunque yo no me he visto mezclado en ningún escándalo de trampas de juego, hay magos que se han dejado seducir por el lado oscuro de la fuerza.

Desde un punto de vista práctico, los mejores magos tienen talento y habilidad de sobra para hacer trampas. Es totalmente factible que, en una partida privada, en las condiciones adecuadas, un mago pueda inclinar la balanza a su favor. Pero es muy poco probable que un mago de prestigio se involucre en un plan para hacer trampas, porque puede conseguir más dinero, con mucho menos riesgo, actuando en los mejores locales del mundo.

Y desplumar a la banca en los casinos es más complicado de lo que solía ser. En la mayoría de los casinos importantes se prohíbe tocar las cartas a los jugadores, con la notable excepción del póquer. Eso no quiere decir que sea imposible hacer trampa, pero en el siglo XXI se hace más mediante tecnología que manipulación. A casi todos los tramposos que pillan hoy en día les encuentran «ordenadores», dispositivos electrónicos pegados con cinta adhesiva a las piernas o al pecho que indican, mediante vibraciones, las cartas que tienen otros jugadores. A menudo los acciona alguien que puede ver las cartas del *croupier*. El tramposo que pillan más a menudo es el propio *croupier*, alguien que se ha infiltrado en el sistema del casino y estafa a su jefe con un equipo secreto de cómplices. (Pero esto es, sobre todo, materia prima para tramas risibles de películas como *Ahora me ves* u *Ocean's Eleven*).

La única oportunidad factible de hacer trampas de juego para un mago son las partidas privadas. Me hice amigo de un tahúr cuando yo era más joven y vivía en Ohio. Este tipo se trabajaba un circuito de partidas de póquer en clubes de campo en las que habitualmente participaban médicos o abogados. Se dedicaba a socializar con aquella gente para acceder a una partida en la que se jugase fuerte, normalmente compuesta por hombres mayores. Recuerdo que me contó que consiguió su mayor botín estafando a un grupo de jueces.

Aquel hombre (lo llamaré Alfred) solo sabía hacer dos cosas con cartas. Eso era todo lo que necesitaba para ganarse la vida haciendo trampas con ellas. Su primera habilidad era la de mezclar en falso una baraja, lo cual quiere decir que podía aparentar mezclar el mazo de forma convincente, en una variedad de estilos, mientras mantenía secretamente su orden. Lo que hacía Alfred era recoger las manos de los jugadores tras una ronda (una escalera, una pareja, un *full*, por ejemplo), y luego hacer como que volvía a mezclarlas en el resto de la baraja. Pero en realidad las retenía en el lomo del mazo, dispuestas para ser repartidas.

La otra habilidad de Alfred era la de echar secretamente un vistazo a la carta inferior de la baraja y repartirla cuando quería. Si eso mejoraba su mano, se la podía repartir a sí mismo. Si no, se la daba a otro jugador y entonces repetía. Ambas destrezas le proporcionaban una ventaja insuperable en la mesa de póquer.

El resto de su trabajo consistía en controlarse, lo creas o no. Con la habilidad de desplumar a profesionales de altos vuelos del medio oeste, podría ganar en cada ronda que se repartiera. Pero Alfred sabía que con eso solo conseguiría que lo miraran raro, así que durante la mayor parte del tiempo jugaba limpiamente, o eso me contó durante una de nuestras cenas a altas horas de la noche.

—Tendría que hacer trampas para no llevarme demasiada pasta —me explicó—. Pero, llegado cierto punto de la velada, el bote era lo bastante gordo como para llevármelo, y siempre lo hacía.

Solo fui una vez con Alfred a una partida. Todavía era adolescente y me embelesaba la idea romántica del tahúr solitario: un artista clandestino que poseía destrezas invisibles para los jugadores avezados. Alfred era un Robin Hood moderno, robando a los ricos para dárselo... a sí mismo. Quería verlo en su ambiente. Ni siquiera pensé en lo que hacen los hombres a otros hombres que les roban en partidas como aquellas.

La noche en cuestión, Alfred y yo entramos a una mansión de nuevo rico a las afueras de Toledo, en Ohio. Había cervezas y bebidas, y sonaba a todo volumen un partido universitario de fútbol americano en una televisión de pantalla grande. Finalmente, llegó la hora del póquer. Yo no iba a jugar, les dijimos. Solo era un amigo de Alfred. Me senté a escasa distancia de la mesa y observé cómo empezaba la partida. Casi de inmediato, detecté un torpe vistazo a la carta inferior de la baraja, seguido por una mezcla que anunciaba a gritos su falsedad a mis ojos conocedores. Pero no era Alfred quien repartía. Contra todo pronóstico, ¡nos habíamos encontrado con otro tahúr en la misma mesa!

El resto de jugadores conocían a aquella persona, así que supusimos que probablemente había aprendido un par de técnicas para obtener ventaja. Pero ahí estaba Alfred, que en unos instantes se encontraría haciendo trampas a un tramposo. Alfred vio lo mismo que yo, y ninguno de los dos quisimos tener nada que ver con aquello. Pusimos una excusa y salimos pitando.

La probabilidad de encontrarte en una mesa de juego con dos tahúres es tan ínfima, tan completamente inverosímil, que parece más propia de un giro argumental en una novela. Y, con el tiempo, mi historia se convirtió en una novela. Primero la conté en un trabajo que escribí en la universidad y, años después, recibí un correo electrónico de mi profesor preguntando si me importaría que escribiera una historia en torno a la idea de dos tahúres en la misma partida. El libro se titula *Bluff* y el autor es Michael Kardos (mi antiguo profesor). Es una lectura estupenda. En mi lugar puso a una maga llamada Natalie.

Las trampas de juego y la magia son similares. Como profano, nunca sabrás lo ingeniosos que realmente son los misterios de Houdini, precisamente porque no sabes cómo se hacen. Y es probable que nunca sepamos si alguien ha conseguido dar un golpe como los de las películas, porque el éxito de un crimen como ese depende directamente de que *no* sepamos que ha ocurrido. Esa es la diferencia entre un gran mago y un gran tahúr: los mejores magos son aplaudidos por su trabajo, mientras que los mejores tahúres son invisibles, pasan desapercibidos, nadie canta sus alabanzas.

✦✦✦

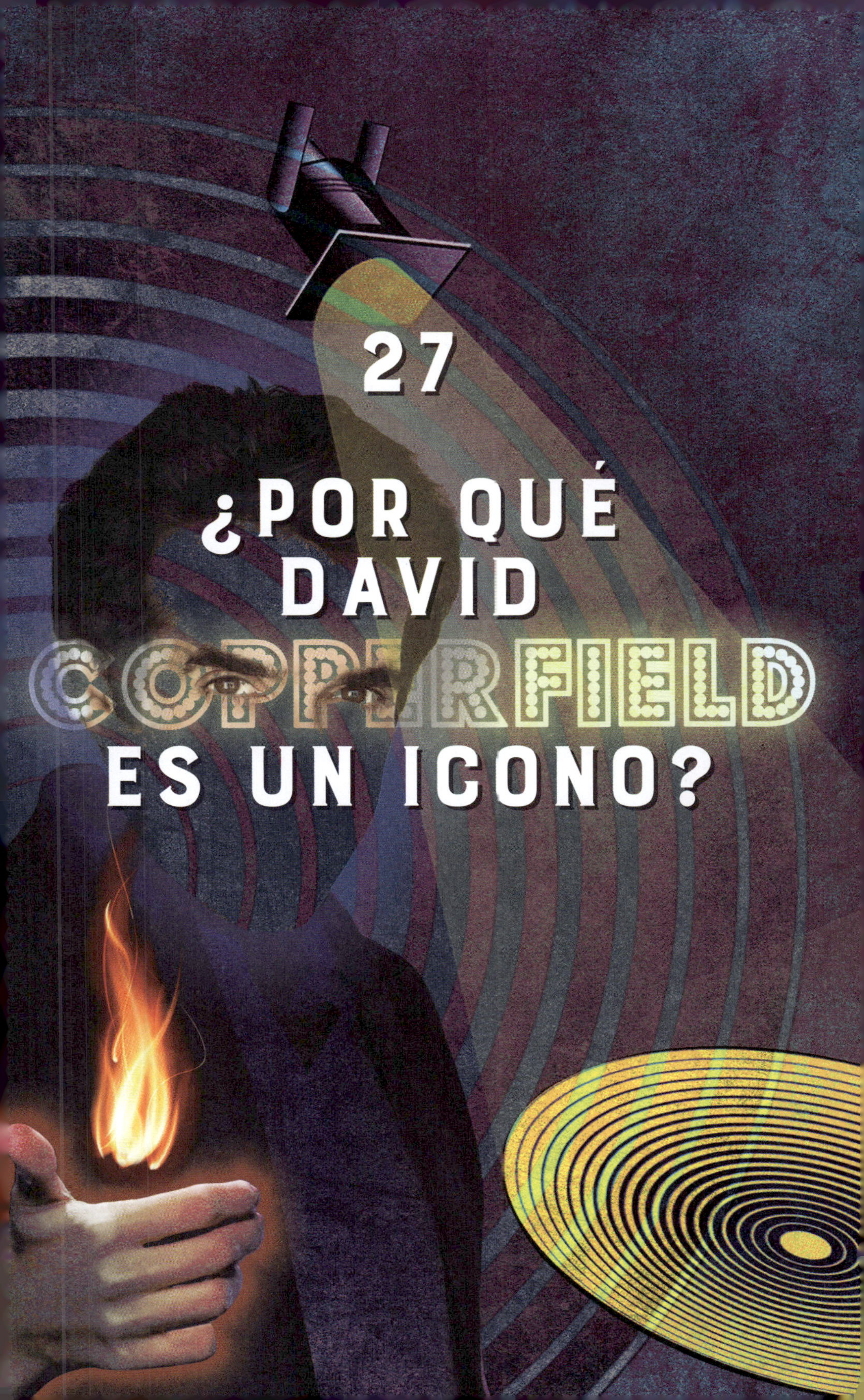

27

¿POR QUÉ DAVID COPPERFIELD ES UN ICONO?

«PARA MÍ, LA MAGIA TRATA DE HACER REALIDAD LOS SUEÑOS. HACER QUE PAREZCAN REALES. HACER QUE LOS SINTAMOS COMO REALES».

—DAVID COPPERFIELD, MAGO

✦✦✦

Son las tres de la madrugada y estoy en una sala con David Copperfield, dos de sus ayudantes y una modista en el hangar de su avión privado, a las afueras de Las Vegas. Durante la última media hora, David se ha dedicado a arrancar una cortina de una ventana. Es de atrezo, fabricada para parecer auténtica, y sujeta en su sitio mediante imanes. Primero tira de una esquina, y sacude la cabeza.

—Así no va —dice en voz baja—. Otra vez.

Sus ayudantes recogen la cortina y la vuelven a colocar sobre el cristal de la ventana para que pueda probar de nuevo, esta vez tirando del centro de la tela.

—Eso está mejor, pero sigue sin ser lo bastante rápido —dice, con la voz ronca tras haber terminado el tercer pase diario de su espectáculo de noventa minutos en el Casino MGM.

La cortina vuelve a su sitio.

El vestíbulo del hangar está lujosamente provisto de mobiliario de cuero orientado hacia esta ventana, por la que se ve una pista pintada de blanco ocupada por aviones. Junto a su *jet* privado está la nave espacial original de la serie *Mi marciano favorito*. Hay un helicóptero equipado con misiles y metralletas y una reproducción a escala real de uno de los artefactos voladores de Da Vinci. David me explica que está trabajando en una nueva ilusión en la que pueda pedir a sus invitados que miren a través de la ventana el hangar vacío, taparla después tras una cortina, y, cuando la retire, *¡zas!*, aparezca la nave espacial. Esta noche está trabajando en el *¡zas!*

Me acomodo y me empapo del mundo de David. Una y otra, y otra vez, retira la cortina de la pared. Me cuesta apreciar la diferencia entre un leve ademán hacia arriba y un tirón hacia abajo, pero David sabe lo que quiere y no lo está consiguiendo. Se va haciendo evidente que el problema está en la propia cortina. A David no le gusta el dobladillo, y el grupo decide que los imanes que sujetan la tela a la ventana no están lo bastante próximos entre sí. Luego está el problema de cómo, para empezar, cubrir la ventana. David intenta describir a su equipo un artilugio que permitiría mostrar la ventana, cubrirla durante unos pocos segundos y después retirarla con un ademán teatral. No termino de entender con exactitud la idea de David, pero la modista anota sus sugerencias y se retira a otra habitación. No será la última vez que la veamos esta velada.

Cuando pensamos en David Copperfield, nos vienen a la mente grandes cosas. Es el hombre que hizo desaparecer la Estatua de la Libertad y *atravesó* la Gran Muralla China. Pero está trabajando en los pormenores más minúsculos con un trozo de tela. Esos detalles importan, pero yo no me había planteado el esfuerzo que exigen. David se vuelca en elementos como este.

—Lo odio —dice—. El proceso para conseguir que salga bien es duro. Ahora, vamos a por tu gorra.

En el vestíbulo hay una gigantesca caja fuerte, de banco, de doscientos años; David la abre y saca una gorra de capitán con las iniciales DC en la visera. Me pongo mi nueva gorra y David comienza el tour.

—Esto es como Disneylandia —le digo, llevando mi gorra de recuerdo, rodeado de artefactos voladores tanto reales como ficticios.

Se ríe y señala una enorme D de neón que durante años formó parte del rótulo del Hotel Disneylandia, donde en una ocasión se alojó de niño.

David explica que su proyecto consiste en convertir el hangar en un lugar donde pueda hacer *tours* para niños y enseñarles cosas relacionadas con volar. David no es piloto, pero últimamente le fascina todo lo que tenga que ver con volar. Hay espacios con fotografías de los hermanos Wright y pequeños experimentos que demuestran los principios básicos de la aeronáutica. Más tarde, esa misma velada, sentado en la sala de estar de su *jet*, me pregunto en voz alta cómo un tipo que da quince espectáculos a la semana, para setecientas cincuenta personas por pase, quiere buscar tiempo para enseñar a una docena de chavales en edad escolar los fundamentos del vuelo. Pero David no concibe este lugar en términos de tiempo, ancho de banda, costes o tamaño del público. Como todo lo demás en su vida, su hangar no es un hangar: es un escenario para conseguir experiencia, y ese proyecto le absorbe.

Cuando hemos terminado de charlar en el G4, regresamos al vestíbulo. Son las cuatro y media de la madrugada. Los ayudantes siguen allí, y han retocado la cortina con un cordón que cuelga del lado derecho. David tira de él y la cortina cae delante de la ventana. Hace una pausa durante un instante y entonces la arranca.

—Sí —dice.

Me giro hacia la modista, pero se mantiene inexpresiva.

—¿Es duro trabajar para ti? —le pregunto a David.

—No lo sé. Pregúntales a ellos.

Decir que David Copperfield es el mayor ilusionista vivo es como decir que Steven Spielberg es el director más importante o los Yankees el equipo de béisbol más grande. Puedes discrepar, pero la carga de la prueba recae sobre ti. Es un icono que ha protagonizado veinte innovadores especiales de televisión y ha ganado veintiún Emmys. Tiene once récords Guinness y ha vendido treinta y tres millones de entradas.

Cuando era pequeño, mis padres me llevaron a ver su espectáculo. Hacia el final del *show*, David habló sobre aviación y su fascinación por los artefactos voladores en general. Entonces, David voló. A través de aros, dentro de una caja y mientras sostenía a un halcón, *voló*. Aun siendo un niño, sabía que no era real, pero es que parecía tan real...

—David Copperfield puede volar —recuerdo que dije a mis amigos en la escuela.

Cuando los pies de David se separaron del suelo aquel día... ese fue el momento en el que supe a qué quería dedicar mi vida.

Cuando David Copperfield nació, sus padres, una pareja judía de Nueva Jersey, le llamaron David Kotkin. A los diez años, actuaba como «Davino, el niño mago». Con dieciocho lo contrataron para el musical *The Magic Man*, en Chicago, y desde entonces no ha dejado de iluminar escenarios y pantallas. Durante cuarenta años se ha mantenido en la cima del mundo mágico, pero la última década ha sido un periodo de transición. Ha decidido apartarse de la televisión. Se acabaron los números de baile, las arriesgadas proezas de escapismo, los ventiladores industriales acariciando suavemente sus peinados de peluquería. David ya ha cumplido los sesenta y busca nuevas formas de llevar la magia a sus grandes públicos.

Lo que viene torturando a David últimamente es «El extraterrestre». Es, en años, su pieza más ambiciosa y transcurre durante toda la segunda mitad de su espectáculo, un segmento que sigue refinando más y más después de su estreno. La premisa es demencial: todavía no consigo entenderla por completo. David explica al público, en tono serio, que su padre estuvo destinado en una ocasión cerca de Roswell, Nuevo México, el lugar donde se produjo el supuesto impacto de una nave espacial en 1947. Entonces teje un relato sobre un extraterrestre que conoció a su padre y se hizo amigo suyo. El mismo extraterrestre vuelve para visitar a David y entregarle una nota que su padre escribió treinta años atrás (al parecer, los extraterrestres no son carteros muy puntuales). A partir de ahí se vuelve más extraño. El extraterrestre habla con acento de Brooklyn, hace chistes, se tira pedos y abraza a David mientras mantienen una larga conversación. A David le toca llevar de vuelta a casa a su amigo extraterrestre, y la rutina culmina con la aparición de una enorme nave espacial que flota sobre las cabezas del público. La rutina tiene algo de *E. T.*, con un intenso sabor a Pixar y es, como reconoce el propio David, una obra aún inacabada.

—A la gente no le gustó nada —dijo—. Pero intentamos que sea cada vez un poco menos mala.

Crecí con David Copperfield: todo lo que él tocaba estaba pulido con total precisión. Su material nunca mostraba fisuras, así que escucharle hablar sobre sus problemas con «El extraterrestre» lo hacía más humano. Prácticamente todos los demás magos con los que hablé mientras reunía material para este libro (Penn & Teller, David Blaine, Juan Tamariz) repitieron una idea muy parecida sobre desechar material que no funcionaba con el público o no terminaba de salir bien. Descartar material es, para mí y para mis contemporáneos, una parte del proceso. Pero no para David.

—Realmente no se me ocurre ninguna ilusión que hayamos descartado. Sé de cosas que no han funcionado durante mucho tiempo, pero cuando creo en ellas finalmente consigo que lo hagan.

«El extraterrestre» no es tan espectacular como clásicos muy conocidos de David como «Volar» o «El ventilador», pero está en camino. Casi todos los demás magos ya habrían suprimido hace tiempo «El extraterrestre» de sus espectáculos, pero, tras centenares de actuaciones, se ha convertido en algo mejor, algo nuevo.

Me maravilla el valor de la apuesta de David. No necesita arriesgar, y sin embargo elige el mayor desafío artístico de su carrera, y está a punto de llevarlo a un género absolutamente nuevo: la ficción a través de la magia. «El extraterrestre» no trata sobre los poderes de la criatura o la nave espacial que aparece sobre el público; es una historia. David está, en cierto modo, haciendo una película sobre el escenario mediante la magia, y la sensación que produce la pieza es parecida a ver una peli. El público sabe que el extraterrestre es una marioneta animatrónica, y que el padre de David nunca se hizo amigo de un alienígena de medio metro. Pero lo que nos entusiasma de «El extraterrestre» no es lo que nos engancha en otras de sus ilusiones. Es una *suite* mágica con un hilo conductor. David es nuestro guía y, mientras presencio «El extraterrestre», me siento igual que me sentí en su hangar: formando parte de una experiencia más grande, indescriptible.

Hizo falta un extraterrestre para sacar el lado humano de David, pero su actuación más personal es la que probablemente menos gente pueda llegar a ver. Cuando no está sobre el escenario o en su avión (o en su isla privada, Musha Cay, en las Bahamas), se encuentra en su museo privado justo a las afueras de Las Vegas. Se accede solo por invitación. David permite únicamente a cinco personas que lo visiten en cada ocasión y los guía personalmente. Empiezan después de su último espectáculo de la noche. Los magos sueñan con recibir una invitación, ya que las extiende David personalmente. Ver el museo de Copperfield es como ver Graceland de la mano de Elvis.

La visita en la que participé empezó justo después de la una de la madrugada. El edificio es biográfico y su contenido una historia de los intereses y los gustos de David alojada en un monumento resplandeciente a todos los grandes de la magia, incluyendo, a veces de forma un tanto embarazosa, al propio Copperfield. El exterior está ingeniosamente camuflado; parece una sastrería antigua, un homenaje entrañable a su difunto padre, que era sastre en Nueva Jersey. A la derecha de la entrada hay una réplica de la estrella de David en el Hollywood Boulevard.

David se ha dedicado a comprar en subastas los más preciados tesoros de la magia. Es un coleccionista, y siente el deseo febril de poseer los objetos codiciados en las mejores condiciones, cueste lo que cueste. Se las ha ingeniado para conseguir prácticamente toda colección y artículo destacable que ha salido al mercado en las dos últimas décadas. Yo mismo, que estoy lejos de poder competir, me he visto envuelto en guerras de pujas desesperadas contra él en subastas del gremio.

Diría que aproximadamente un tercio de los tesoros de la historia de la magia se encuentran entre los muros del museo de David, de modo que la colección debe estar fuera del alcance del público por pura necesidad, tanto por su seguridad como por mantener los secretos. Antes, el exterior del museo solía estar camuflado como «Sujetadores y Fajas Butchie», una tienda de lencería que, misteriosamente, nunca estaba abierta. En su momento se consideró una idea provocadora, pero David ha madurado, y también lo ha hecho su museo. La colección es hoy un homenaje a su padre, Hyman Kotkin, que falleció en 2006. Cuando David habla de él, aquí y en su espectáculo durante «El extraterrestre», lo hace con verdadero cariño.

Cuando llega David, las luces de la fachada cambian. Me presentan a otros invitados a la visita: Patrick Culliton, un experto en Houdini. Y Eddie Dawes,[1] uno de los estudiosos más importantes de la historia de la magia. Hay otro mago con Patrick, y pronto descubriré que es ciego.

Una puerta falsa en el probador de la sastrería nos lleva al vestíbulo del museo. David desaparece un rato, y Chris Kenner, su consejero, jefe de operaciones e influyente creador de magia por derecho propio,

1. El viernes 3 de marzo de 2023, el Dr. Prof. Edwin A. Dawes, probablemente el más grande historiador de la magia, falleció en Hull, Inglaterra. (N. del E.)

nos explica las reglas del museo antes de reproducir un vídeo con las hazañas de David. En el clip de cuatro minutos, nos recuerdan que David ha ganado más Emmys que cualquier otro artista vivo, que ha hecho desaparecer la Estatua de la Libertad, y que Rick Ross rapeó una canción entera sobre él.

David reaparece y, con nosotros cinco apiñados a su alrededor, nos pide prestado un anillo, que guarda claramente dentro de una caja y deja a mi cuidado. También pide a alguien que piense en *cualquier* famoso, escriba su nombre y guarde el papel como recordatorio. ¿El anillo? ¿El famoso pensado? Todavía no sabemos con qué propósito.

Entonces David continúa el *tour*, llevándonos a través de un laberinto de ilusiones y recuerdos mágicos. Nos ofrece maravillas inimaginables. Todos los magos destacables de la historia están representados con su propia vitrina: Howard Thurston, Harry Kellar, Harry Blackstone e incluso Doug Henning, a quien David sucedió como mago más popular de Estados Unidos. Adelaide Herrmann (véase pág. 89), la maga más famosa de Norteamérica, está representada con accesorios y carteles, así como los deslumbrantes vestidos que llevaba en sus giras. Los artilugios son, por supuesto, el centro del museo, pero su presentación rivaliza incluso con las exposiciones más opulentas de cualquier museo. Hay focos y música en cada sala y, mientras David habla sobre la camisa de fuerza de Houdini, por ejemplo, el objeto es iluminado desde arriba con el acompañamiento de llamativa música de orquesta que suena suavemente como fondo al relato de David.

Como no hay muchedumbres, prácticamente no hay barreras. Todo se puede tocar, siempre que preguntes primero. David se toma con mucha tranquilidad que puedas coger los tesoros en las manos. En un momento concreto, al percibir mi entusiasmo, me lleva aparte y me indica un empinado tramo de escaleras, al final del cual se encuentra una cámara secreta. Dentro están todos los escritos privados, diarios y notas de Robert-Houdin (véase pág. 102), el mago más influyente de su época. Y quien me entrega los pliegos, uno tras otro, es el mago más influyente de nuestra época.

Continuando con la visita, David nos muestra un arnés secreto fabricado por Robert-Houdin, que este usaba para hacer levitar a su hijo en los salones de París a principios del siglo XIX. Los artefactos de

Robert-Houdin son, tal vez, los más raros de aquella época; yo nunca había visto ninguno. El hombre invidente pide en voz baja a su amigo Patrick que le describa el artilugio, sin darse cuenta de que Patrick sigue en otra galería. Sin vacilar, David extrae el arnés de su caja y dice:

—Tenga —colocando el frágil objeto en las manos del mago ciego.

Sus dedos recorren cada superficie del aparato de metal oxidado y cuero. Quiere tocar algo que tocó Robert-Houdin: magia por ósmosis.

A continuación, entramos en una recreación completa de Martinka, la tienda de magia más antigua de Estados Unidos. Expositor por expositor, accesorio por accesorio, David ha hecho que expertos e historiadores reconstruyan íntegramente la sala de muestras de la tienda, con el aspecto exacto que tenía a principios del siglo XX en Nueva York. Muchos de los aparatos son originales de Martinka. En este punto, David sale a escena y me pide la caja con el anillo que me entregó antes. Pero cuando miro en su interior, el anillo ha desaparecido. Procede a presentar una ilusión de un siglo de antigüedad, tal como se hubiera presentado en el mostrador de Martinka. Un macetero vacío, tras ser examinado, se llena de tierra y se coloca sobre una mesa. Sin que nadie lo toque, brota una planta que crece ante nuestros ojos y, en la rama más alta, reaparece el anillo. Esto es una visita a un museo, pero claramente también un espectáculo.

Cuando entramos en la siguiente habitación solo se ve un pequeño quiosco, iluminado desde arriba en una, por lo demás infinita, extensión de negro. Es el mostrador de Macy's donde David se encontró con la magia por primera vez. Con grandes esfuerzos, y un enorme desembolso, ha conseguido el mismo quiosco con el que se tropezó cuando era pequeño. Contiene los mismos juegos originales (todos en su envoltorio original). David nos ofrece una breve demostración de juegos para principiantes, incluyendo el que lo enganchó a la magia, el «tablero de monedas». Después me regala su primera tarjeta profesional (son como un rito de paso para los magos jóvenes): en ella se lee «Davino, el Niño Mago», con una llamativa falta de ortografía en su especialidad, «Fiestas para *ninos*». Por un instante me falta el aire, a escasos centímetros del hombre que encendió mi interés en la magia por primera vez, escuchando cómo me cuenta su propia historia.

—Entonces descubrí Tannen's —dice.

La música inunda la sala y, lentamente, luces cálidas cubren las paredes del espacio. Ahora estamos en la tienda de magia Tannen's, en torno a 1969. Tannen's es una institución mágica en Nueva York, y sigue siendo una de las mejores tiendas del país, una de las pocas que han sobrevivido a la era de internet. Cada mostrador, cartel y ramo de plumas de colores parece estar en el lugar exacto. Incluso tiene el famoso logo de la tienda en el suelo. Las fotos antiguas de la tienda tomadas en 1969 confirman que se trata de una réplica exacta de aquel año. Yo solo había oído hablar de los años gloriosos de Tannen's. Ahora estoy de pie en la tienda en la que mis héroes pasaban el rato e intercambiaban juegos... cuando David Copperfield me llama para enseñarme algo.

Me hubiera encantado disponer de una hora extra en cualquiera de las salas que visité aquella madrugada, para poder explorarlas a fondo o sacar furtivamente una foto como prueba de que estuve allí. Pero cuando me separo demasiado de David, me reconduce junto al grupo. Su entusiasmo por compartir la historia de la magia, que cuidadosamente ha reunido en su colección, inspira admiración. No puedes evitar que te importe cada cartel, cada accesorio, cada carta de Houdini, porque a él le importan.

David se muestra relajado en el escenario durante su espectáculo, pero nunca cabe duda de que estás presenciando una representación teatral cuando ves a David Copperfield. Charlar con él en su hangar solo te permite verle como alguien que ha decidido comprarse algunos juguetes realmente caros. Pero en su museo, consigo pasar un tiempo con el verdadero David Copperfield. Había estado con él muchas veces antes, pero nunca lo había visto tal y como se mostró aquella noche.

La siguiente parada se encuentra el final de otro empinado tramo de escaleras, que conduce a la galería de carteles. Eddie Dawes vacila. Con noventa y un años, hasta este momento apenas se ha levantado de su silla de ruedas. Pero David está decidido a conseguir que suba a cualquier precio, de modo que pueda continuar la visita con todos los demás. El momento es otro recordatorio más del gran poder igualador de la magia. Estoy en una sala con el mago más famoso del mundo, un hombre que no puede ver y un historiador de noventa y un años y somos iguales, y nos turnamos para compartir historias sobre nuestros héroes y preguntarnos los unos a los otros sobre las leyendas inmortalizadas en las paredes del museo.

—¿Reconoces ese, Eddie? —pregunta David, señalando una gran litografía de Chung Ling Soo, la única existente que se conoce.

La figura central (un hombre vestido con una túnica) está bailando, casi saltando del marco de la imagen.

Eddie asiente con la cabeza, con aire cómplice.

—Vi ese póster por primera vez cuando actué en Liverpool y luego fui a tu casa —dice David—, y lo sacamos de debajo de tu cama y lo extendimos sobre el suelo—. David había comprado varios artículos selectos a Eddie la década anterior.

Aparece Mike Caveney, descalzo, desde alguna esquina desconocida del museo.

—¿Josh? ¿Qué estás haciendo tú aquí? —pregunta.

Mike es uno de los más reconocidos historiadores, editor y autor de magia, además de un mago muy solicitado. Escribió uno de mis libros favoritos sobre magia y también actuó en mi boda.

—David me pide que venga unas cuantas veces al mes para ayudarle con sus investigaciones —dice—. Esta noche estoy reorganizando su biblioteca.

David no solo llena su museo con los mejores objetos, sino que además contrata a las mentes más brillantes de la magia para que le ayuden a investigar y catalogar los artículos.

La biblioteca, que según me dice David será la mayor biblioteca de magia del mundo cuando la complete, es un lugar donde David espera que los ilusionistas puedan venir a investigar. Le pregunto cómo sería posible tal cosa cuando la única forma de acceder es mediante invitación personal suya.

—La voy a donar —dice.

Y entonces explica un proyecto: el museo propiamente dicho se mantiene privado para estudiosos de la magia, pero sus contenidos viajan por el mundo en préstamo para exposiciones temporales.

Hay una sala entera dedicada a los relojes misteriosos de Robert-Houdin (veáse pág. 132). Hay, que se sepa, quizá unos setenta en el mundo, y casi la mitad de ellos se encuentran en esta sala, la mayoría brillantes y en funcionamiento. Cada uno de esos relojes se vende por más de cien mil dólares. Junto a los relojes hay autómatas construidos por el propio Robert-Houdin: figuras que cobran vida y ejecutan juegos de magia, hornean tartas y tocan música. Todos se construyeron en el siglo XIX. No son solo tesoros mágicos: son logros humanos únicos, cada uno un ejemplar único en su género.

Todo espectáculo necesita un número de cierre, y David ha diseñado la visita a su museo para que concluya, adecuadamente, con Houdini. Una sala que muestra desde la caja de la tortura acuática de Houdini hasta sus patucos de bebé y su bañera es la última parada del *tour*. En 2017, la casa de Houdini en el Harlem salió al mercado (por algo más de cuatro millones de dólares, y se acabó vendiendo por tres millones seiscientos mil dólares). David no compró la casa, pero compró los estantes de la biblioteca a los nuevos propietarios e hizo que los extrajeran de las paredes y los transportaran a Las Vegas. Hay una fotografía en la que se puede ver la biblioteca tal como la tenía Houdini. Lo has adivinado: David ha reconstruido la biblioteca *exactamente*.

De repente, en una silla a la izquierda de las estanterías, una cabeza sin cuerpo empieza a hablar. Yo fui la persona a la que David pidió que pensara en un famoso al comenzar la visita. La cabeza sin cuerpo rumia durante un instante y luego anuncia: «Winston Churchill». Son las cuatro de la madrugada, en Las Vegas, y los muertos nos están leyendo el pensamiento. Es hora de volver al hotel.

✦✦✦

28

¿LA MAGIA ES ARTE?

«ESA ES LA MISIÓN DEL VERDADERO ARTE: HACER QUE NOS DETENGAMOS Y MIREMOS ALGO POR SEGUNDA VEZ».

—OSCAR WILDE, POETA, DRAMATURGO

Tengo un recuerdo vívido del primer mago que vi de pequeño. Era el año 1988 y el lugar era el sótano de mi casa. Mike Bishop, un mago local famoso, actuó en la fiesta de mi séptimo cumpleaños. He olvidado los juegos que hizo aquel día, pero recuerdo vivamente cómo me sentí. Los detalles pueden diluirse en la mente, pero la magia incrusta la emoción en el recuerdo.

Sin embargo, cuando la gente ve magia, su experiencia dista mucho de ser profunda. «La gran tragedia de la magia del siglo XX —ha sentenciado Max Maven, uno de los creadores más prolíficos de la industria— es que los magos han cogido una forma artística que es intrínsecamente profunda y la han convertido en trivial». La mayoría de magos presentan sus juegos como rompecabezas diseñados para confundir. Y si estás confundido, aunque solo sea un poco, no te puedes asombrar.

YouTube está lleno de vídeos de gente presentando juegos sencillos para su perro o para su hijo de dos años. Hay un vídeo de YouTube, con más de treinta millones de visualizaciones, en el que un orangután se queda perplejo cuando un cuidador del zoo hace desaparecer una gran nuez. El orangután se queda mirando al vacío durante un momento y entonces se cae de espaldas riendo. La reacción es exactamente igual a la de un humano al que acaban de engañar. Te va a derretir el corazón.

Pero no es arte.

Al menos, no a mis ojos. Para que la magia sea magia, tiene que engañar. Para que la magia sea arte, quien la presenta tiene que hacerte sentir una emoción intensa. Habitualmente hay un punto de vista o un indicio de relato. Y tiene que producir la sensación de que ese mago es el único que podría haber presentado ese material de ese modo. Hacer aparecer una paloma en el escenario es solo un truco, pero el relato es la creación de la vida. Cuando Penn & Teller queman y recomponen una bandera estadounidense, sentimos una variedad de emociones. Nos engañan, por supuesto: eso hace que sea un juego de magia. Pero nos sentimos intrigados e implicados y después reflexionamos sobre lo que acabamos de ver.

Y el relato no tiene por qué ser específico para un juego. Se me han saltado las lágrimas viendo a Mahdi Gilbert, un amigo y colega mago, cuando presenta una cartomagia limpísima y directa. Mahdi nació sin manos ni pies, y ha aprendido a usar los extremos de sus brazos para mezclar, repartir y ejecutar técnicas manipulativas excepcionales. Para mí, la experiencia de ver a un mago alcanzar la excelencia sin dedos es de carácter espiritual. Encontrarme en su presencia me hace sentir humilde y agradecido. El relato de su espectáculo es la historia de su vida, evidente por sí misma.

La mejor magia nos pide que miremos lo que ya conocemos y que veamos algo nuevo. Pero el significado debe coger por sorpresa al espectador, por lo que un toque sutil es fundamental. La mayoría de espectáculos de magia empiezan con un bombazo. Tienes que impresionar antes de que puedas sugerir. Hay que ganarse el derecho a contar a un público una historia, a transportarlo. El escritor Philip Pullman sostiene que las historias deben empezar con deleite y concluir con verdad: «Si empiezas con lo que crees que es verdad, raramente terminarás con deleite; no funciona en esa dirección».

Como magos, no podemos adjudicar un significado a un efecto mágico; eso tiene que ocurrir en la mente del espectador, lo que los críticos de arte denominan «la parte del observador». Durante un juego de magia, yo lo llamo «la carga del espectador». Solía acabar un juego haciendo aparecer un pequeño conejo de porcelana, Una noche, tras el juego, una mujer del público miraba fijamente a través de mí como si yo fuera un fantasma, los ojos anegados en lágrimas. Después me explicó: «Tenía ese mismo conejito cuando era pequeña. Y cuando lo has hecho aparecer, me has llevado de vuelta a mi infancia». Me da igual que parezca sentimentaloide: esos son los momentos que definen mi vida. Le regalé el conejo y no he vuelto a presentar el juego desde entonces.

29

¿CUÁL ES EL ESPECTÁCULO MÁS RARO QUE HAS PRESENTADO?

«UN POCO DE MAGIA TE PUEDE LLEVAR MUY LEJOS».

—ROALD DAHL, ESCRITOR

Di un espectáculo en la finca de Pablo Escobar donde actué en la boda de un notable banquero de Nueva York. Pero ese no es el espectáculo más raro que he presentado.

Di un espectáculo en un hospital en Brasil para un niño llamado Benjy con una enfermedad autoinmune: un verdadero niño burbuja. Para elegir una carta, Benjy se ponía un guante de goma y sacaba la mano por un agujerito, y yo ponía el abanico de cartas a su alcance. Pero ese no ese el espectáculo más raro que he presentado.

Di un espectáculo entre cuyo público estaba un político (un tipo famoso cuyo nombre todos conocemos) que llevó a una *escort* del brazo durante toda la velada. En un momento dado, saqué el teléfono para fotografiar una escultura de hielo obscena que me hizo gracia. El Servicio Secreto casi me hizo un placaje contra el suelo y vigiló por encima de mi hombro mientras borraba todas las fotos del evento. Sigue sin ser el espectáculo más raro que he presentado.

Di un espectáculo para Steve Paul, el mítico empresario musical que impulsó antes que nadie a Jimi Hendrix, The Doors y Pink Floyd. Me invitó a su apartamento e invitó a todos los asistentes a sentarse con las piernas cruzadas en el suelo; el mismo suelo, como se cuidó de hacerme saber, en el que se habían sentado John Lennon y Andy Warhol. Sirvió galletitas de chocolate y agua e insistió en que se hiciera un silencio total durante mi espectáculo. Mandaba callar a cualquiera que riese.

—Limitaos a interiorizarlo —decía a sus invitados, molesto por el ruido.

Sigue sin ser el espectáculo más raro que he presentado.

Di un espectáculo a un centro para personas ciegas a las afueras de Nueva York, donde todo el público tenía que «sentir» los efectos, ya que no podían ver. No es el espectáculo más raro que he presentado.

El espectáculo más raro que he dado fue cuando tenía dieciocho años y un hombre llamado Jerry me contrató para actuar en la fiesta de su setenta y cinco cumpleaños. En un local de *striptease* en Raleigh, Carolina del Norte. Solo tres meses *después* de que me estuviera legalmente permitido entrar en locales de *striptease*. Ahora yo era la cabeza de cartel.

Cuando entré, el gerente me señaló una pequeña plataforma donde una mujer en *topless* colgaba cabeza abajo de una barra vertical. Flanqueada por otras dos artistas, la rodeaba una jauría de hombres voraces (mi futuro público) peleándose entre sí por deslizar billetes de dólar en su tanga.

—Vas a hacer tu espectáculo ahí arriba —dijo.

Respondí, medio en broma:

—Y supongo que las mujeres estarán ahí bailando durante mi espectáculo.

Se sacó el puro de la boca y sacudió la ceniza sobre el suelo:

—Puedes apostar el trasero a que lo harán.

Minutos después me encontré en el escenario frente a un público de zombis. Sus cabezas estaban orientadas hacia mí, pero cada par de ojos estaba fijo en las mujeres a mi izquierda o derecha. Hice todo mi espectáculo, juego tras juego, frase tras frase, pero apenas se me escuchaba por encima de anuncios como «¡Otro aplauso para Shari!... y ahora, demos la bienvenida a nuestra chica *más mala*, Natalie la Guarra!». Estaba en el escenario frente a un centenar de personas, actuando solo para mí mismo.

Lo peor fue cuando Jerry, que tuvo la colosalmente mala idea de contratar un mago para su fiestorro de cumpleaños en un club de *striptease*, se subió al escenario, animado por sus amigos. Al principio no entendí lo que estaba haciendo, pero a medida que se aproximaba a mí, sosteniendo un billete de cien dólares, empecé a comprender. No pude hacer más que seguirle el juego, arrodillarme y permitir que Jerry me metiera el dinero en la cintura del pantalón.

Aquel fue el espectáculo más raro que he dado.

Se podría decir que el tipo de local es más importante para los magos que para cualquier otro tipo de artista escénico. Puedes montar *Los miserables* en Broadway o en el Instituto GlenOak, y funciona más o menos del mismo modo. Puede que varíen la calidad del espectáculo y los decorados, pero hay un público observando desde abajo mientras que se recitan y cantan palabras sobre un escenario.

Pero, para los magos, la clase de local determina el tipo de material. Cuando me presentaron el desafío de actuar para Benjy, el chico encerrado en una burbuja protectora, supe desde el momento en el que me llevaron a la habitación que mis juegos habituales no iban a funcionar. No había forma de robarle el reloj. Así que, aunque el entorno puede destrozar una actuación mágica, incluso los más difíciles constituyen oportunidades disfrazadas. Aquel día, Benjy y su familia fueron testigos de un espectáculo que nadie volverá a ver.

Pedí a Benjy que eligiera una carta a través del agujero en su burbuja. Su mano enguantada se las apañó para extraer una carta de la extensión. Sin grandes alardes, retrocedí, mostré la carta de Benjy y la mezclé con el resto de la baraja. Lancé la baraja contra la burbuja y las cartas se esparcieron por toda la habitación. Pero Benjy se dio cuenta de que una carta había quedado pegada a la burbuja... por *dentro*. (El método no puso en peligro alguno la salud de Benjy... y debo hacer un guiño desde aquí a la cuidadora de Benjy por ayudarme secretamente a conseguir esta ilusión tan poco común). Benjy la despegó de la burbuja para comprobar que era su carta y, con una mirada de silenciosa estupefacción, la colgó en el tablón junto a su pequeño escritorio, entre las tarjetas con buenos deseos y las fotos. Ya no era simplemente una carta. Se había convertido, espero, en el recuerdo de algo imposible.

Cuando recibí la invitación para actuar para un grupo de estudiantes ciegos, acepté el bolo tanto por curiosidad como por altruismo. ¿Cómo *demonios* iba a salir exitoso de aquello? Actuar para personas invidentes es un desafío interesante porque la magia es un medio casi completamente visual. No se me ocurren demasiados juegos que funcionen si no puedes verlos. Está Richard Turner, el tahúr virtuoso de Texas (véase pág. 67), pero quien no puede ver es él: nosotros, el público que sí ve, nos maravillamos ante lo que sus manos son capaces de conseguir.

Incluso su material caería en saco roto ante un público que compartiera su condición.

Así que, ¿cómo asombras a un público que no puede ver? Ilusionas sus mentes. Dediqué los dos meses previos al espectáculo a desarrollar material pensado específicamente para un público que ve con los dedos.

Esto es lo que experimentaron: repartí tenedores metálicos entre todos los asistentes y les pedí que los examinaran cuidadosamente con los dedos. Les dije que los sostuvieran en las palmas de las manos extendidas y que concentraran su energía en doblar el metal. Después les pedí que frotaran con suavidad el mango del tenedor con la otra mano.

A medida que frotaban, empezaron a escucharse cada vez más risas entre la multitud. Todos los tenedores se estaban doblando, unos más rápido que otros. A algunos espectadores se les doblaron en un ángulo de noventa grados. A otros, las púas se les separaron como un abanico por voluntad propia. Por todas partes, el público podía *sentir* cómo se doblaba el metal.

No puedo decir con seguridad lo que aquellos estudiantes experimentaron con los tenedores, pero yo tuve que aguantarme las lágrimas, contemplando desde fuera un momento en el que había introducido mi arte en un hueco al que no había llegado nunca. Hasta ese momento, la magia era para aquellos estudiantes como la puesta del sol, el cubismo o un *touchdown*: cosas que solo podían experimentar por medio de las descripciones ajenas. Pero aquel día, cincuenta estudiantes ciegos tuvieron un momento de magia en sus manos. Habían vivido el milagro *de primera mano*, un milagro que podían tocar y sentir, y contaban con un tenedor, ahora inservible, para guardar como recordatorio.

Aquella actuación también me llevó a desarrollar mi efecto original «Fuera de la vista» (Out of Sight), donde un espectador sostiene una baraja y simplemente piensa en una carta. Sin hacer preguntas ni manipular el mazo, anuncio el nombre de la carta pensada y muestro que, de hecho, todas las cartas de la baraja están en blanco excepto la elegida. Tras esa primera vez de «Fuera de la vista», me di cuenta de que la mejor presentación posible consistía en contar la historia que acabo de relatar, sobre la experiencia de hacer magia para personas ciegas. Ofrecí «Fuera de la vista» ante Penn & Teller en su programa *Fool Us*, y compartí la experiencia demoledora mientras ejecutaba esta proeza de mentalismo (véase pág. 134). Como premio por engañar a Penn & Teller, tuve la ocasión de volver a su escenario en Las Vegas seis meses después y cerrar su espectáculo con un bis.

La experiencia de actuar para los estudiantes ciegos significó tanto para mí que en mi espectáculo más reciente, *Seis cosas imposibles*, recreé la situación en su totalidad. Se guiaba a los invitados a un sótano en Nueva York y se les pedía que se sentasen en un círculo de sillas. Un acomodador repartía tenedores. Entonces, sin previo aviso, se apagaban las luces. Mi voz surgía del centro de la habitación y, en oscuridad total, guiaba a la gente a través de la misma aventura con los tenedores doblados que creé para el público ciego.

Los primeros diez minutos de mi espectáculo se sucedieron en oscuridad absoluta y el público se veía obligado a experimentar la magia con sus otros sentidos (diez minutos es prácticamente el máximo que la gente que puede ver está dispuesta a permanecer sentada en oscuridad total, por cierto). Después de los juegos no había aplausos, y a menudo cada efecto era recibido con un silencio tenso. Para mí fue difícil ajustarme a ello. Los juegos de apertura a menudo marcan el ritmo: establecen el tono y las vibraciones de una actuación. Ciertamente suponía un riesgo apagar todas las luces y forzar a la gente a palpar a su alrededor buscando la magia en la oscuridad. Pero también fue aquello de lo que la gente siguió hablando meses después de que el espectáculo hubiera terminado. Nada de ello hubiera sido posible en un teatro con quinientas butacas, y ciertamente tampoco en un local de *striptease*.

✦✦✦

30

¿EN QUÉ PIENSAS CUANDO ACTÚAS?

«EL PÚBLICO AULLÓ CUANDO EL CUARTETO SALIÓ A ESCENA. Y YO ME RECOSTÉ Y CERRÉ LOS OJOS, FINGIENDO QUE EL APLAUSO ERA PARA MÍ».

—DAVID SEDARIS, ESCRITOR, HUMORISTA

Cuando tú observas un espectáculo de magia, nosotros también te estamos observando a ti.

Hola, camisa hawaiana.
La trenza en el pelo de aquella mujer.
Un reloj de Mickey Mouse.
¿Quién se está riendo?
¿Quién no se está riendo?
Todo significa algo.

La camisa hawaiana es una contundente declaración estética. El tipo que la lleva es probablemente alguien con confianza en sí mismo, difícil de avergonzar. Puede que lo involucre más adelante en el espectáculo.

La mujer que se ha hecho esa trenza tan meticulosamente muestra una higiene impecable: sin duda presta atención a los detalles. Por tanto, es probable que detecte cosas que pasan desapercibidas a otras personas. Tendré que ir con cuidado cuando la saque, si es que lo hago.

El reloj de Mickey Mouse no me dice mucho, pero el hombre lo lleva en su muñeca *derecha*, lo que significa que muy probablemente sea zurdo. Será más fácil influir en todo lo que haga con la mano derecha. Me aseguraré de que elija su carta con la mano derecha, al no ser la dominante.

Todo lo que haces en mi espectáculo me dice algo sobre ti. Y lo que no haces me dice tanto o más. El giro más ingenioso en una trama de sir Arthur Conan Doyle ocurre en *Estrella de plata*, cuando Sherlock Holmes resuelve un crimen identificando al perro que *no* había ladrado. Yo busco a la persona que no está riendo. Cuando ríes, te relajas, y habitualmente ese es el momento en el que ejecutamos la técnica o el cambio. Los que no ríen representan un problema. Exigen atención especial.

La magia puede resultar amenazadora, particularmente el tipo de magia de cerca que yo presento en ocasiones. Para algunas personas, la magia es un problema que hay que resolver. Si no lo consiguen se sienten frustradas, incluso pueden volverse hostiles. He observado que los hombres a menudo se sienten amenazados si sus esposas o novias parecen estar disfrutando del espectáculo un poco más de lo que, a su juicio, deberían.

Por esta razón, con frecuencia presto atención especial al hombre o lo convierto en el héroe de un juego al principio del espectáculo:

—John, no consigo encontrar la carta de Susan. ¿Podrías tocar una carta cualquiera de toda la baraja? ¿Esa? ¡Espera! ¿Acabas de encontrar su carta *tú mismo*? ¡Increíble!

Una vez que está de mi parte, ya no se siente amenazado y todos disfrutan del espectáculo.

Es importante identificar los «machos y hembras alfa». En todo grupo hay uno o más, siempre. Puede ser el director general en la fiesta de la empresa, pero es más probable que sea simplemente el tipo ruidoso, el cabecilla. Ya lo conoces: siempre tiene que tener la última palabra, siempre tiene que decir algo más gracioso que todos los demás y, en muchos casos, resulta que es quien está pagando mis honorarios. Un tipo como ese puede convertirse en un inconveniente, incluso sabotear el espectáculo, si se siente amenazado. Un chiste a su costa puede dar lugar a la última risa que se escuche en toda la velada. Pero consigue ponerlo de tu parte, y todo el mundo le seguirá. He descubierto que esta es la clave para los espectáculos con famosos. Una vez me contrataron para hacer magia en un evento de la organización benéfica de Ben Affleck. Una hora después de comenzar el acto, noté que alguien me daba un toque en el hombro:

—A Ben le gustaría ver algo de magia ahora.

De acuerdo entonces.

Me llevaron a una sala en la que había treinta personas, una mezcla de amigos, acoplados y publicistas. Pero la dinámica era extraña. La gente no me miraba. Miraban cómo me miraba Ben Affleck.

Le pedí prestado un billete de dólar, lo doblé, e hice que el nombre de George Washington desapareciera del billete. Ben no mostró reacción alguna, así que el resto tampoco lo hizo. Volví a doblar el billete, y esta vez, al desdoblarlo, el nombre «Ben Affleck» apareció *impreso* en su billete. Flipó. Y, unos tres segundos después, todos los demás hicieron lo mismo.

Un mago aprovecha todas las ocasiones. Cuando entro en una sala antes de un espectáculo, hablo conmigo mismo, a menudo en voz alta. «¿Hay juegos que no vayan a funcionar en este espacio? ¿Qué voy a tener detrás de mí mientras actúe? Esa ventana podría ser una distracción. Por otra parte, quizá podrá usarla para "La carta a través de la ventana". ¿Va a prometerse una pareja después del espectáculo? Quizá podría hacer aparecer el anillo para ellos».

Mi repertorio puede cambiar segundos después de presentarme, todo con el fin de ofrecer el mejor espectáculo. Los mejores magos a menudo aprovechan las circunstancias inusuales (y se atribuyen el mérito por ellas).

✦✦✦

31

¿Y JUSTO ANTES DE SALIR A ESCENA?

«PARA ALCANZAR LO MARAVILLOSO, HAY QUE PENSAR PRECISAMENTE EN LO IMPENSABLE».

—TOM ROBBINS, ESCRITOR

✦✦✦

Ahora mismo estoy en mi camerino en Nueva York. A solas, puedo escuchar el ruido del público a medida que entra y busca sus asientos. En unos instantes, cerraré este portátil y me pondré la chaqueta. Entonces sacaré un caramelo de menta y meteré la mano en el bolsillo en busca del viejo y arrugado trozo de papel que leo en privado antes de cada actuación. Sé de memoria lo que hay escrito, pero leer las palabras me resulta reconfortante.

Actúa como si fuera la primera y la última vez.

Es una vieja parábola de músicos que conservo muy a mano. Una orquesta está a punto de comenzar una interpretación de la *Quinta sinfonía* de Beethoven. Entre bambalinas, el director dice:

—Sé que todos vosotros habéis interpretado esta pieza en incontables ocasiones, y que el público la ha escuchado muchas veces. Pero esta noche, quiero que toquéis para dos invitados distinguidos. Entre el público hay una niña que va a escuchar la *Quinta* de Beethoven por primera vez. El segundo espectador especial es un anciano que la disfrutará por última vez en su vida.

En cada espectáculo, justo antes de salir a escena, esto es en lo que pienso. Ahí fuera hay alguien que va a ver magia por primera vez, y voy a ser el embajador de nuestro arte. Alguien en este teatro va a ver mi espectáculo y su forma de pensar en los magos dependerá completamente de lo que yo haga.

Cuando era niño, sufría de un pánico escénico paralizante. Incluso aunque actuaba en todas las fiestas de cumpleaños de los chavales del barrio, me pasaba temblando mi primer juego, hasta ganar poco a poco la confianza suficiente como para estar tranquilo. Mi padre solía consolarme preguntando:

—¿Estás nervioso? —Yo siempre asentía con la cabeza.

—Bien. Eso quiere decir que te importa.

Miles de actuaciones después, ya no tiemblo. Tengo el problema opuesto. Me siento tan cómodo que corro el peligro de actuar de forma descuidada. Esa nota (*Actúa como si fuera la primera y la última vez*) es un recordatorio para que me importe tanto ahora como me importaba en aquellas fiestas de cumpleaños. Este es el mejor consejo que puedo dar a cualquier persona que se dedique al espectáculo. Es mi mantra. Me lo dieron en el punto adecuado de mi carrera y me ha proporcionado fuerza entre bambalinas, donde más la necesitaba.

Uno de mis objetivos es transmitir este mantra a los jóvenes magos que asisten a mi espectáculo. Esto es lo que hago: pido al personal de la sala que me avise cuando observen a cualquier chaval de ojos muy abiertos que parezca ser un aspirante a mago. Vienen muchos chavales que han visto magia en televisión pero quieren experimentarla en vivo.

Tras el *show*, cuando mis compañeros detectan a un joven aficionado, lo llevo aparte y le explico mi ritual antes de toda actuación. Entonces le entrego una nota escrita a mano con las mismas palabras. Le deseo suerte en su primer espectáculo y le hago prometer que leerá esas palabras antes de *su* próxima actuación.

✦✦✦

32

¿CÓMO MURIÓ HOUDINI?

«YO SABÍA, COMO TODO EL MUNDO, QUE LA FORMA MÁS SENCILLA DE ATRAER UNA MULTITUD ES TRANSMITIR QUE, EN UN MOMENTO Y LUGAR DETERMINADOS, ALGUIEN VA A INTENTAR ALGO QUE, EN CASO DE FALLAR, IMPLICARÁ SU MUERTE INSTANTÁNEA».

—HARRY HOUDINI, MAGO

Estoy en mitad de un proyecto de investigación, que me ha ocupado toda la vida, sobre lo que llamo «magia trágica». Recopilo y descubro historias sobre todos los magos, ayudantes y espectadores que han muerto en el curso de un espectáculo de magia. Esto incluye decapitaciones reales, montajes de asesinatos en escena, escapismo bajo los efectos del alcohol, y accidentes a consecuencia de descuidos. En mis numerosos años de búsqueda, he descubierto más desinformación sobre la muerte de Houdini que sobre la de nadie en la historia de la magia. Sin embargo, reuniendo todo lo que se ha investigado respecto al incidente de 1926, podemos determinar lo que probablemente causó la prematura y trágica muerte de Houdini.

En primer lugar: estaba exhausto. A sus cincuenta y dos años, había pasado buena parte de su vida de gira por todo el mundo. Ya no era el hombre perfecto y musculoso que se anunciaba en sus carteles, y no podía reproducir las exigentes pruebas físicas de su juventud. Se había roto el tobillo en una actuación reciente e iba cojeando, por lo que debía aplicarse hielo entre número y número para mitigar el dolor.

La tarde del 22 de octubre de 1926, Houdini estaba en su camerino en el Montreal Princess Theater, recostado en un diván y leyendo su correspondencia. Había invitado a dos estudiantes de la cercana Universidad McGill para que le dibujaran un retrato. En circunstancias que nunca han estado del todo claras, un tercer estudiante, J. Gordon Whitehead, llegó poco después.

Por entonces Whitehead tenía treinta y un años, por lo que era mayor que el resto de estudiantes. Y probablemente más grande, también, pues según los testigos medía cerca de un metro noventa. Houdini, tumbado en su camerino, charló con los tres estudiantes, señalando la importancia de una dieta equilibrada e insistiendo en que le palparan los músculos de los antebrazos.

Whitehead cambió de tema y preguntó a Houdini si era cierto que podía aguantar cualquier golpe en el abdomen. Se había publicado que a veces Houdini invitaba a miembros del público a subir al escenario para golpearle y probar su fuerza. Es interesante que los historiadores no hayan podido demostrar que Houdini presumiera en aquel momento de ser capaz de encajar los golpes. También es importante recordar que Houdini se preparaba cuando iba a presentar el número: encorvado hacia delante, con los músculos del estómago tensos y apretados para absorber el impacto del puñetazo. Aunque no sea algo que quieras hacer por propia voluntad, incluso tú podrías resistir un puñetazo en la barriga razonablemente contundente si supieras con antelación que te lo iban a propinar.

J. Gordon Whitehead no dio aviso alguno a Houdini. Le propinó lo que los testigos presenciales describen como cuatro golpes contundentes en el estómago, haciendo que Houdini se desplomara, retrocediendo. Entonces Whitehead le propinó algunos golpes más, hasta que Houdini, sin aliento, susurró que ya era «suficiente».

Lo que ni Whitehead ni Houdini sabían aquella tarde era que el famoso mago estaba sufriendo de apendicitis. Menos de una semana después, y muy enfermo, alcanzó cuarenta grados de fiebre. Pese a ello, rechazó cualquier tratamiento médico y siguió con su gira hasta Detroit. Finalmente fue incapaz de actuar y lo llevaron al hospital, donde rápidamente entró en quirófano. Se descubrió que su apéndice había reventado. En 1926, dos años antes de que se descubriera la penicilina, un apéndice reventado era una sentencia de muerte. Con antibióticos modernos, es probable que Houdini hubiera sobrevivido.

El debate histórico se refiere al papel que pudo jugar J. Gordon Whitehead, si acaso jugó alguno, en la muerte de Houdini. ¿Agravaron los golpes en el abdomen la inflamación de su apéndice? Hay informes contradictorios de médicos, tanto de sus contemporáneos como de la actualidad, así como extensos análisis que consideran los detalles del caso sin llegar a una conclusión. Pregunté a un cirujano general después de uno de mis espectáculos:

—¿Recibir varios puñetazos en el abdomen podría *provocar* que un apéndice reventara?

—Bueno —me dijo—, ciertamente no habría ayudado.

Los misterios sin resolver no terminan ahí. La conducta de J. Gordon Whitehead es demasiado extraña como para pasarla por alto. Le fascinaba el ocultismo, y varios estudiosos de la vida de Houdini creen que era un compinche enviado por espiritistas furiosos para hacer daño a Houdini. No hay pruebas directas en absoluto para respaldar esta acusación, pero es comprensible que resulte persuasiva. El posible móvil está bien claro: Houdini se dedicaba a destapar a médiums fraudulentos allá donde iba, desenmascarándolos como los charlatanes que eran. En los locos años veinte, el espiritismo era un gran negocio, y Houdini era el rostro de la revolución que finalmente lo hundió. Whitehead murió aislado y en la miseria en 1954.

Otra cuestión que algunos piensan que pudo jugar un papel es el dinero. Houdini tenía un seguro de vida por el que su mujer, Bess, recibió una indemnización doble. Para obtenerla, las autoridades debían concluir que la muerte de Houdini había sido producto de un accidente y no de un simple caso de apéndice reventado. Ciertamente había motivos, del lado de Houdini en general y de Bess en particular, para responsabilizar a la sospechosa conducta de J. Gordon Whitehead. Y, al final, efectivamente Bess *recibió* un pago de indemnización doble por parte de la compañía de seguros.

Todos estos detalles son fascinantes, pero no relevantes para el legado de Houdini. No murió en un número fallido de escapismo en el río Hudson, como se afirma en algunos relatos fantasiosos, ni en la celda de la tortura del agua, tal como ocurre en la película *Houdini* protagonizada por Tony Curtis. Murió en un hospital después de cuatro días de agonía, que acabó en Halloween. La parte de la muerte de Houdini que suena más sensiblera, y más falsa, en realidad es cierta. Prometió a su mujer que, si alguien podía regresar de la muerte, ese era él. Y la palabra clave que acordaron que él enviaría desde el más allá era... *cree*.

33

¿QUÉ ES PEOR, METER LA PATA CON UN JUEGO O TRATAR CON ALBOROTADORES?

«NO PUEDES GUSTARLE
A TODA LA GENTE TODO EL RATO,
Y ANOCHE TODA
ESA GENTE ESTABA
EN MI ESPECTÁCULO».

—MITCH HEDBERG, HUMORISTA

Con el tiempo, todos los magos la fastidian con algún juego. En mi caso, la metedura de pata fue en directo en televisión, el 17 de diciembre de 2008. Era mi primera aparición en *TODAY*, presentado por Kathie Lee Gifford y Hoda Kotb. Esos cuatro minutos fueron los peores de mi vida profesional, y están conservados para siempre gracias a la magia de YouTube. Si buscas lo suficiente, todavía puedes encontrar el vídeo en internet y ver por ti mismo qué es lo que salió mal. Pero si alguna vez nos encontramos, preferiría que no sacaras el tema, ¿vale?

Por su propia naturaleza, la magia de cerca es interactiva. Pero no debería presentarse *ante* los espectadores, como los diálogos en una obra teatral. Los juegos de magia son conversaciones con personas reales en tiempo real. Un buen mago *busca* una experiencia auténtica, no un recital de charlas y técnicas. Esto hace de la magia de cerca la expresión más completa de nuestro arte. También es lo que hace que sea arriesgada.

El peligro está en que, si buscas una interacción auténtica y no planeada, puede que la consigas. El juego que elegí presentar es mi interpretación de un efecto que tiene su origen en los setenta. La idea es que dos cartas firmadas (en este caso, firmadas por las dos presentadoras) se *funden* creando un objeto imposible: una sola carta con las caras de las dos elegidas combinadas. El problema surge en el minuto 3:27, cuando tenía que robar secretamente una carta con la mano derecha y descargarla sobre un paquete que había en la mesa. Se mire como se mire, es una tarea difícil. Fue un error de cálculo por mi parte intentar siquiera una técnica como aquella en la tele. Aunque tenía ya en mi haber miles de actuaciones, no tenía experiencia en televisión en absoluto. Error de novato.

Me avergüenza decir que Katie Lee detectó la técnica y me delató. «¡Eh, lo he visto!», dijo. Sobre la marcha, me adapté ejecutando otra técnica para «probar» que en realidad no me había pillado nada. Eso fue todo. Terminé el juego, reaccionaron donde debían, y se acabó.

Me han pillado pocas veces delante del público; diría que menos de un par de docenas de veces. En la mayoría de ocasiones ocurrió con menos de cinco personas mirando. Una noche lamentable se me rompió un accesorio a mitad de un juego y no hubo forma de resolver la situación. Cada error duele profundamente, pero el bochorno profesional que sentí después de la aparición en *TODAY* me dolió más que ningún otro. Nunca he encontrado a ningún espectador que haya detectado nada raro en ese vídeo, pero yo sé que cometí un error y todavía me pesa.

Los magos menos experimentados siempre me están preguntando por los alborotadores. En mis seminarios he escuchado historias tristísimas sobre miembros del público que insultan a un mago, o le rompen los accesorios en mitad de un efecto, o gritan obscenidades en el momento crítico. «¿Cómo lidias con los alborotadores?», me suelen preguntar. Pero lo que quieren preguntar es: «¿Qué le dices a esa gente para que se calle?»

Los magos los llaman «para-alborotadores» (*heckler stoppers*): frases que reducen a alguien al silencio de un bombazo, cauterizando la herida con un insulto ágil. Tengo una colección de frases de ese tipo en los recovecos de mi cerebro, pero son el botón nuclear, que debe emplearse únicamente como último recurso, cuando la guerra es el único camino que queda.

Pero siempre me apresuro a decir a quienes aprenden magia que, si buscan consejos para manejar a los alborotadores, están formulando la pregunta equivocada. Debería ser: «¿Por qué me interrumpen?». La mayoría de las personas que lo hacen en un espectáculo de magia no lo hacen para desconcentrar al mago: quieren atención. Por lo general, el mago está ignorando a su público, y alguien ha decidido forzar una interacción gritando algo. He descubierto que dar a un alborotador la atención que busca apenas lleva tiempo y te permite continuar con el espectáculo.

Una frase habitual es: «¡Apuesto a que usas este truco para ligarte a mujeres en el bar!». Se disipa rápidamente mostrando mi alianza con la respuesta: «Solo uso mis poderes para el bien». Hecho. Se acabó. Sigue el espectáculo.

No obstante, los magos también pueden provocar las interrupciones cuando se comportan de forma estúpida. Está en la naturaleza humana burlarse de alguien que está burlándose de otra persona. «Di "basta"», pide un mago inexperto, pasando las cartas demasiado rápido. Antes de que la espectadora tenga ocasión de contestar, suelta: «Me gustan las mujeres que no saben cuándo decir "basta"». Asqueroso.

Trato a mi público con respeto. La mayor parte del humor en mi espectáculo tiene que ver con mis propias carencias, no con las suyas. Como resultado, suelo tener muy pocos encuentros con alborotadores. No obstante, de vez en cuando son un problema. Y el problema suele estar relacionado con el alcohol.

Al final, es peor meter la pata con un juego que ser interrumpido, por la sencilla razón de que lo primero es un fallo por mi parte, mientras que lo segundo es un fallo por parte del público. Pero ambos suponen un mal día en el trabajo.

La persona más maleducada para la que jamás he actuado era un tipo que me interrumpía constantemente con sus teorías sobre mis juegos. En un momento dado metió su mano en mi bolsillo, intentando encontrar dónde había escondido una moneda después de hacerla desaparecer. El hombre simplemente no podía vivir con el misterio. Le dije que era insaciablemente curioso, que es el término que usamos los magos para decir «capullo».

Entonces caí en una verdad que me hizo reflexionar. Esa persona era como yo. Me hice mago precisamente por la misma razón por la que él no era capaz de contenerse: porque no podía soportar no saber cómo se hacía un juego. Sencillamente, tengo que saber cómo se hace. Soy insaciable, aborreciblemente curioso respecto a todo lo que no entiendo. Eso me convierte en un espectador terrible, incapaz de dejarme llevar y de vivir en el misterio.

Pero eso es también lo que hace de mí un buen mago.

34

¿POR QUÉ NO HAY MÁS MAGOS NEGROS?

«PERDÍ ALGUNAS OPORTUNIDADES PORQUE AGENTES SIN ESCRÚPULOS SE GUIARON DE CUESTIONES RACIALES NO CONFESADAS. PERO HACER MAGIA SIEMPRE HA SIDO UN IGUALADOR PARA LOS MAGOS NEGROS».

—KENRICK «ICE» MCDONALD, MAGO

No solo las mujeres se han visto excluidas de la magia: los magos negros están enormemente infrarrepresentados en la escena actual y olvidados casi por completo en la historia de la magia. Nuestro arte siempre ha sido un medio visual, y su historia a menudo se cuenta por medio de las coloridas litografías y los anuncios que los magos empleaban para promocionar sus espectáculos. Muchas de las grandes figuras de la magia contaban sus propias aventuras a través de memorias o legando sus conocimientos a un sucesor.

Pero los magos negros fueron excluidos de estas tradiciones, y apenas hay material visual de cualquiera de los artistas negros de la edad de oro de la magia, de 1870 a los años treinta del siglo XX. No eran bienvenidos en la mayoría de locales, excepto aquellos dirigidos exclusivamente a las comunidades negras. Pese a tales barreras, han dejado un rico legado, y ahora es algo más frecuente que aparezcan magos negros en los circuitos mágicos habituales.

El primer mago famoso del que tenemos constancia en los Estados Unidos es un hombre negro: Richard Potter (1783-1835). El país se encontraba en su infancia, y su escena mágica también. Potter, cuya madre probablemente había sido una esclava, prosperó en la Norteamérica colonial con una combinación de magia y ventriloquía. Realizó giras durante un tiempo como ayudante de un mago escocés blanco. Más tarde, en 1811, Potter prosiguió como artista en solitario, convirtiéndose en uno de los ilusionistas más populares y en una figura a la que algunos historiadores se refieren como la primera celebridad negra de Norteamérica. Tanto éxito tuvo Potter que compró setenta hectáreas en Andover, Massachusetts; el lugar todavía lleva el nombre de Pottersville.

Un siglo después, Benjamin Rucker (1889-1934) alcanzó notoriedad recorriendo los Estados Unidos bajo el seudónimo de Black Herman, en homenaje a Prince Herman, el que fuera maestro y luego compañero artístico de Rucker. Black Herman era un personaje inconfundible. Las escasas fotografías de Rucker que se conservan muestran a un artista elegante, vestido con frac y chistera. Su repertorio incluía los clásicos más potentes de la época, lo que implicaba liberarse de las cuerdas con que lo ataban los espectadores, hacer aparecer conejos y *producir* un pájaro de una llama. También ejecutaba juegos de mayor envergadura, como un efecto de suspensión en el aire titulado «La levitación Asrah», donde un ayudante comenzaba a flotar y terminaba desapareciendo en mitad del vacío (véase pág. 215).

Pero el número más espectacular de Black Herman era su versión de «Enterrado vivo». Lo presentaba al aire libre, donde conseguía que su pulso se ralentizara y se acabara deteniendo por completo. No era real, por supuesto; hay un antiguo secreto mediante el que puedes conseguir que alguien sea incapaz de encontrarte el pulso durante un breve lapso de tiempo. Entonces Herman se introducía en un ataúd que bajaban dentro de una fosa. Aparentemente, permanecía en su interior, encerrado, durante tres dramáticos días. Después, sacaban de la fosa el ataúd de Black Herman, que salía del mismo y guiaba al público de vuelta al teatro para acabar su espectáculo.

El secreto del efecto consistía en que Black Herman se escabullía del ataúd antes de que lo bajaran a la fosa. Eso lo dejaba libre para marchar a la siguiente ciudad y conseguir el terreno y los contratos necesarios para montar su espectáculo. Regresaba días después a la anterior ciudad y *volvía* a deslizarse dentro del ataúd para completar su ilusión más característica. Y así continuó Rucker, ciudad tras ciudad, año tras año.

El espectáculo de Black Herman serviría para dibujar un interesante retrato de su tiempo y de su comunidad. En el norte disfrutaba de públicos compuestos tanto de personas blancas como negras, pero en los estados del sur las leyes de Jim Crow[1] le prohibían actuar para públicos mixtos. Allí solo actuaba para espectadores negros. Además, su espectáculo no era una simple imitación o copia de otros. Incorporaba elementos de su vida y su cultura, como por ejemplo, cuando identificaba los sonidos que hacían los pájaros de su patria ancestral africana. Durante su número de escapismo, señalaba que las técnicas que usaba eran las mismas con las que sus antepasados escaparon de los esclavistas. Por lo visto, podía ser muy convincente: un recorte de periódico de 1924 revela que arrestaron a Black Herman por «magia negra», mencionando en concreto el hecho de que había disparado con una pistola a una baraja y la había hecho desaparecer inexplicablemente. Al acabar su espectáculo, Black Herman vendía talismanes especiales, cuyos poderes, afirmaba, permitían protegerse del racismo. Lamentablemente, lo que pudiera saberse de otros obstáculos más específicos que hubiera afrontado en su carrera como artista negro se ha perdido.

El mejor juego de Henry Box Brown (1816-1897) tuvo lugar antes siquiera de que comenzase su carrera en la magia. Nacido en una situación de esclavitud en la plantación Hermitage en Virginia, Brown ingenió una fuga tan atrevida que fue como un presagio de su exitosa travesía en el mundo del espectáculo: alcanzó la libertad enviándose por correo a sí mismo.

Siguiendo un plan trazado con un grupo de abolicionistas en Filadelfia, Brown se las apañó para quemarse la mano «accidentalmente» con ácido sulfúrico el día de su huida. Esto le dio el tiempo y la privacidad necesarias para meterse en una caja revestida de tela con el rótulo «Productos secos». La caja solo tenía un agujero para respirar, y fue transportada durante veintisiete horas por tren, carro y barco de vapor hasta que llegó a Filadelfia, donde sus compinches abolicionistas recibieron la caja, y al hombre a salvo, en el norte.

Brown se convertiría en un exitoso artista, escritor y, finalmente, mago. Presentaba números de hipnotismo de animales y juegos de magia en el escenario, aunque las noticias de su carrera mágica escasean. Murió en Canadá en 1897.

1. Sistema que regulaba la segregación racial en los estados del sur, desde los años setenta del siglo XIX hasta su anulación definitiva en 1965. (N. del T.)

Hoy, Kenrick «Ice» McDonald es la principal autoridad mundial sobre magos negros. Como tal, McDonald afrontó dificultades distintas a las que encontraron Richard Potter o Henry Box Brown. Ice nació en una familia religiosa, y su padre inicialmente no aprobó su incursión en las «artes oscuras». Tenía que ensayar a escondidas y aprender el oficio de forma autodidacta. «Personalmente yo sabía que no era un arte oscura», dice Ice. «Simplemente, me gustaba cómo hacía sentirse a la gente». El número característico de Ice es un juego en el que hace aparecer y desaparecer palomas de *foulards* de seda con lentejuelas. En 2014, Ice juró su cargo como primer presidente negro en la historia de la Society of American Magicians (Sociedad de Magos Americanos).

El panorama mágico se ha vuelto más inclusivo en la última década, pero debemos lamentar el pasado que permanecerá desconocido para nosotros. Adelaide Herrmann y Henry Box Brown son figuras fascinantes, pero sus historias no son las únicas. Probablemente nunca sabremos de los juegos de magia concretos o las luchas significativas de las mujeres sin nombre (véase pág. 85) y los artistas negros cuyas vidas y trayectorias ha censurado la historia. El desafío, entonces, consiste en ayudar a la siguiente generación de mujeres y artistas infrarrepresentados a que abran un nuevo camino.

✦✦✦

35

¿ES DISTINTA LA MAGIA EN OTROS PAÍSES?

«LA ESENCIA DE LO BELLO ES LA UNIDAD EN LA VARIEDAD».

—MOSES MENDELSSOHN, FILÓSOFO

Cuando tenía diecisiete años, hice una gira de nueve meses impartiendo conferencias alrededor del mundo. En aquella gira visité veintitrés países, pero lo que nunca olvidaré es la magia que *pude conocer* en esos sitios. Entiendo cómo puede sonar esto, pero allá va: en Japón, la magia *tenía un aspecto* completamente distinto al de la magia en Argentina. El modo en que la gente mezclaba las cartas en China, por ejemplo, era distinto a como lo hacían en Australia. Los públicos del Reino Unido respondían a mi trabajo de un modo totalmente distinto al de Marruecos.

En Japón, la magia era temática por naturaleza. Tenía mucho menos que ver con el mago que con un accesorio fascinante, o el modo imposible en que podía doblarse un papel. Los magos japoneses eran frecuentemente introvertidos, y presentaban efectos asombrosos sin énfasis teatrales ni bravuconadas. Era sobrio y delicioso. En Francia, la magia reforzaba la percepción popular de la cultura francesa: mezclas vistosas y efectos recargados y multifásicos. En Argentina, los magos eran corteses y te engañaban a cámara lenta.

En la era analógica, los países estaban más aislados. Las tiendas de magia nacionales vendían sobre todo productos de *ese* país. De modo que, si vivías en Italia, tu modelo era Silvan, un ilusionista italiano famoso, y aprendías de otros magos italianos. Si vivías en Japón, el Dr. Sawa, un dentista y uno de los magos japoneses más prolíficos, era tu gurú.

Internet lo ha cambiado todo. Ahora las tiendas de magia de cualquier parte del mundo venden los mismos productos, así que *todos* los magos aprenden con la serie *Gran escuela cartomágica*, escrita por Roberto Giobbi. Mi DVD *Unreal* (Irreal) se ha vendido tan bien en Asia como aquí en Estados Unidos. Recuerdo la sensación surrealista al viajar hasta China y ver a un mago local haciéndome uno de mis propios juegos.

Son muchos los secretos de la magia que están a un solo clic de distancia. Si estás dispuesto a pagar por vídeos descargables, puedes estudiar con tutoriales clásicos de Dai Vernon, el mejor mago de cerca del siglo pasado. Durante años, la única forma de ver a Vernon era peregrinar a su casa en Canadá. En la actualidad puedes estudiar con él a través de tu teléfono, en la cama, en pijama. Un amigo mío de Ecuador tenía que fabricar sus propios accesorios cuando lo visité en 2001. No había alternativa: se veía obligado a inventar las cosas mientras trabajaba. Ahora pide accesorios por internet a Estados Unidos un lunes, y para el jueves ya los tiene en la puerta de su casa. En mi última gira por Japón, me percaté de que la magia estaba más avanzada de lo que había visto antes, y totalmente occidentalizada. Los juegos, las tramas, incluso el estilo en la forma de moverse, se parecían a la magia occidental con la que yo me había criado. Estaban aprendiendo magia de los mismos sitios que yo.

Aunque internet ha apagado buena parte de la vibrante sabiduría de la magia, la individualidad persiste en algunas zonas. Lo que estos lugares parecen tener en común es que se encuentran menos influidos por el estilo norteamericano. En los países donde el inglés no es mayoritario, la cultura mágica parece mejor preservada. Pura lógica: si los magos no pueden entender del todo a los instructores estadounidenses en internet, buscan ayuda local, lo que refuerza las tradiciones locales y también anima a los aspirantes a mago a crear sus propios estilos únicos.

En París, cerca de la estación de metro de St. Germain, puedes encontrarte a menudo con un mago llamado Bebel. Simplemente «Bebel», nadie sabe su apellido. Bebel tiene largas rastas y un pie zambo, usa un bastón ornamental y actúa sentado. Las cosas que hace Bebel con las cartas son incomprensibles. Iluminado por la suave luz amarillenta de las farolas de París, hace magia callejera al estilo francés. Esto se traduce en juegos a menudo improvisados, un tanto confusos, pero llamativos y asombrosos: hay cuatro Ases aquí y de repente, *¡bum!*, están allá. La baraja roja ahora es azul, otra vez roja, luego desaparece por completo. Todo el mundo adora la magia de Bebel, pero los magos se quedan especialmente impresionados porque es poco frecuente ver emplear un material tan técnico en el mundo real. Por norma general, un mago se guarda un juego particularmente arriesgado o vistoso para otros magos. Los profesionales se suelen conformar con material más seguro, sobre todo en las calles, que pueda resistir el escrutinio extra, el tiempo adverso o las inoportunas manos de un niño.

No verás a Yann Frisch, otro mago francés, en las calles de París. Yann actúa en los teatros de vanguardia de la ciudad y, ocasionalmente, en carpas de circo. Formado como mimo clásico, Yann ganó el campeonato mundial de la magia, la FISM (véase pág. 107) en 2012 con la creación más insólita presentada a concurso en décadas.

Yann presenta su número, (descrito en la pág. VII), sin palabras. Los conocidos como «números mudos» *normalmente* usan acompañamiento musical en lugar de palabras, pero el de Yann se desarrolla en absoluto silencio. Comienza con él sentado a una mesa en el escenario, con expresión confusa. El personaje que interpreta se muestra turbado y cada vez más frustrado mientras la magia parece *ocurrirle*. La premisa del número, sencilla y hermosa, gira en torno a un vaso de agua que se convierte en una bola roja. Y, durante cerca de ocho minutos, bolas rojas desaparecen y reaparecen en una variedad de sitios donde no deberían estar. Yann se encuentra indefenso ante las bolas amenazantes, y está cada vez más contrariado porque solo quiere beber un poco de agua. El humor incorporado, la magia visual y la *extrema* dificultad de las técnicas que utiliza confieren a su obra no solo calidad de campeonato, sino que hacen de ella una de las mejores demostraciones de manipulación de bola-y-cubilete jamás ingeniadas. La rutina se basa muy libremente en el efecto clásico de los cubiletes y las bolas, que es básicamente un rito de paso para todos los magos. Pero hay mucho más en juego: hay una historia y un personaje peculiar, y hay una tensión dramática intrínseca que nace de la incapacidad del artista para detener la magia. El número es vanguardista, innovador y atrevido, es decir, muy francés.

Los magos suelen comentar que mi magia tiene un componente del estilo francés, y tiene sentido. Estudié en Francia en 2003 para aprender de maestros como Bebel. En aquella época, tenía a Francia por epicentro mágico del mundo. Había numerosas razones: Le Double Fond, un teatro de magia de cerca en el barrio Marais (véase pág. 89), había abierto sus puertas y programaba a magos que presentaban el material más interesante desarrollado en Francia por aquel entonces y, por supuesto, aquello me dejó huella. El estilo francés se distingue del norteamericano en que es fluido, rítmico, pero no siempre decididamente vistoso. Me autoimpongo estrictas limitaciones respecto a la dosis de habilidad que exhibo cuando mezclo o extiendo las cartas, pero, como los mejores magos franceses, intento hacer que resulte estéticamente atractivo. Los franceses mantienen las cartas y las monedas siempre en movimiento, como si los objetos fueran más ligeros de lo que realmente son y se movieran por voluntad propia. Es una mezcla de ballet y tango, solo que se ejecuta con los dedos.

La cultura de la innovación mágica francesa se debe a su gobierno, que reconoce la importancia de apoyar a los artistas profesionales. En Francia, los magos que presentan más de cuarenta y tres espectáculos anuales tienen derecho a subsidio de desempleo *todos* los demás días que no están actuando. Mientras puedan demostrar que no reciben ingresos por otro trabajo, la extraordinaria y maravillosa posición del gobierno francés es esta: te pagamos para que sigas depurando tu arte de modo que no tengas que trabajar de camarero. Lo llaman *L'exception culturelle* (la excepción cultural).

Pero incluso la escena mágica francesa se ha visto eclipsada por España durante la última década, y sin la ayuda pública. Pregunté a uno de sus magos más talentosos, Woody Aragón, si el estado español apoyaba a sus artistas como lo hace Francia. «Aquí —dijo— si no trabajas, te mueres de hambre».

Muchos magos estarían de acuerdo en que ahora España es el epicentro del mundo mágico. Puede presumir de contar con quien quizá sea el mago vivo más distinguido, Juan Tamariz, y está salpicada de teatros y bares mágicos; y, en gran medida gracias a la influencia de Juan y su generosidad con sus discípulos, se aprecia la cartomagia en todo el país. El público español *capta* las sutiles diferencias entre un cartomago y otro porque ha crecido viendo magia de cerca en televisión. En Estados Unidos, una gran mayoría del público solo ha recibido una dieta restringida de magos grandilocuentes que se apoyan en grandes acontecimientos públicos, como David Blaine, y no estamos acostumbrados a ningún otro sabor. En España, la magia es parte de la vida, tanto como los conciertos o el humor.

Más allá de España, el futuro de la magia parece estar cociéndose en un lugar de lo más inesperado: Corea del Sur. De ahí han surgido recientemente números sensacionales, la mayoría de ellos montados para grandes escenarios, que han ganado los principales premios de los certámenes de magia. Los números temáticos son populares en Corea del Sur; Yumi Chen sentada frente a un espejo preparándose para salir es el desencadenante de una serie de momentos mágicos impredecibles: su pelo se transforma, hace desaparecer el secador, y su traje cambia por completo sin cubrirlo con nada. Ted Kim creó un número en el que su ropa, los accesorios y el propio escenario se transforman con una combinación de magia y tecnología de mapeo de imágenes: proyectores de luz altamente precisos hacen que patrones, imágenes e incluso vídeos aparezcan sobre su cuerpo. Así que, mientras Kim viste un sencillo hábito blanco, se llena de peces y lunares animados, todo en un parpadeo. Su número es surrealista, como ver un videojuego que cobra vida. Yu Ho-Jin ganó el FISM, el campeonato mundial, no tanto por lo que hizo como por su ritmo. Permaneció en pie casi completamente quieto a lo largo del número, haciendo cada ademán lento y elegante, y pese a evitar movimientos rápidos, transformó una bufanda de seda en cartas y estas de nuevo en la bufanda. Mostró las manos inconfundiblemente vacías y después hizo que aparecieran cartas e incluso que flotaran, sin apenas mover los dedos entre una cosa y otra.

Ironías del destino, si quieres ver a artistas como Yann Frisch, Bebel y Ted Kim, ejemplos recientes de magos cuyo estilo es fiel a sus raíces culturales, tendrás que buscarlos... en internet.

✦✦✦

36

¿POR QUÉ PENN & TELLER SON TAN DINÁMICOS?

«ATRAPADOS EN LOS ENTRESIJOS DEL ENGAÑO, LOS MAGOS SUELEN OLVIDAR QUE LA PRINCIPAL TAREA DE CUALQUIER ARTISTA ES COMUNICAR UNA IDEA HERMOSA. SIN ESO, CUALQUIER JUEGO, INCLUSO UNO QUE ENGAÑE DE VERDAD, ES UN EJERCICIO VACÍO».

—TELLER, MAGO

✦✦✦

Muchos de los juegos de Penn & Teller fueron creados sobre un mantel. En sus primeras giras, el dúo mágico más famoso del mundo solía comentar nuevas ideas en restaurantes de carretera y moteles mientras comían hamburguesas y patatas fritas. En uno de Minnesota, una noche a principios de los ochenta, Teller acabó de comer antes que Penn y decidió ensayar las técnicas del juego clásico de los cubiletes y las bolas. Es un juego fundamental para los magos. Casi todo gran mago tiene una versión, y el juego se originó hace al menos dos mil años, cuando ya era realizado por magos de Egipto y de Roma.

Teller enrolló dos servilletas de papel para hacer bolas con ellas y vació su vaso de agua... y entonces sus dedos empezaron a bailar. Desde donde veía Penn, al otro lado de la mesa, el espectáculo resultaba absurdo. Teller estaba ejecutando las técnicas de los cubiletes y las bolas con un vaso transparente. Incluso aunque las técnicas de Teller resultaban perfectamente visibles, el efecto seguía siendo asombroso. Penn se dio cuenta de que la desviación de la atención era tan fuerte que las técnicas le pasaban desapercibidas aun cuando estaban a la vista. Desde un punto de vista puramente estético, resultaba hermoso.

Entonces vino la idea: ¿podría uno presentar los cubiletes y las bolas con cubiletes transparentes y que colara? No, resultó que uno no podía. Pero tal vez *dos* sí.

El título de su rutina es «Cubiletes y bolas y cubiletes y bolas» (Cups & Balls and Cups & Balls), y ha sido un juego emblemático en sus espectáculos durante más de treinta años. La rutina evolucionó hasta convertirse en un juego *marca* Penn & Teller, con los típicos rasgos de su personalidad. Primero lo presentan con cubiletes opacos, una deliciosa coreografía en la que las cuatro manos alternan movimientos, levantando cubiletes y revelando bolitas. Nos ilusiona el espectáculo de las bolitas que aparecen donde no deberían estar y, finalmente, levantan los cubiletes para mostrar tres bolas gigantes de aluminio y una pelota de beisbol de cuero. Pero eso es solo el comienzo.

«Lo hicimos así durante un tiempo —dice Penn en ese punto del guion— pero queremos que lo veáis de cerca y enseñaros los cubiletes y las bolas al estilo Penn & Teller». En otras palabras, se disponen a revelar el secreto. Ambos se vuelven a guardar las bolas, pequeñas y grandes, en sus bolsillos, dejándonos ver cómo las tenían preparadas secretamente desde el principio. Entonces disponen vasos transparentes de plástico en fila, y se repite la misma secuencia, exactamente. En esta ocasión, Penn señala las técnicas a medida que las ejecutan:

—Cogemos la primera bolita y fingimos ponerla en nuestra mano, cuando en realidad ya la hemos colado bajo el primer vaso.

La explicación es real. Para la mayoría de la gente suena a jerga mágica incomprensible, pero es correcto y está perfectamente acompasado.

Lo fascinante, sin embargo, es que la explicación no perjudica a la magia. Pese a la narración de Penn, la coreografía es tan compleja, y la desviación de la atención tan poderosa, que *sigues* mirando al lugar equivocado. Ves un vaso de plástico vacío boca abajo y, un instante después, hay en su interior una bola gigante de papel de aluminio. Oyes lo que está ocurriendo, pero, para cuando miras, ya ha sucedido. Igual que cuando nadas en una piscina fría en un día caluroso, experimentas dos sensaciones opuestas que actúan conjuntamente para proporcionar placer: en este caso, asombro. Disfruta de «Cubiletes y bolas y cubiletes y bolas» en YouTube; son tres de los minutos más impresionantes de Penn & Teller. Como en muchos de sus mejores efectos, tienes la sensación de que te están hablando directamente, como si actuaran solo para ti.

Penn & Teller presentaron por primera vez «Cubiletes y bolas y cubiletes y bolas» en un local de Hollywood, a dos manzanas del Castillo Mágico. Por aquel entonces, según me cuenta Teller, decidieron llamarse «los chicos malos de la magia», para atraer a la gente cansada de magos petulantes que presentaban ilusiones manidas con los éxitos del año pasado como acompañamiento musical. «Y se convirtió en una profecía autocumplida», explica. Ricki Dunn, un conocido (y ahora difunto) especialista en pickpocket, se acercó desde el Castillo Mágico a ver su espectáculo en el cercano teatro Las Palmas. Se sintió tan consternado por la aparente revelación de un clásico que intentó pegar a Penn en el vestíbulo del teatro. Como cabía esperar, se apoyaron en la polémica. Durante años, Penn & Teller tuvieron prohibida la entrada en el Castillo Mágico y en el Magic Circle de Londres. Finamente, fueron admitidos como miembros y recibieron reconocimiento especial del Castillo Mágico, pero el Magic Circle sigue negándose a admitirlos (alegando que revelan secretos).

El dúo más famoso de la magia realmente comenzó como un trío. Formado en 1975, se llamaban la Asparagus Valley Cultural Society (Asociación Cultural del Valle del Espárrago), debido a que se conocieron en Amherst, Massachusetts, la que fuera un tiempo la capital de los espárragos de Estados Unidos. Wier Chrisemer, el entonces compañero con Penn & Teller, había ido a la universidad con Teller y conoció a Penn Jillette en una tienda de imagen y sonido. El trío presentaba variedades con un enfoque vanguardista: malabares, música y magia. «Empezamos como dos tipos que conocían a un tercero —dice Teller de sus comienzos—. Compartíamos una afinidad mutua hacia Wier y un escepticismo hacia el otro».

«Hay gente que me cae bien desde el momento en que la veo —dice Penn—. Simplemente quiero estar cerca de ellos. Quiero hacerlos reír. Quiero escuchar lo que dicen... Teller nunca ha sido uno de esos amigos para mí».

Como trío, Penn, Teller y Wier recorrieron ferias y pequeños teatros durante seis años y su espectáculo llegó a ser un éxito de culto en el San Francisco de finales de los setenta y principios de los ochenta. Pero, como trío, se les gastó el combustible creativo y se separaron. John Lovick, seguidor de Penn & Teller, recuerda la versión de Penn sobre la ruptura en una entrevista en 2004: «Penn decía que la gente cree que echaron a Wier del grupo, pero él afirmaba que no era cierto. El trío se separó y, más tarde, ellos dos se unieron como dúo. A mí no me sonaba del todo creíble. Así que, después de la entrevista, pregunté a Penn si era verdad que se unieron como dúo más tarde. Dijo: "Sí. Fue como una hora más tarde"».

Penn y Teller no tardaron en descubrir que había abundante química escénica entre un narrador alto y descarado y su compinche bajo y animado. Solo tenían que evolucionar en sus puntos de vista.

—Entre el sesenta y el setenta por ciento de las veces, el que empieza la conversación es Penn —dice Teller, en su camerino en el casino Rio en Las Vegas, donde vienen presentando cinco espectáculos semanales desde 2001—. A menudo empieza con una frase inicial o un concepto provocador.

—Solo quiero volver a la idea de la que hablamos hace años —dijo Penn a Teller—. La «Huida adecuada-a-nuestra-edad». Tengo ya más de sesenta y tú más de setenta. ¿Y si presentáramos un efecto de escapismo que fuera adecuado a nuestra edad? ¿Como escaparnos de un sillón reclinable La-Z-Boy? —A Teller le pareció que un La-Z-Boy era demasiado mecánico y sugirió una mecedora de madera en su lugar.

Así es como se desarrollan las ideas entre socios: Penn puede suministrar una premisa, quizá la idea de un tema. Lo que interesa a Teller de forma inmediata es la estructura del concepto y su potencial dramático.

—La clave es que se trata de la colaboración entre dos personas con personalidades dramáticamente distintas —dice Teller—. Penn está interesado en el presente. Está conectado al mundo. Le fascina lo que está ocurriendo aquí y ahora. Yo estoy un poco más despegado del momento y me fascinan la forma y la trama. Crecí con las películas de Hitchcock y con *En los límites de la realidad*.

En uno de sus juegos de apertura, «CellFish» (Pez móvil), un teléfono móvil aparece dentro de un pez muerto. Teller destripa el pez y busca entre las vísceras para recobrar el móvil prestado (cuidadosamente protegido con plástico) del espectador. Como recuerda Teller:

—Empezó cuando Penn dijo «Me gustaría salir al principio de la actuación y preguntar: "¿Podríais sacar todos vuestros teléfonos y encenderlos?"».

«CellFish» le da la vuelta al típico aviso de apagar los móviles que suele hacerse antes de empezar el espectáculo.

Rápidamente decidieron dónde querían hacer aparecer el teléfono prestado: en las tripas de un pez muerto, naturalmente. Pero hacer desaparecer el móvil era un problema más complejo. Teller, que empezó como profesor de latín en un instituto, encontró la respuesta en Shakespeare, por quien siente una afinidad especial (ha dirigido versiones de obras del Bardo de Avon envueltas en magia y aclamadas por la crítica).

—Shakespeare sabía qué mantener en el escenario y qué dejar fuera —dice Teller—. No quieres ver cómo Macbeth mata al rey Duncan mientras duerme.

Del mismo modo, explica, no querían hacer desaparecer el teléfono de forma visual. Así que lo hacen de un modo más interactivo y humorístico: el teléfono desaparece en el escenario, pero todo el público ve cómo lo hacen... excepto el propietario del móvil.

Todos los juegos que crean Penn & Teller muestran su punto de vista. La versión actual de su espectáculo incluye juegos que tratan sobre la religión y la privacidad. En el pasado, han quemado y recompuesto patrióticamente una bandera estadounidense y han sanado aún más que los sanadores de la fe. Pero no todo lo que aparece en su espectáculo es profundo o polémico. Mira «La pelota roja», por ejemplo. El juego se basa en la bola flotante de David P. Abbott. Abbott era un ingenioso creador de magia y amigo íntimo de Harry Houdini. Su ilusión de la bola flotante fue popular en su tiempo, pero nadie había intentado recuperarla en décadas. En la versión de Penn & Teller, *la bola nunca flota*. Una pelota roja de vinilo, aproximadamente del tamaño de un balón de playa, examinada por el público, cobra vida propia. Teller probó con pelotas de otros colores:

—El verde y el amarillo eran horrorosos —me contó—. Solo el rojo tenía esa cualidad de ser en esencia un objeto de la infancia.

Este inocente juguete infantil rueda, salta, se mantiene en equilibrios imposibles, y finalmente, salta a través de un aro, deteniéndose y cambiando de dirección de acuerdo con las sutiles indicaciones y gestos de Teller.

El juego era técnicamente original y encantador, pero a Penn le parecía que le faltaba el punto de vista particular del dúo. ¿Por qué dar vida a una pelota en *su* espectáculo?

—Le dije a Penn que el final del juego debería ser que la pelota me persiguiera fuera del escenario, pero eso no cumple la promesa que hicimos al público.

La promesa es la confianza implícita en que *todo* lo que presenten Penn & Teller tendrá un enfoque peculiar. Mike Close, amigo y colaborador, sugirió que señalaran lo evidente. Aunque el público no puede ver ningún hilo, la mayoría de espectadores saben, de alguna manera, que hay hilos involucrados. ¿Por qué no señalárselo al público? Ahora, al final de «La pelota roja», Penn entra en escena con unas tijeras gigantes y corta un hilo por encima de la pelota roja. La pelota cae de su suspensión, sujeta nuevamente a las leyes de la gravedad. Tras unos pocos minutos de fantasía muda, ese corte es una dosis estridente de realidad.

—Eso los pone de nuestra parte —dice Teller de ese momento intencionadamente aguafiestas.

A ninguno de los dos les asusta asumir riesgos.

—Estamos dispuestos a llevar una idea *demasiado* lejos —dice Teller—. Echa un vistazo a nuestro especial *Penn & Teller Off the Deep End*.

Este fracaso crítico y artístico de 2005 fue un especial de magia de dos horas bajo el agua. Hubo que desechar la mitad del material a causa del tiempo y las corrientes marinas. Seis años después, probaron con un formato televisivo diferente: un concurso de magia. *Fool Us* lleva hasta la fecha siete temporadas en pantalla, y ha sido un exitazo de audiencia tanto en Estados Unidos como en el resto del mundo. Los magos presentan sus mejores juegos para Penn & Teller y el público en plató. Penn & Teller intentan descubrir los métodos de los juegos. Tuve el honor, en la segunda temporada, de engañarles en su programa (véase pág. 134).

El formato explicita lo que muchos de nosotros hacemos cuando vemos magia: intentar descubrir cómo se hace. Y, paradójicamente, al poner en evidencia eso, el público queda liberado para disfrutar el arte de los magos. *Fool Us* es un espectáculo de variedades disfrazado de concurso.

—Los espectadores ven la magia a través de nuestros ojos —añade Teller—, así que pueden confiar en lo que les muestra la pantalla.

Penn & Teller actúan al final de cada episodio de *Fool Us*, lo que ha supuesto tanto una bendición como una maldición. *Fool Us* es responsable de revivir la carrera de Penn & Teller y ha dado lugar a algunos efectos extraordinarios y originales. Pero crear trece juegos nuevos cada temporada supone también una enorme carga de trabajo.

Y todo ese curro está dando fruto. La mayoría de artistas en su sexta o séptima década entran en la fase de patriarcas: un poco menos de baile, un poco más de cirugía estética. Pero no Penn & Teller. Están indudablemente en plena forma y haciendo lo mejor de sus cuarenta años de carrera. Su espectáculo es un laboratorio en desarrollo de efectos característicamente suyos y de nuevas ideas. Nunca les he visto presentar el mismo repertorio dos veces.

—En nuestros inicios, tuvimos una buena temporada con peleas de las que hacen que te marches del escenario —recuerda Teller—. Pasamos esos primeros años de carrera discrepando con vehemencia y sintiéndonos heridos, y luego maduras trabajando con alguien durante mucho tiempo. Ahora, a medida que transcurre la vida y trabajamos juntos más y más, lo que hemos descubierto es que compartimos cosas muy importantes. Ambos somos abstemios, ambos somos ateos, llegamos a nuestra hora y hacemos nuestro trabajo. No se cancela ningún espectáculo por resacas ni berrinches.

Si lees sobre Penn & Teller en los medios, una declaración recurrente es que no son amigos. Ambos han dicho, cada cual por separado, que no son íntimos fuera del trabajo, que no suelen quedar por razones ajenas al mismo y que no eran amigos cuando empezaron. Esto me parecía descorazonador. No quería creer que Penn & Teller eran los

Fleetwood Mac de la magia: fabulosa química sobre el escenario que camufla dramas entre bambalinas.

—Es infrecuente que tan siquiera nos veamos cuando no estamos trabajando —ha escrito Penn—, pero es muy infrecuente que no estemos trabajando.

Entre los magos, se suele reconocer a Teller como el motor mágico de la sociedad, dado que su trayectoria comenzó en la magia (Penn empezó como malabarista). Penn así lo sostiene.

—Probablemente sea la mejor mente mágica del mundo. Sin duda es una de las tres mejores mentes mágicas que viven en este momento.

Pero cuando estuve un tiempo con Teller, lo que me quedó claro es que ambos mantienen una amistad especial y duradera, aunque sea peculiar.

—Teller y yo solo nos peleamos respecto al arte —dice Penn sobre el estado actual de su relación.— El respeto por la habilidad y la creatividad es mucho más poderoso en el mundo del espectáculo que el amor.

Durante años, estaban obligados a permanecer juntos por deber; ahora es algo más dulce. Teller habla con admiración de la particular brillantez de Penn y su manantial de nuevas ideas.

—Hay algo de competición todo el rato —admite Teller—. ¿Quién puede resolver esto? ¿Quién tiene la mejor idea para esto?

Al final de una tarde juntos, cuando llegó la hora de que Teller se preparase para el espectáculo de aquella noche, le formulé la pregunta incómoda y directa sobre su amistad con Penn.

Teller describe su asociación como un matrimonio de conveniencia. Son compatibles en muchos sentidos, de modo que se van arreglando.

—En el fondo, hay una amistad que es mucho más profunda que la suerte de romance amistoso que alimenta los grupos de *rock*. No trabajo con Penn porque sea la persona que elegiría entre una multitud. Trabajo con él porque es alguien muy, muy bueno con quien trabajar.

Entonces a Teller se le saltaron las lágrimas durante un instante, y nos quedamos sentados en silencio. Recordó el momento en que nació el primer hijo de Penn. Y entonces Teller recitó, casi literalmente, un pasaje de *El violinista en el tejado*.

Es la escena en la que Tevye pregunta a su esposa, Golde, si le quiere después de aguantar toda una vida juntos. Golde sopesa la complejidad de su relación y entonces responde: «¿Le quiero? Durante años he vivido con él. Luchado con él. Me he muerto de hambre con él... Si eso no es amor, ¿qué es?».

Después de que el especialista en pickpocket Ricki Dunn intentara golpear a Penn en el vestíbulo del teatro Las Palmas, él y Teller convencieron a Ricki de que fuera con ellos al restaurante Musso & Frank Grill en Hollywood Boulevard. Ricki seguía molesto con el dúo por revelar el juego clásico de los cubiletes y las bolas. Manifestó auténtica confusión sobre las motivaciones de la pieza.

—¿De qué lado estáis? —les preguntó.

Fue un momento definitorio para la pareja. Pero su respuesta cristalizó la totalidad de su concepción de la magia.

—El mejor modo de trabajar en interés del público consiste en que no sepan cómo se hace algo —me reconoce Teller en la actualidad—. Pero a veces, parte del placer está en que se lleven a una visita entre bambalinas que sea encantadora y hermosa. —Hace una pausa para aumentar el efecto—. Estamos de lado del público.

37

¿CUÁL ES TU JUEGO DE MAGIA FAVORITO?

«LA MAGIA ES TRABAJO DURO.
USAMOS LA PALABRA MAGIA PARA DESCRIBIR ALGO DIFÍCIL QUE SE HACE SIN ESFUERZO.
PERO ES UNA DESCRIPCIÓN INJUSTA.
LA MAGIA HA SIDO Y ES UN TRABAJO DE DÉCADAS QUE LO DEVORA TODO».

—WARREN ELLIS, NOVELISTA,
GUIONISTA DE CÓMICS Y CINE

Una vez me pidieron que nombrara los cuatro mejores juegos de magia de la historia. La pregunta, formulada por Mark Reiter y Richard Sandomir, autores de *The Final Four of Everything* (Los cuatro últimos de todo), era fácil para mí: «La mujer serrada», «La levitación», «La bala atrapada entre los dientes» y «La desaparición de la Estatua de la Libertad». Cada una de ellas es una proeza asombrosa, cada una incorpora una historia inolvidable, y cada una impactó a una generación.

En 1921, atravesar el cuerpo de una dama con una sierra era tan provocador como actual (pág. 35). El juego surgió al comienzo de un nuevo impulso por la lucha por los derechos de la mujer y se podía interpretar tanto a favor como en contra de la causa, según el criterio del espectador.

Todos hemos soñado con volar, lo que hizo que «La levitación» fuera tal sensación cuando se estrenó. Servais Le Roy no fue el primer mago que hizo levitar a una persona, pero su versión original, «La levitación Asrah», es mi favorita. En esta ilusión se cubría a la ayudante con una tela translúcida y se elevaba en el aire, de modo que el cuerpo flotaba subiendo y bajando dominado por el artista. Lo que separaba la versión de Le Roy del resto era el final. Cuando el cuerpo de la ayudante estaba justo encima de su cabeza, Le Roy retiraba la tela de un tirón y la chica desaparecía en mitad del aire. «La levitación Asrah» se sigue presentando hoy, y ese momento *—puf, ha desaparecido—* sigue siendo uno de los más sobrecogedores de la magia. Se estrenó en 1902, lo que significa que Le Roy descubrió una forma *falsa* de hacer volar a alguien solo unos meses antes de que los hermanos Wright lo hicieran de verdad.

En «La bala atrapada entre los dientes», el mago detiene una bala con la boca. Al menos doce personas (¡y probablemente más!) han muerto intentando ejecutar este efecto demencial. Una de las primeras, Madame DeLinsky, era la esposa y ayudante de un mago polaco. En su versión del juego, Madame DeLinsky sobrevivía al fusilamiento por parte de un pelotón de seis soldados. Sin embargo, en 1820 uno de los soldados no preparó correctamente su pistola trucada y disparó accidentalmente a DeLinsky en el abdomen. Se cree que estaba embarazada.

La versión más famosa del juego se titulaba «Condenado a muerte por los bóxers», un guiño al levantamiento de los bóxers, una rebelión en China que pretendía expulsar a los extranjeros en el tránsito del siglo XIX al XX. Esta era la versión que creó Chung Ling Soo, el mago «chino» más famoso del mundo. Soo era un mago maravilloso, pero su mayor secreto es que no era chino. Llamado originalmente William Ellsworth Robinson, inventó el personaje de Chung Ling Soo porque pensó, acertadamente, que un número exótico resultaría más demandado en el circuito de vodevil. Lamentablemente, su idea la tomó de un auténtico mago chino llamado Ching Ling Foo, que era una sensación no solo en su China natal sino también en Estados Unidos. Robinson escogió un nombre que sonaba parecido a Ching Ling Foo y se hizo llamar Chung Ling Soo. Para completar la transformación, Llevaba una peluca y maquillaje escénico para oscurecer su tez. Caracterizado como Soo, Robinson nunca hablaba en el escenario, y creó una falsa biografía como intento de legitimar su personaje plagiado. Al margen de lo injusto y poco ético que esto fuera para Ching Ling Foo, el número de Robinson encantaba al público, y dio lugar a una carrera exitosa como ilusionista «chino».

Como Soo, Robinson presentó su versión de «La bala atrapada entre los dientes» durante años: era la ilusión más destacada de su espectáculo. Pero el 23 de marzo de 1918, en un escenario en Londres, un ayudante disparó su pistola contra Robinson y una bala real penetró su pecho y salió por su espalda.

—Dios mío —dijo—. Ha ocurrido algo. Bajen el telón.

Por muy estupefacto que quedara el público al ver cómo disparaban a un hombre sobre el escenario, se quedaron igualmente estupefactos al escucharle hablando... *en inglés*. Hasta ese momento, la identidad real de Robinson era un secreto del gremio. Su muerte, cuatro horas después, dio lugar a titulares por todo el mundo, y proliferaron los rumores de que lo había asesinado su esposa o algún empleado descontento, o que había planeado suicidarse en el escenario. Al final, el examen forense de la pistola trucada reveló un fallo que había hecho que disparase realmente. Dictaminaron que había sido «muerte accidental». Todavía puedes ver versiones de «La bala atrapada entre los dientes» en televisión y en espectáculos en vivo, y la ilusión sigue siendo mortal. El mago Kofi Brugah murió presentándola en 2007 en Ghana. Permanece porque nos asusta. ¿El relato? *Invulnerabilidad*.

«La desaparición de la Estatua de la Libertad» solo se presentó una vez, en 1983, por David Copperfield. Los magos han hecho desaparecer a sus ayudantes, helicópteros, incluso elefantes, pero la razón por la que la gente sigue hablando de *este* efecto es el relato cuidadosamente escogido. Copperfield *hizo desaparecer* un monumento que simboliza los Estados Unidos y nuestra fe en la libertad. La desaparición momentánea de la Estatua de la Libertad por parte de Copperfield está inscrita en la historia de los ochenta del mismo modo que el *moonwalk* de Michael Jackson o Ronald Reagan exigiendo al Sr. Gorbachov que «derribe este muro». Aun hoy, más de treinta años después de que se emitiera, la gente me *sigue* preguntando por ello.

Lo extraordinario de la ilusión es que, aunque la gente continúa hablando de ella, no podías encontrarla en YouTube hasta hace poco. Y por una buena razón. Como todas las mejores, es un producto de su tiempo: es difícil apreciarla en el contexto actual. Hay una narración irritante, un «sonar» ridículo para detectar la estatua, y una miniatura anticuada de la estatua para explicar cómo se producirá la ilusión. Cuando la estatua real desaparece, vemos una oscura neblina lechosa en el lugar donde se encontraba y... *ya está*. Un momento después, reaparece y la ilusión ha terminado. Como la cocina de mamá o un primer beso, nuestra imaginación rellena los huecos y distorsiona nuestros recuerdos, convirtiendo los instantes en mitos.

Adoro estos cuatro juegos, pero ninguno de ellos es mi *favorito*.

Mi juego favorito es de Penn & Teller, uno que periódicamente insertan en su espectáculo, aunque creo que debería ser perenne. Se titula «Código de honor» (Honor System). Va así.

Antes del espectáculo, se invita a algunos espectadores a subir al escenario en fila de uno para examinar un baúl de madera y una gran caja transparente. Las superficies de ambas cajas son sólidas. Que el público pueda subir y tocar los accesorios es una interacción insólita que valoro mucho. Todas las demás ilusiones de la magia las ves desde lejos, lo que te hace ser escéptico respecto a los artilugios absurdos que utilizan. Esta ilusión se reduce a lo esencial y se puede tocar.

Entonces salen Penn & Teller, y Teller se mete en la caja transparente, que a su vez se introduce en el baúl de madera, que se cierra. Penn explica que Teller se va a escapar de las cajas y ofrece una elección fascinante: misterio o conocimiento.

—Mantened los ojos abiertos si queréis conocer el secreto —dice Penn—. Cerradlos si queréis que os asombremos.

Invita a aquellos que quieren que los asombren (o permanecer en el misterio) a que cierren los ojos hasta que oigan sonar la música. Cuando abran los ojos, Teller habrá escapado del interior de las cajas. *Abracadabra*. A aquellos que simplemente quieran *saber* cómo se hace se les permite mirar. Penn pronuncia en este momento una frase muy de Penn & Teller, rogando a quienes mantengan los ojos abiertos que *no* hablen después del espectáculo sobre lo que han visto, para no arruinar la ilusión de los que han elegido el misterio.

—En otras palabras —dice, concluyendo el monólogo—, si no puedes cerrar tu puñetera boca, entonces cierra tus puñeteros ojos.

Quienes cierran los ojos escuchan risas justo antes de que comience la música. Entonces, cuando abren los ojos, Teller está, de alguna forma imposible, *ahí*. Y ahora que está fuera de las cajas, comienza el espectáculo.

Si te quedas con los ojos abiertos, participas del secreto. Lo primero que haces es mirar a tu alrededor para ver quién tiene los ojos abiertos y quién los ha cerrado. Entonces contemplas el método, simple y divertido. El baúl no es tan sencillo después de todo, sino un asombroso mecanismo. Se abre hacia arriba como una caja rompecabezas demencial, y Teller sale con una expresión perpleja, tras lo cual la caja se vuelve a cerrar a su espalda. Resulta inesperado.

Penn & Teller siempre han coqueteado con la revelación de secretos, y esta ilusión es su aproximación más artística al tema, dejando el descubrimiento a elección del público.

—«Código de Honor» comenzó como una conversación que mantuvimos Penn y yo conduciendo de vuelta desde el Minnesota Renaissance Festival en 1976 —me contó Teller tras una actuación reciente—. Para mí, la idea es preguntar: «¿Has venido a este espectáculo buscando una pregunta o una respuesta? ¿Te gustaría volver a casa con una pregunta a la que seguir dando vueltas o prefieres marcharte con una respuesta de la que te puedas ufanar?».

Les llevó veinte años encontrar un juego adecuado para la presentación. La ilusión es *tan* Penn & Teller, cuidadosamente ajustada a sus personajes —Penn, el monologuista filósofo, y Teller, una figura chapliniana, contorsionándose silenciosa y cómicamente dentro de la caja—. Ningún otro artista presentaría una pieza como «Código de Honor». Y nadie que la vea puede olvidarla jamás.

El marco de la ilusión es también lo que la hace brillante. Penn & Teller han encontrado una forma de coger una ilusión por lo general corriente y convertirla en una pieza totalmente interactiva.

—El desafío —dice Teller—, es que no puede ser simplemente un juego. Tiene que ser una encrucijada intelectual. Tienes que contar con algo que sea fascinante con los ojos abiertos e imposible con los ojos cerrados. Y entones tuvimos esta idea deliciosa de hacer un efecto de escapismo. Si mantienes los ojos abiertos, es muy satisfactorio. Pero si los cierras, es imposible.

Superficialmente es una pieza juguetona, pero en el fondo es una decisión profundamente personal, existencial.

«Código de Honor» no se desarrolla en un escenario de Las Vegas... no de verdad, en cualquier caso. Lo más interesante ocurre en *tu* cabeza, cuando se te apremia a una decisión entre misterio y conocimiento. Lo he hecho de ambas formas, en distintas noches. ¿Cómo lo harías tú? La respuesta a esta pregunta dice mucho sobre el tipo de persona que eres.

✦✦✦

38

¿QUÉ HACEN LOS MAGOS EN SECRETO?

«LO INTERESANTE E IMPORTANTE OCURRE SOBRE TODO EN SECRETO».

—MICHAEL ONDAATJE, ESCRITOR, POETA

✦✦✦

Mayoritariamente se tiene a los niños por el público más duro, pero para mí los más difíciles son los magos. Deja que me explique: puedes desviar la atención de los chavales, hacerte el tonto para pillarles desprevenidos y jugar con su disposición a creer casi cualquier cosa. Ahora imagina actuar para un teatro lleno de magos. Cada una de las personas que están ahí sentadas no solo está evaluando tu presentación, sino también anticipando cada técnica secreta que empleas y la calidad de su ejecución. Es una prueba de fuego con un jurado lleno de pirómanos.

Los congresos de magia son al mismo tiempo los lugares más terroríficos y más gozosos para actuar. Están cerrados al público y poblados únicamente por nosotros, por lo que me siento rodeado por mi tribu. Pero lo que funciona en un congreso mágico no es siempre lo que funciona con el público profano. Un mago famoso puede salir en televisión y hacer un juego normal con un método normal. Ellen DeGeneres no va a detectar la diferencia. Pero sería impensable presentar un efecto estándar en un congreso. Para tener éxito en un encuentro de magos, tienes que presentar material original.

Cuando tenía siete años, mi padre me llevó al Columbus Magifest en Ohio, uno de los congresos de magia más antiguos del mundo. Cada año nos reunimos poco menos de un millar de magos durante un fin de semana para disfrutar de espectáculos, entrevistas, conferencias y talleres. En 2019, Juan Tamariz fue el cabeza de cartel. Tiendas de magia de todo el mundo organizan *stands* al estilo de la Comic-Con, los dependientes atraen a multitudes con bolas de fuego, tiendas electrónicas disparan los últimos cañones de confeti sobre el gentío y los mentalistas se lanzan sobre los transeúntes prestándose a leerles el pensamiento.

Sí, están vendiendo cosas, incluyéndose a sí mismos como artistas. De esto *vive* esa gente.

Pero la auténtica razón por la que acudimos al Magifest y a congresos similares no es únicamente el plantel de artistas o los espectáculos. Es por la ocasión de alternar. Como los músicos de *jazz* buscando una buena sesión, los magos de cualquier nivel quieren tener la oportunidad de sentarse a una mesa a las cuatro de la madrugada para ser testigos del último milagro desconocido. Y si les pasan la baraja, tienen una posibilidad de brillar. Se crean y se destruyen reputaciones en esos vestíbulos de hotel de franquicia. En los congresos de magia no es infrecuente escuchar gritos ahogados y aplausos en momentos que a ti te parecerían completamente inadecuados. Hasta que te das cuenta de que los magos están aplaudiendo *las técnicas*, no los efectos. Es mi fin de semana favorito del año, y ahora ayudo a montarlo, gracias a que, con mi socio, nos hicimos con la propiedad del Magifest hace diez años.

Hasta hace poco, una amplia red de encuentros mágicos tenía lugar por todo el mundo. Pero las cosas están cambiando. La International Brotherhood of Magicians y la Society of American Magicians, las dos organizaciones más grandes del gremio, fueron en tiempos faros del arte. Ambas se encuentran ahora lamentablemente desacompasadas con la magia moderna. Me crié como miembro cumplidor del Canton Magicrafters Club. Mi padre hizo de tesorero un año y gané el concurso del club cuando era adolescente. Nunca olvidaré la primera reunión a la que asistí cuando tenía siete años.

—No me he sentido como un crío —le conté a mi padre—. Simplemente, me han tratado como a un mago.

Eso le gustó. A mí también.

Los Magicrafters nos reuníamos en el sótano de un banco local, y las maravillas que presencié allá abajo cambiaron el curso de mi vida. Tenía que actuar en una prueba de acceso para convertirme en miembro, lo cual fue el episodio más aterrador hasta aquel punto de mis siete años de vida.

Ya no existe ambiente mágico local.[1] La burocracia ha deteriorado la influencia de estas organizaciones a un nivel nacional, e internet se ha ocupado del resto. Ahora los magos jóvenes comparten vídeos en internet e intentan engañarse los unos a los otros en YouTube. No todo es malo, supongo, pero no hay sustituto para la enseñanza en la vida real. La pertenencia en todo tipo de organizaciones fraternales está cayendo: los masones, la Orden Benevolente y Protectora de los Ciervos y una infinidad más. El declive de las sociedades mágicas supuso la pérdida de un «circuito» de conferencias de magia que en tiempos me permitió recorrer el país muchas veces, actuando y después dando conferencias sobre mi propio material. Nadie se hace rico con las giras de conferencias, pero viajar por el mundo y compartir material propio es un rito de paso gratificante para muchos magos.

Y las sociedades mágicas del mundo son todas un poco distintas entre sí. Cuando fui de gira por Japón, resultó estimulante descubrir que casi la mitad de los miembros eran mujeres (véase pág. 85). En París hay varias sociedades y cada una desprecia a las otras. Si actúas en una reunión en París, no esperes ser bienvenido en otra. Hace poco di una conferencia en el Magic Club de Islandia: éramos cuatro, contándome también a mí.

La única sociedad mágica de la que sigo siendo miembro en activo se llama The Magnets. Fundada en 2003, esta sociedad radical se creó en oposición directa a todas las demás sociedades mágicas. No hay cuotas, no hay cargos ni congresos anuales. Es un grupo informal de magos profesionales y semiprofesionales, relativamente jóvenes, que se reúnen cada miércoles en un bar en el centro de Manhattan con el único objetivo de ayudarse entre ellos. Unas pocas veces al año juntamos dinero para alquilar una cabaña en el bosque y crear juegos juntos, o para asistir a un espectáculo o a un festival de magia. Entre nuestros miembros hay dos rabinos y un conferenciante ateo. Otro miembro tiene catorce años y está trabajando con los otros Magnets para montar una rutina con el cubo de Rubik. Rachel Wax trabaja durante el día en la industria de la moda, pero es la presentadora y actúa en el espectáculo del club los fines de semana.

---

1. En España aún existen círculos de magia en casi todas las regiones y suele mantenerse el ambiente y la camaradería entre aficionados y magos profesionales. (N. del E.)

Eli Bosnick, uno de los fundadores de la sociedad, ejerce de «dictador» benévolo del grupo, y se ocupa de organizar, informalmente, los encuentros y conferencias que disfruta el resto del grupo. Cuando alguien viola una norma ética de la magia (robar material ajeno, tratar mal a otro Magnet), se le expulsa. Cuando alguien no se puede permitir un accesorio o un viaje, recaudamos fondos. Funciona, y es el mejor punto de encuentro mágico de Nueva York.

Las sociedades mágicas no son la única especie en peligro de extinción en nuestra industria: a las tiendas de magia les ha ocurrido lo mismo que a las librerías independientes y las tiendas locales de discos. Para sorpresa de nadie, la guadaña la ha empuñado internet, por supuesto. Pero tiene un lado bueno: los magos de cualquier rincón del mundo ahora tienen el mismo acceso a los recursos porque en la actualidad muchos de los grandes maestros ofrecen su material *online*. El producto más popular son las descargas de magia: ves un tráiler del efecto y, si te interesa o te ha ilusionado, pagas para descargarte el tutorial. Pagando el precio (entre los cinco y los cincuenta dólares), puedes seguir las instrucciones paso a paso del creador del efecto.

Pero el declive de las tiendas de magia ha supuesto la pérdida de mucho más. Todavía quedan unas cuantas de las buenas: Tannen's en Nueva York, The Magic Apple en Los Ángeles, Midwest Magic en Chicago. Son lugares donde los magos se reúnen para hablar de sus cosas o asistir a clases, para ver, palpar y probar los accesorios antes de invertir en ellos. Tristemente, la mayoría de tiendas no pueden sobrevivir cuando la magia está disponible, más barata y con mayor rapidez, en internet. Algunos de los mejores maestros se han adaptado y ofrecen clases particulares virtuales. Pero en este enfoque del siglo XXI los aprendices pierden la interacción: es bastante difícil coger una carta a través de Skype.

Tal vez la tradición más sagrada y hermosa de la comunidad mágica sea cómo recordamos a nuestros difuntos. No me afecta ningún tipo de ritual religioso, pero la ceremonia de la varita rota tiene algo poético. Cuando muere un mago, su sociedad mágica local envía a un representante a petición (puedes elegir una presentación religiosa o laica). La idea que sostiene el ritual es que, cuando un mago muere, su varita se rompe y ya no se puede volver a usar. Cuando mi padre falleció, pedí como representante a un mago local que lo conocía, Robert Rees. En poco tiempo, Robert talló una varita en madera noble, pintó las puntas y (esta es la parte secreta) debilitó el centro de la varita para que se pudiera partir en dos fácilmente contra la rodilla. En el funeral, estas fueron sus palabras:

> Jeffrey Jay, una vez llevaste una varita, un antiguo emblema del misterio. Simbolizaba el poder mágico que te pertenecía. Ahora su poder se ha disipado. Es un simple palo, carente de todo significado o autoridad, inútil sin tu mano para empuñarlo.

Rompió en dos la varita y me la entregó. La tengo sobre mi escritorio mientras tecleo esta frase.

✦✦✦

39

¿TIENES APRENDICES DE MAGO A TU CARGO?

«HE LLEGADO HASTA
EL FIN DEL MUNDO
EN ALAS DE LAS PALABRAS».

—DR. WILLIAM CHESTER MINOR,
EN *ENTRE LA RAZÓN Y LA LOCURA*
(INTERPRETADO POR SEAN PENN)

Me han pedido que dé clases particulares, sobre todo padres adinerados para sus hijos en Nueva York. La respuesta es un no educado pero fácil de decir. Nunca estoy en un mismo sitio el tiempo suficiente como para enseñar, y siempre he creído en el enfoque de «viaje» para el aprendizaje, sea en magia, literatura u origami. Aprendes haciendo. Me crie en un pueblo de Ohio: no tenía maestro. Pasé mis años formativos cruzado de piernas sobre el suelo de mi cuarto, tanteando para aprender los fundamentos, fracasando, y luego fracasando un poco menos.

Si hubiera tenido a mi alcance a un gran maestro de magia, me habría tirado de cabeza. Un puñado de maestros han dejado de hacer giras y se han dedicado a enseñar magia. Pero he observado que los magos más creativos desarrollan sus habilidades en aislamiento, en lugar de verse intensamente influidos por un currículum mágico.

En 2013 recibí una carta remitida desde una cárcel en California. «Querido Josh —empezaba la carta— soy el mago de la cárcel». Su nombre es Rafiel Torre y está cumpliendo una cadena perpetua por asesinato sin opción a libertad condicional en una cárcel de máxima seguridad de California. Su primera carta explicaba no solo las dificultades que encontraba para aprender magia, sino también el modo en que había fabricado sus propias barajas en «el talego».

> Necesitaba cartas. No nos permitían tener naipes «normales», así que los fabriqué. Me di cuenta de que los cartones de leche se podían rajar por las esquinas para hacer cartas: cuatro por cartón. Si tenías compañero de celda, podías hacer ocho al día

> hasta que reunieras cincuenta y dos. Así que me llevó aproximadamente una semana conseguir una baraja completa. Para escribir usaba recambios de tinta para pluma. Una vez tuve las cartas hechas, empecé a practicar con ellas las mezclas en las manos y por hojeo. En cuestión de otra semana podía hacer las técnicas y manipulaciones básicas que iba a necesitar para ensayar algunos juegos.

Cualquiera que se tomara semejantes molestias para practicar magia claramente tenía la vocación necesaria para ser un buen mago. Pero en la cárcel no tenía forma de aprender. Accedí a enseñarle, a condición de que me explicara por qué se encontraba allí. Esta es mi regla cuando la gente me escribe desde prisión, como actualmente hacen unos cuantos. Siento la necesidad de comprender tanto como pueda sobre la persona con la que me estoy carteando. El primer recluso con el que establecí contacto por correspondencia fue David Garza, que estaba cumpliendo condena en la península superior de Míchigan. David llevaba la mitad de una sentencia de veinte años cuando empezamos a comunicarnos. Ahora hace nueve años que nos escribimos.

David me envió accesorios mágicos que había fabricado a mano con el escaso material disponible en la cárcel: dedos falsos hechos con papel higiénico pintado, fichas de casino recortadas de cajas de cereales, y cartas elaboradas con papel de construcción que parecían *idénticas* a cartas impresas de fábrica. Los tengo orgullosamente expuestos en mi mesa de trabajo, como símbolos del modo en que la magia prevalece incluso en los lugares más sombríos. He seguido escribiéndome con David cuando salió en libertad, cuando violó los términos de la condicional y lo encerraron *de nuevo* durante un año, y cuando finalmente lo soltaron. Cuando empezó a escribirme, sabía hacer muy poca magia y ni siquiera podía mezclar la baraja. Hoy vuelve a ser un hombre libre y se ha hecho mago profesional.

Rafiel me buscó por la misma razón que David y que todos los demás remitentes que me escribieron desde el presidio: porque les está permitido leer libros de magia. Las bibliotecas de las cárceles están llenas de obras sobre aficiones autorizadas para presos: origami, dibujo y magia. En 2008 escribí un manual titulado *MAGIC: The Complete Course*.

Este libro fue la puerta de entrada a la magia para todos ellos. Rafiel devoró el libro y aprendió los juegos de cartas que contiene. Entonces me escribió preguntando qué más podía hacer.

Rafiel nunca saldrá de la cárcel. Me contó que le habían condenado por asesinar al marido de su amante. Antes de ir a prisión, Rafiel era un conocido luchador de artes marciales mixtas. Viajó por todo el mundo y compitió en los niveles más altos. En internet hay un documental sobre él (y sobre su posterior condena por asesinato). Nunca he visto en persona a Rafiel, pero, a través del tiempo de nuestra relación epistolar, diría claramente que es inteligente, elocuente, y que siente una enorme curiosidad respecto a la magia. Es mi único aprendiz.

Durante cuatro años nos enviamos cartas, pero, cuando Rafiel alcanzó la mediana edad, lo trasladaron a una prisión de seguridad media con acceso limitado a internet. Nuestra correspondencia cubre una variedad de temas. Yo pensaba que bregar con los alborotadores borrachos que a veces encuentro en los espectáculos era duro. Pero lo que me cuenta Rafiel sobre las palizas que ha recibido por no desvelar cómo se hacen sus juegos añade un significado nuevo a la expresión «público difícil». Ha tenido que aprender de la peor manera cómo hacer magia para bandas, descubriendo cautelosamente cómo entretener a hombres poderosos y violentos sin que crean que les han tomado el pelo. Una vez que no quiso explicar uno de sus secretos a un guardia, este registró su celda, le dio una paliza y redactó un informe en el que afirmaba que Rafiel le había atacado. Tuvo que pasar tres meses en aislamiento, completamente solo durante veintitrés horas al día, porque se negó a desvelar el secreto de un juego con cartas.

No obstante, la magia también parece tener algunas ventajas para quien está encarcelado. «La magia me ha abierto muchas puertas —me confesó—. Me ha llevado a edificios más cómodos, me ha conseguido trabajos superiores e incluso comida cuando estaba en aislamiento».

El mejor modo de aprender magia es cara a cara, cuando puedes mostrar a los estudiantes los matices del *timing* y la desviación de la atención. Con Rafiel, me veo obligado a describir las técnicas con todo lujo de detalles, un ejercicio donde tengo que aprender a explicar en dos o tres páginas de descripción una técnica que se ejecuta en menos de un segundo. Es un examen minucioso del efecto mágico, y al enseñar a

Rafiel siempre aprendo algo nuevo. Suele ser un pequeño detalle, quizá la motivación para pasar un objeto de una mano a otra. Pero a veces es algo más importante. Enseñar a Rafiel en una *carta* qué es la desviación de la atención me obliga a destilar la esencia del concepto. Le animo a pensar sobre su público y su entorno cuando actúa. Por su parte, ha desarrollado presentaciones vistosas que hechizan a su particular audiencia, habitualmente hablando sobre trampas de juego y contando historias sobre la vida en el exterior.

Cada año dedicamos bastante tiempo a desarrollar el espectáculo de vacaciones de Rafiel. Cada diciembre, el alcaide de la cárcel en la que está recluido le permite montar un *show* para los guardias y los internos. Son los cuarenta y cinco minutos más importantes del año para Rafiel y dedicamos docenas de cartas a ajustar cada uno de sus detalles. Hablamos sobre el material, las transiciones y el guion, e incluso hacemos lluvias de ideas para encontrar formas de ensayar fuera de la vista de presos y funcionarios.

Le envío libros de magia cuando puedo, pero tengo que dosificarlos, ya que solo le permiten tener diez volúmenes al mismo tiempo. Cuando llegan, los registran cuidadosamente y entonces un guardia encargado del correo corta con un cúter las cubiertas de tapa dura, que podrían usarse para fabricar armas. Una vez Rafiel ha estudiado el contenido de un libro clásico de magia, le envío otro. Su hermano es médico en la costa oeste, y a veces me envía el encargo de comprar algo útil para Rafiel. También tiene un hijo adulto que le apoya y aprende magia a través de YouTube para enseñársela a su padre.

Como maestro de Rafiel me siento sobre todo impotente, incapaz de mitigar la realidad de su situación. En lugar de eso, le animé a contar su historia, describiendo los momentos más duros, pero también las ocasiones en las que ha conseguido hacerse con su público hostil y ha proporcionado alegría al que debe ser uno de los públicos más hambrientos de alegría del mundo. Publiqué su libro, *Diario de un mago en la cárcel* (*Diary of a Prison Magician*), en una tirada limitada para otros magos. Lo publicamos sin incluir el nombre de Rafiel, por miedo a represalias violentas por parte de los guardias de la cárcel.

Un amigo me preguntó cómo me sentiría respecto a enseñar a Rafiel si supiera, sin lugar a dudas, que era culpable de asesinato. No estoy en condiciones para determinar si hay que creer en su inocencia o no. Pero cuando le escribo, a él o a David, o a otras personas en la cárcel, no me comunico con un asesino o con alguien necesariamente violento. Escribo a un mago. No creo que esté en posición de juzgar: mi vínculo con ellos es la magia, que para algunos funciona como una suerte de redención. Puedo ayudar con la magia, lo demás depende de ellos.

Podría alegar razones altruistas para enseñar a Rafiel y a otros como él. Podrías decir que les ayudo como una forma de difundir el arte. Y enseñar a un estudiante agradecido como Rafiel es en sí mismo una recompensa, supongo. Pero esas no son las razones por las que respondo a las cartas y correos electrónicos de Rafiel.

Le ayudo porque es un mago y me ha pedido ayuda.

✦✦✦

40

¿QUÉ ES EL CASTILLO MÁGICO?

«ES ACEPTABLE QUITARSE LA CHAQUETA MIENTRAS SE PERMANECE SENTADO EN UNA SALA CONTEMPLANDO UN ESPECTÁCULO, EN EL COMEDOR, O PARA CUBRIR TEMPORALMENTE A OTRO INVITADO QUE SIENTA FRÍO. NO OBSTANTE, CAMINAR POR EL CLUB SIN CHAQUETA NO ESTÁ PERMITIDO».

—DE LA PÁGINA WEB DEL CASTILLO MÁGICO

✦✦✦

Los músicos jóvenes crecen soñando con tocar en el Carnegie Hall. Los aspirantes a pintor imaginan que su obra se expone en el Guggenheim. Si eres mago, tu objetivo es actuar algún día en el Castillo Mágico.

Ubicado en Hollywood y construido en 1908, el edifico había caído en desuso a principios de los sesenta, cuando la familia Larsen alquiló la propiedad con una idea insólita: querían abrir un club privado donde ofrecer espectáculos de magia. Los hermanos Bill y Milt Larsen, junto con Irene, la esposa de Bill, fundaron el Castillo Mágico en 1962. Hasta hace muy poco se podía ver en el Castillo Mágico a Milt, a sus noventa y dos años, casi todas las noches.[1]

El Castillo, tal como se lo conoce, tiene un aire de mansión encantada, con iluminación atmosférica sobre madera oscura y tonos color tierra. Las luces son tenues y cuenta por doquier con preciosas paredes y ventanales de cristal de colores (algunos de ellos, diseños originales de Louis Comfort Tiffany). Huele como un asador y *todo el mundo* se pierde en su primera visita, deambulando por los pasillos sinuosos que conectan una parte del club con la otra.

Hay unos pocos recintos en el mundo dedicados específicamente a la magia, pero el Castillo es el centro del universo mágico. Muchas

1. Mientras trabajábamos en la edición de este libro, recibimos la triste noticia del fallecimiento de Milt Larsen el 28 de mayo de 2023. (N. del E.)

carreras se han lanzado desde sus escenarios. El Castillo Mágico es a la magia lo que el CBGB era al punk y a la música *new wave* en los setenta, un lugar donde artistas osados pueden probar cualquier cosa sobre el escenario y ver qué funciona.

El legado más duradero del Castillo Mágico es la perfección de las condiciones: es, sin lugar a duda, el mejor lugar en el mundo para ver y presentar magia. Muchos han oído hablar del sitio, pero son relativamente pocos los que realmente lo han visitado. Es un club privado con una cuota onerosa. Lo suelo describir a mis amigos del medio oeste como un club de campo en el que, en lugar de jugar al golf, ves magia (no hay dudas respecto a qué club preferiría visitar). Hay en torno a cinco mil miembros, y una lista de espera para ingresar. Los profanos deben pagar una tarifa de ingreso de cinco mil dólares y una cuota anual de mil trescientos setenta y cinco dólares, pero la Academia de las Artes Mágicas, el organismo que gobierna el Castillo Mágico, permite que los magos se asocien por una tarifa más razonable.

El único modo de entrar en el edificio es ser miembro o conocer a uno. Los magos reciben seis pases para acompañantes por noche durante la semana en que actúan como cabezas de cartel, y estos pases son tan codiciados que la gente persigue a los magos cuyas actuaciones se anuncian en la web del Castillo para rogarles que les permitan acceder. La última vez que actué en el Castillo, recibí tres correos electrónicos de hombres a los que no conocía explicando que querían declararse a sus futuras esposas dentro del Castillo. La gente está dispuesta a hacer casi cualquier cosa por entrar. Como consecuencia, el Castillo dejó de anunciar con antelación los nombres de los magos que iban a actuar en sus escenarios: sencillamente, la gente se estaba poniendo demasiado intensa con lo de los pases.

Cuando entras en el Castillo Mágico, lo primero que te encuentras es el mostrador de recepción. Allí, un anfitrión tacha tu nombre en la lista y te pide que te identifiques. El club sirve alcohol en cinco bares, de modo que es necesario tener veintiún años o más. Emprendí un peregrinaje al Castillo Mágico cuando tenía diecisiete años. Por aquel entonces estaba haciendo una gira de conferencias para magos. En cada parada, preguntaba si alguien del público podía ayudarme a conseguir un documento de identidad falso para poder entrar en el Castillo. Compré uno en Tulsa, Oklahoma, y pasé cada segundo de mi semana en Los Ángeles dentro del Castillo Mágico, actuando en cada ocasión que surgía. Un amigo miembro me permitió entrar como invitado suyo, y el documento de identidad era lo bastante pasable como para no llamar la atención.

Cuando entras, el anfitrión lleva a cabo una inspección visual para asegurarse de que cumples las estrictas normas de etiqueta. Se exige a los hombres vestir trajes completos y hasta finales de los setenta se exigía a las mujeres llevar vestido. Ahora se aceptan varias formas de atuendo formal, pero nadie queda exento de los puntos más estrictos de las normas de etiqueta. El año pasado se negó la entrada a uno de mis invitados porque sus pantalones tenían bolsillos externos.

—Es un corte de vaqueros —explicó el anfitrión.

—Pero si son pantalones de Versace de cuatrocientos dólares —respondió mi amigo.

No impresionó al anfitrión. Tuvo que volver a casa a cambiarse.

Ni siquiera los famosos pueden entrar si no visten adecuadamente. Dejaron entrar a Johnny Depp, pero tuvo que cambiar su eterna pañoleta por una corbata prestada. Las normas de etiqueta constituyen un incordio legendario, pero cumplen un objetivo importante: no hay nada como el Castillo Mágico, por lo que no hay ningún modelo sobre cómo deberías comportarte en un club de magia privado. La tendencia natural es a hacerlo como harías en un club de comedia, pero eso no funcionaría. El Castillo no quiere que la gente entre borracha ni servir de local para despedidas de soltero. Cuando las parejas o los individuos exploran los numerosos pasillos y espacios ocultos, hay una atmósfera de reverencia y sofisticación. El público al que se exige vestir de gala aborda los espectáculos de magia como lo haría con una ópera o un concierto de música clásica. Cuando estás en el Castillo Mágico, es una experiencia totalmente inmersiva: la idea es que deberías prestar atención.

Suponiendo que estés adecuadamente vestido y tengas la edad necesaria, el anfitrión te pide que te aproximes a una estantería polvorienta, mires a un sujetalibros de cobre con forma de búho, y digas «Ábrete, Sésamo». Cuando lo haces, la estantería retrocede dentro de la pared y se descubre un pasadizo secreto. Entras dentro del club.

El Castillo Mágico tiene cinco escenarios distintos, desde la Galería de Magia de Cerca (treinta invitados dispuestos en forma de herradura, prácticamente tocando la icónica mesa de fieltro verde) hasta el Palacio, un teatro propiamente dicho con un aforo de ciento treinta. Cada escenario cuenta con un artista que actúa contratado por una semana. Y cuando somos cabezas de cartel, actuamos de forma ininterrumpida a lo largo de la noche. Los espectáculos son cortos, la mayoría de entre veinte y cuarenta y cinco minutos. Cuando actúo en la Galería de Magia de Cerca, hago veintiocho pases en una semana, de lunes a domingo. El secreto mejor guardado para aprovechar al máximo una visita al Castillo consiste en ir dos veces, la noche del domingo y la del lunes. Ahí es cuando cambia el cartel. Así consigues asistir a dos planteles totalmente distintos en dos veladas repletas de acción.

El Castillo Mágico es la pasión que ha durado toda la vida de su cofundador, Milt Larsen. Importó de Irlanda una de las barras y la volvió a montar en el sótano. Una de las torretas externas originales del edificio ahora se ha integrado en el comedor. El Castillo se ha ampliado docenas de veces a lo largo de los años, por lo que la distribución es laberíntica y parte característica del encanto del lugar. Hay puertas y escaleras secretas y, después de años actuando allí, todavía sigo descubriendo espacios ocultos. Los ojos de los viejos retratos te siguen cuando pasas junto a ellos. Cuando cierras la puerta de la antigua cabina telefónica, aparece un esqueleto a tu lado. Cuando los hombres hacen uso de los urinarios, se activa una grabación de risas enlatadas. Por lo que me han contado, quienes visitan el servicio de señoras no son objeto del mismo tipo de burla amable.

Una de las artistas más icónicas del Castillo en la actualidad murió hace tiempo. En un piano, justo a la salida del vestíbulo principal, Irma, la pianista fantasma invisible, recibe a los invitados. Le pides que toque *cualquier cosa*, ya sea *ragtime* o rap, y el piano parece tocar solo. También puedes hacerle preguntas.

—Irma, ¿cuál es tu canción favorita?

Toca «We're in the Money». Un amigo le preguntó quién iba a ganar las últimas elecciones presidenciales y ella tocó «Jimmy Crack Corn and I Don't Care». En la última década, Irma ha perdido algo de su capacidad para engañar, pero ni una pizca de su encanto. En la época de Shazam y Spotify, los ordenadores reconocen fácilmente las canciones por sus títulos o estribillos. Pero Irma ha estado tocando cada noche desde 1963... y los ordenadores no han tenido nada que ver con ello.

La mayoría de la gente acude para ver las actuaciones, pero creo que la mejor forma de experimentar el Castillo Mágico es simplemente perderse. Es fácil hacerlo. Hay tres plantas abiertas al público, y los escenarios están repartidos por distintas partes de la vasta mansión. Explora un poco y encontrarás salas con recuerdos mágicos dignos de un museo. O te tropezarás con una actuación impromptu. Los magos miembros a menudo traen a sus propios invitados y hacen espectáculos informales, pero cualquier persona puede arrimar una silla. Cuando estás alternando entre actuaciones, es probable que el tipo a tu lado se vuelva y te pida que cojas una carta. El lugar está abarrotado de magos.

Es fácil explicar la razón por la que el Castillo Mágico es tan admirado por el público: es el Castillo Mágico, una vieja mansión destartalada donde los mejores magos del mundo deslumbran en sesión continua. Pero para nosotros los magos, el Castillo es un lugar tanto para refinar nuestro oficio como para lucir nuestras habilidades. Cuando haces veintiocho espectáculos en una semana, no tienes más remedio que mejorar. Como los pases van uno detrás de otro, ofrece a los magos la ocasión única de probar sutilmente distintas frases y técnicas. Puedo empezar el primer espectáculo con un juego en particular, pero moverlo al tercer lugar en el segundo. El Castillo suministra vídeo de circuito cerrado, de modo que más tarde esa noche puedo comparar un espectáculo con otro, comprobar qué aspecto tiene una técnica, o valorar si hay que cambiar un chiste inmediatamente. Los humoristas «hacen la ronda» en Nueva York por la misma razón, pero esto no es exactamente lo mismo. Cada escenario tiene sus propias particularidades y su propio ambiente, por lo que hay una ventaja en repetir el mismo material una y otra vez en el mismo sitio cada cuarenta y cinco minutos.

Oculta en las profundidades del Castillo está la biblioteca, abierta únicamente para magos. Es una de las mayores colecciones de libros de magia del mundo. Si un mago necesita investigar sobre un juego o un tema ignoto, la biblioteca del Castillo es el sitio al que va.

Para actuar en el Castillo tienes que hacer una audición y que te contraten. Si un número tiene una acogida débil o un mago maltrata a un espectador, no se les pide que vuelvan. El Castillo tiene también una tradición de acoger nuevas ideas. Se trabaja en espectáculos a dúo o piezas de teatro de vanguardia en los escenarios más pequeños. En 2019 me invitaron a ser conferenciante residente y di un seminario de dos días sobre mi trabajo para los magos miembros. Era como un curso de la universidad, ocho horas al día. Los asistentes se sentaban en pupitres y tomaban apuntes, y cada uno traía una obra en proceso para presentarla ante el grupo.

El Castillo tiene su propio programa juvenil, un mercadillo e incluso una gala de premios (los Óscar para los magos). Como todo establecimiento con una larga historia, ha tenido sus altibajos. Durante años se ha criticado la comida, con razón, por ser cara y decepcionante. En una reorganización reciente se mejoró este aspecto y ahora es excelente (aunque sigue siendo más cara de lo que debería).

En los sesenta, Johnny Carson y Cary Grant eran miembros, y se podía ver por el Castillo a las figuras más famosas de Hollywood disfrutando un insólito respiro lejos de la mirada del público. Siempre ha estado prohibido sacar fotos en el club, lo que lo ha convertido en un refugio para famosos (y encuentros extramaritales). Los sesenta también fueron la era en la que los titanes de la magia tenían su corte en el Castillo Mágico. Dai Vernon, quizá el mago de cerca más grande del siglo XX, pasó allí las dos últimas décadas de su vida, y casi todas las noches se le podía encontrar en el mismo sillón fumándose un puro. Cualquier mago que anduviera por el club podía arrimar una silla y ver en qué estaba trabajando. Conocido como el Profesor, Dai Vernon sigue en el Castillo en espíritu: durante años se exhibía una urna con sus cenizas en uno de sus lugares favoritos para sesiones de improvisación (posteriormente se trasladaron a un área privada del Castillo). Una vez tuve un momento espiritual haciendo juegos de cartas bajo la caja que alberga los restos mortales del Profesor.

En octubre de 2011 hubo un incendio y el Castillo evitó la catástrofe por los pelos. Irónicamente, el fuego volvió a atraer la atención del país sobre el Castillo, y el club entró en una nueva fase de notoriedad. Neil Patrick Harris había sido nombrado presidente poco antes del incidente. Harris es mago y uno de los más conocidos divulgadores de la magia. Auspició un incremento en la asistencia sin precedentes y atrajo nuevamente la atención sobre el lugar. Bajo su mandato, el Castillo llenó el aforo numerosas noches cada semana, y las reservas, para quienes pueden conseguirlas, deben hacerse con meses de antelación.

El Castillo disfruta actualmente una inercia que sirve para mejorar la experiencia tanto del mago como de su público. El lugar produce una sensación de extrañeza: la magia funciona mejor allí que en cualquier otro lugar del planeta por razones tangibles y otras que no lo son. Algunos magos dicen que es por el alcohol: siempre hay una barra cerca en el Castillo Mágico. A consecuencia de ello, el público está relajado, cada vez más a medida que avanza la noche. Otros magos dicen que es por las dificultades para entrar, lo que probaría el viejo adagio según el cual, cuanto más escasean las entradas, mejor es el público. Quizá sea por la acústica perfecta y las condiciones lumínicas, o porque no se permite entrar a niños. Probablemente sea una mezcla de todo ello, con un toque adicional de leyenda para terminar de completarlo. Se deba a lo que se deba su encanto, el Castillo Mágico es la encarnación de todo lo que forma parte indispensable de la experiencia de la magia. Espero que algún día encuentres una forma de entrar.

✦✦✦

41

¿QUIÉNES SON TUS MAGOS FAVORITOS?

(PARTE 3)

«LOS GRANDES MAGOS PUEDEN VER A TRAVÉS DE LA REALIDAD UN UNIVERSO FANTÁSTICO. Y LUEGO CONVERTIR LO IMAGINARIO EN REAL».

—BENJAMIN PEARCE, MATEMÁTICO

ROB ZABRECKY
(1968)

Si pudiera contratar a cualquier mago del mundo para actuar para mi familia y amigos, sería Rob Zabrecky. Y eso es lo que hice para una reunión familiar reciente.

Rob arrasó.

No es ninguna sorpresa que sea tan respetado en el gremio. Lo que podría ser sorprendente, no obstante, es el hecho de que siga vivo. En los noventa estaba en camino de convertirse en una estrella del *rock*. Possum Dixon era una banda reconocida a punto de alcanzar el éxito y el cantante era Rob. Pero junto con el contrato discográfico llegó el estilo de vida *rockero* y Rob se enganchó a la heroína.

Se desenganchó después de unos años, pero cuando quedó limpio, había perdido el entusiasmo por la música. La magia ocupó ese lugar y Rob encauzó su energía creativa en un personaje escénico deliciosamente taciturno. Inmune al entusiasmo e ignorante de su propio humor, Rob usa la magia como vehículo con el que mostrarse peculiar sobre el escenario. A decir verdad, su magia no es particularmente memorable, pero la forma en que la presenta es inolvidable.

Poco después de comenzar su número, Rob hace un anuncio:

—Esta noche es una ocasión muy especial. Es el noventa y tres cumpleaños de mi abuelo y se encuentra entre nosotros para esta representación. Por ello les ruego que unan sus manos mientras acompaño a mi abuelo, el bendito Reverendo Doctor Ivan Zabrecky.

Rob sale tranquilamente a un lado del escenario y regresa, con lentitud, sosteniendo una urna. La abre y echa un vistazo a las cenizas.

—Feliz cumpleaños —dice.

Después pone un gorrito cónico de cumpleaños sobre la urna, lanza un puñado de confeti al aire y sigue con otra cosa.

Lo de Rob es teatro surrealista, pura vanguardia en todo momento y del todo sorprendente. Verle trabajar es observar cómo el género de la magia se retuerce ante tus propios ojos, como hacía Andy Kaufman con el humor. Su ritmo es su rasgo más característico. A menudo, las risas más intensas se deben a la *ausencia* de palabras. Las provoca una parsimoniosa mirada desde el público hasta un desventurado espectador o una pausa incómoda tras una frase críptica.

No encontrarás a Rob Zabrecky en un escenario de Las Vegas o en *America's Got Talent*. Tienes que buscar en recintos más pequeños, donde se ofrecen números de *burlesque* y merodean los bichos raros. Es un universo paralelo, un lugar para los chistes sin clímax y donde la magia es siniestra y también pasada de rosca. En el mundo alternativo de Rob, cada noche es el cumpleaños de su abuelo muerto.

DAVID WILLIAMSON
(1961)

Me encanta el momento de *La princesa prometida* en que Íñigo Montoya, un gran espadachín, está enfrascado en un intenso duelo con el Hombre de Negro, otro gran espadachín.

—Lo reconozco. Eres mejor que yo —dice Íñigo.

—Entonces, ¿por qué sonríes? —responde el Hombre de Negro.

—Porque sé algo que tú no sabes.

—¿El qué?

Íñigo Montoya sonríe y lanza su espada de la mano izquierda a la derecha.

—No soy zurdo.

David Williamson tampoco es zurdo, pero su impactante revelación está a la altura de la de Íñigo Montoya. Si ves a David, un nativo de

Ohio como yo, en los teatros enormes en los que ahora actúa, te reirás con sus andanzas hasta que te duela el costado. Mide casi dos metros, así que parece un gigante junto a los niños a los que habitualmente invita a subir al escenario y a los que luego organiza para que se enfrenten hilarantemente los unos a los otros. No me importaría pasar el día entero viéndolo, todos los días.

El material de David es indiscutiblemente alocado: saca monedas del pelo de la gente, hace que un mapache disecado atrape una carta en el aire e intercambia la ropa interior de dos personas. Pero si te sientas a una mesa con David después de su espectáculo, ahí es cuando *realmente* se te cae la mandíbula al suelo.

Tiene unas manos enormes, del tamaño de las de un gorila, en las que las cartas y monedas que sostiene parecen enanas. Y sin embargo, cuando David manipula tales objetos, sus manos *bailan*. He procurado dosificar los superlativos en estas páginas, pero David Williamson es el mejor manipulador que conozco. Hay especialistas jóvenes que ejecutan material más difícil, pero desarrollan técnicas que nadie se atrevería a usar en un espectáculo bajo escrutinio implacable del público. Las técnicas de David son básicas, de la vieja escuela. Oirás a muchos golfistas elevar a Ben Hogan a los altares por su bello *swing* de golf. Pero no puedes cuantificar la belleza del *swing* de alguien igual que puedes hacerlo con su puntuación. Me refiero a «El Toque». Y muy, muy, muy pocos magos lo tienen.

David lo tiene.

¿Qué quiere decir realmente «El Toque»? Cuando David ejecuta las técnicas clásicas, simplemente tienen mejor aspecto. Es su ritmo, su fluidez, la presión de las manos, la coordinación de sus hombros, pies y manos. No es solo que no puedas ver las técnicas, es que ni siquiera sabrás cuándo mirar.

Fui a la Universidad Estatal de Ohio, a una hora de distancia en coche de Yellow Springs, Ohio, donde viven David y su familia en una escuela de doscientos años de antigüedad reformada como vivienda. Solíamos reunirnos a menudo en el restaurante de una explotación láctea en Yellow Springs, donde servían sopa y bocadillos. Y allí me sentaba a la mesa frente a, sin duda alguna, el mago con el mayor dominio de la técnica que he visto jamás. Compartía algunas técnicas conmigo, pero también me ponía los dientes largos con otras que no me iba a explicar... hasta la próxima vez. A menudo, durante aquellos encuentros, me paraba para pellizcarme, pensando en la suerte que tenía de estar en el mostrador de aquel restaurante, mientras toda la gente a nuestro alrededor ignoraba por completo el virtuosismo de aquel tipo tan alto entre ellos. Ocurre lo mismo con los miles que ven su espectáculo, llorando de risa, en varias de las líneas de crucero para las que trabaja. Nunca sabrán del genio oculto de David. Se supone que no deben saberlo.

Pero yo lo sé.

TOMMY WONDER
(1953-2006)

Si tuviera que hacer una lista con mis cinco magos de cerca favoritos, Tommy Wonder estaría en ella. Si me preguntaras por mis magos de escena predilectos, el nombre de Tommy Wonder estaría en la lista. Si me pidieras mi opinión sobre el mejor libro de magia jamás escrito, serían los dos volúmenes de *El libro de las maravillas* de Tommy Wonder (y su coautor Stephen Minch). Si me preguntaras por mi juego de magia de salón favorito, habría un empate entre «El anillo, el reloj y la cartera» y «Los cubiletes y las bolas», ambos de Tommy Wonder.[1]

Mis elecciones son producto de mi historia. Alguien de la generación de mis padres haría una lista de las canciones que fueron grandes *hits* en su época. Todo lo que ocurre cuando tienes quince años te marca a fuego. La magia, como la música, marcan tu vida. Tommy Wonder fue la magia de mi juventud.

Cuando tenía quince años, *El libro de las maravillas* apareció en la última noche de Janucá. La mayoría de obras especializadas que había leído hasta entonces eran libros de recetas: pon tu meñique aquí, gira veinte grados a la izquierda, escamotea la moneda usando tu método favorito.

1. Hay edición en castellano: Tommy Wonder y Stephen Minch: *El libro de las maravillas*. 2 vols. Páginas. Madrid. 2002. «El anillo, el reloj y la cartera» se explica en el Vol. 1, capítulo 5 («Encuentros en grupo»), y su soberbia versión de «Los cubiletes y la bolas», en el Vol. 2, capítulo 2 («Acetabula et calculi»). (N. del T.)

Suministraban el guion o «charla» que debías recitar mientras actuabas. Pero yo rara vez sentía conexión alguna con el autor.

Tommy Wonder salió de las páginas de sus libros y me arrancó de un duro primer curso en el instituto. Supuso una huida temporal durante una época incómoda. Sus artículos eran personales, rebosantes de humildad respecto a sus peores ideas y actuaciones. También estaban repletos de explicaciones ingeniosas sobre cómo había diseñado sus juegos y ensayos, sobre las razones por las que los había creado. Para mí, Tommy fue un maestro.

Cuando tenía diecinueve años, actuamos en un mismo evento en Argentina. Era mi primera vez trabajando fuera de los Estados Unidos, y Tommy era el cabeza de cartel. Comenzó con «El anillo, el reloj y la cartera».

El juego va así: Tommy entra en escena y anuncia, de forma impactante, que justo antes de actuar le han atracado. Recordando el suceso, explica que el ladrón le exigió su anillo, su reloj y todo su dinero. Mientras lo cuenta, Tommy se quita un gran anillo con sello, visible incluso desde el fondo del teatro y lo introduce en un sobre. Hace lo mismo con su reloj de pulsera y a continuación saca un fajo de billetes de su cartera.

—Entonces el ladrón hizo algo bastante astuto —explica Tommy, como si fuera una conversación informal—. Tenía un sobre con su nombre y dirección, incluso con sello. En caso de que la policía le abordase, guardaba todo dentro del sobre para poder echarlo en un buzón—. En este punto, Tommy ya ha metido claramente todos los objetos dentro del sobre—. Pero se llevó una pequeña decepción, porque soy mago...

Tommy rasga el sobre y los pedazos rotos revolotean hasta el suelo como confeti: los objetos han desaparecido. Un juego impresionante, y nadie ve venir el final.

—¡Porque todavía tenía mi anillo, mi reloj y todo mi dinero!

Sin un solo movimiento sospechoso, Tommy muestra el anillo *de nuevo* en su dedo, el reloj *otra vez* en su muñeca, y su cartera llena con todo su dinero. Y eso era simplemente el primer juego.

El efecto funciona muy bien por una variedad de razones: hay una historia interesante que atrapa tu atención, una premisa insólita pero dramática y un final que nadie espera. Todos los elementos están en armonía, se ha pensado cada detalle. No puedo explicarte cómo se hace

«El anillo, el reloj y la cartera», pero ojalá pudiera. El método parece salido directamente del laboratorio de Q en una película de James Bond. Bajo la superficie, hay ejes y poleas. Nada es lo que parece. Estudié las complejas ilustraciones de *El libro de las maravillas* y leí las casi treinta páginas dedicadas a este juego... y todo había durado noventa segundos en aquel escenario argentino. Noventa segundos de puro asombro.

Los magos tienden a crear y publicar variaciones sobre juegos que les resultan interesantes. He publicado docenas de versiones de obras de otras personas y otros magos han publicado sus variaciones sobre mis rutinas. Cuesta digerir que alguien «mejore» mi trabajo. Casi nunca ves a nadie publicar una versión mejorada de un juego de Tommy Wonder. Es difícil encontrar puntos débiles en su magia.

No sé cómo va en los grandes festivales musicales como Lollapalooza o Bonnaroo, pero los grandes cabezas de cartel en los festivales de magia no suelen asistir a los espectáculos o conferencias de los novatos. Pasé por esa experiencia en aquellos primeros años, actuando en los tiempos muertos en FLASOMA (Federación Latinoamericana de Sociedades Mágicas), un festival internacional de magia. Pero cuando empecé mi espectáculo, vi a Tommy Wonder cerca de la primera fila, mirándome *a mí*. Me quedé atónito.

Tras la actuación, me buscó y me dedicó algunas palabras de aliento sobre mi trabajo (claramente no había suscrito el voto de Jerry Andrus de decir siempre la verdad). Aun así, sus palabras fueron decisivas. Un poco de oportuno aliento por parte de la persona adecuada reconforta el alma. La magia es más solitaria de lo que mucha gente percibe. En una vida dedicada a la magia estás rodeado de personas, pero aislado por los secretos que guardas. Tommy fue un amigo en aquel instante, una voz de apoyo. También tenía una sugerencia para mí. Pensaba que hacer aparecer una cucharilla en un momento concreto encajaría temáticamente en la rutina que estaba presentando con una taza de café. Le di las gracias, tomé nota y me prometí pensar al respecto más adelante.

Al día siguiente, Tommy me encontró en un pasillo y sacó de su bolsillo un artefacto de alambre retorcido.

—He hecho esto para ti —dijo—. Es para la aparición de la cucharilla. Va por debajo de la chaqueta.

En su habitación de hotel, supongo, había fabricado un accesorio delicado y hermoso. El padre de Tommy era relojero, y Tommy había heredado su destreza apabullante. Nunca sabré de dónde sacó los materiales y el soldador, pero el artefacto estaba *hecho a medida* para mí. Por mi héroe mágico de la infancia.

Tommy murió de cáncer de pulmón en 2006. Me escribió un correo electrónico cuando estaba enfermo y mencionó que había fumado desde que tenía trece años. Hace tiempo que he dejado de presentar la rutina con la taza de café, junto con la aparición de la cucharilla que Tommy sugirió. Pero he conservado el pequeño artilugio que fabricó para mí... porque Tommy Wonder *lo hizo* para mí. Ahora está doblado hacia arriba, como consecuencia de estar prendido una y otra vez, durante años, en el interior de mis chaquetas de escena, y de más años siendo desplazado de un estante a otro. No se parece a ningún objeto común y algunos invitados curiosos lo han tomado por una escultura abstracta.

—¿Qué es esto? —preguntó alguien, examinándolo desde distintos ángulos.

—Eso —le dije—, es la magia de mi juventud.

✦✦✦

42

PERO ¿TIENES UN MAGO *MÁS* FAVORITO?

«LOS TRES ELEMENTOS INDISPENSABLES DEL GENIO SON: COMPRENSIÓN, SENTIMIENTO Y PERSEVERANCIA. LOS TRES ELEMENTOS QUE ENRIQUECEN EL GENIO SON: PAZ MENTAL, VALORAR LOS BUENOS PENSAMIENTOS Y EJERCITAR LA MEMORIA».

—ROBERT SOUTHEY, POETA

Si pudiera chasquear los dedos y ver actuar a cualquier mago del mundo, me transportaría junto a Juan Tamariz.

Hay una palabra de origen árabe, *baraka*, sin traducción exacta al español, pero relacionada con la energía espiritual de una persona. Se aplica a alguien cuya mera presencia te afecta, te altera y te reconfigura. No entendí la palabra la primera vez que la escuché.

Pero ahora lo pillo.

Ver a Juan en vivo es como una revelación laica. Si buscas vídeos suyos en internet, te impresionará, pero no podrás comprender del todo lo original, divertido, inteligente y asombroso que es su material. No obstante, si te mantienes receptivo cuando ves a Juan en vivo, sentirás *baraka*. Es extraordinario y deslumbrante en grado sumo. Nada de lo que he visto jamás se acerca a la experiencia de verle hacer magia de cerca.

Juan viene de España, donde es adorado y conocido por todos. Allá los magos le llaman Maestro, un apelativo que indica reverencia y que normalmente se reserva a los músicos. Pero, en el caso de Juan, el título viene a cuento. A menudo habla de música, sobre todo música clásica y flamenco, y ha escrito sobre los paralelismos entre los movimientos y el ritmo en la música y en la magia.

Una de las señas de identidad de Juan es que, después de cada una de sus piezas (sus juegos a menudo rebasan los diez minutos de duración) finge tocar el violín, cantando a gritos el primer compás de *Carmen*. *¡Tiararáááááá... tiarararáááá!* Sus fans lo esperan y se vuelven locos cuando lo hace. Como ocurre con todo cuanto hace Juan, parece inocente, incluso tontorrón. Pero Juan va ocho pasos por delante, siempre. El violín imaginario indica que la pieza ha terminado. Es un pie para el aplauso, un mensaje para hacer saber al público que algo ha concluido y otra cosa está a punto de empezar. El humorista Rodney Dangerfield hacía algo parecido con la frase «No me respetan». Otro humorista, George Burns, daba una calada a su puro. Juan hace como si tocara el violín.

Juan es bajo, tiene los dientes torcidos y la ropa que viste no se ajustan a modas ni parecen ser de su talla. Tiene ochenta años, pero ha estado parcialmente calvo desde joven, con una coleta gris rebelde que cae por debajo de una chistera colorida. Su voz es estridente como arañar una pizarra y, como suele gritar cuando actúa, casi siempre está medio ronco, como un fan del deporte al final de un partido muy reñido.

Pero dale a Juan una baraja mezclada (así empiezan casi todas sus actuaciones, con una baraja mezclada por el público) y verás cómo te mete en el bolsillo. El mejor modo de ver a Juan no es en un escenario enorme, aunque sigue agotando las entradas en grandes teatros de su España natal. La única forma de experimentar a Juan en su versión más pura es tener la suerte de verlo de cerca, con una docena de personas rodeándole.

Cuando le devuelven la baraja mezclada, el juego comienza de forma bastante inocente. Juan empieza con un nivel bajo de energía y parece indeciso respecto a qué hacer exactamente. Pero ya lo he visto suficientes veces como para dejarme engañar. Está poniendo los cimientos. En escasos minutos, estará dando saltos y gritos y golpes en la mesa. Está dibujando una marca relativamente baja al principio para poder después salirse de toda medida.

Una diferencia digna de mención entre los efectos con cartas habituales y uno de Juan Tamariz radica en que la mayoría de magos te piden que cojas una carta, mientras que Juan a menudo te pide que *pienses* una. La diferencia es sutil para un *muggle*, pero los magos comprenden la dificultad de añadir esta condición. Se puede influir en la elección de una carta *que se coge*. Puedes usar cartas marcadas, o técnicas secretas para saber con antelación qué carta se va a elegir, o dónde va a ir a parar. Pero cuando pides a alguien que simplemente *piense* en una carta, ya no estás haciendo simplemente trucos con cartas. Estás leyendo el pensamiento.

El verano pasado, Juan me pidió que mezclase mi propia baraja y que pensara en una carta. Después dibujó una línea en el suelo con su pie. En su inglés macarrónico me dijo:

—No cruzo esta línea.

Estábamos a metro y medio de distancia el uno del otro. Dispuso a los demás espectadores en mi lado de la línea y en semicírculo a mi alrededor.

—¿Cuál era tu carta? —me preguntó.

—El Cinco de Picas.

Me pidió que cogiera un paquetito de cartas de mi baraja y que la examinara. No estaba el Cinco de Picas. Me dijo que cogiera otro paquetito y que lo mirase. De nuevo, no estaba el Cinco de Picas. Entonces examiné el paquete restante. No estaba el Cinco de Picas.

—¿No está ahí? —preguntó Juan—. ¡Comprueba otra vez!

Minutos antes, Juan parecía tranquilo, incluso apagado, pero ahora estaba concentrado. Se le veía más erguido y actuaba con autoridad.

—¡La que piensas está desaparecida! —gritó, con los errores gramaticales en inglés y todo, mientras reía y esperaba el aplauso.

Entonces, una pausa. Una larga pausa. Lo bastante larga como para que yo valorase lo sencillamente imposible que era lo que ya había hecho. Y, sin embargo, sabía que aún no había terminado. No tenía otra opción que rendirme a su magia.

Se le veía tan desconcertado como al resto de nosotros. Entonces algo pareció llamar su atención en mitad del aire. No dijo nada, pero extendió su mano hacia el espacio vacío y fingió sacar lo que yo suponía que era una carta imaginaria. Entonces se golpeó el pecho con la carta. Lentamente, introdujo dos dedos en el bolsillo de su camisa y sacó una carta. El diseño del dorso se correspondía con el de mi baraja. Volteó la carta. El Cinco de Picas. *¡Tiararáááá... tiararáááááá!*

Jamás cruzó la línea para acercarse a mí o a mis cartas. No podía saber qué carta iba a pensar... *casi* pensé en el Siete de Corazones. El diseño del dorso de la baraja que yo tenía aquel día era poco frecuente, así que no podía tener una baraja igual.

¿Cómo lo hizo? No tengo ni puta idea.

Una vez me contrataron para actuar ante uno de los individuos más ricos de Estados Unidos, un financiero y coleccionista de arte cuyo patrimonio supera los mil millones de dólares. Tras actuar para sus invitados, me pidió que me sentara con él y algunos amigos contemplando una vista panorámica de Nueva York. Me ofreció una copa de vino que sorbí mientras me hacía algunas de las preguntas que he intentado responder en estas páginas. «¿Cómo creas magia?», «¿Los magos suscriben pólizas de seguros para sus manos?», «¿Haces trampas a las cartas?». Recuerdo que el vino era muy bueno, pero la vista, esa era espectacular.

Más tarde, con un deje de reprobación, uno de los ayudantes del hombre me señaló que había estaba bebiendo un *Romanée-Conti* de 1990, considerado por muchos como el mejor (y más caro) vino del mundo. Hay botellas que se han vendido por precios más altos, pero esas son de las que se *coleccionan*. El *Romanée-Conti* de 1990 es un vino que la gente compra para beber. Y como cada botella cuesta veinte mil dólares, muchas personas que dedican su vida a saborear vinos, jamás podrán probar una gota.

Me percataba de que el vino era bueno, pero era incapaz de apreciar que era *el mejor*. No sabía lo suficiente sobre vinos para apreciar su intensidad, su plenitud, su pureza. Se han escrito libros sobre ese vino.

He mostrado la magia de Juan Tamariz a un puñado de amigos. Algunos lo pillan, y otros simplemente sorben el vino. Todo el mundo adora al tipo, pero creo que es necesaria una comprensión profunda y completa de la magia para apreciar lo realmente brillante que es. Es decir, lo que *nosotros* le damos a Juan Tamariz es tan importante como lo que él nos da.

No soy imparcial, por supuesto. He tenido el gran placer de compartir escenario con él y he estudiado con él en su casa periódicamente. No me es ajeno el impacto de esta oportunidad. Si yo fuera un artista visual, no sería realista pensar que pudiera compartir *jamás* un estudio con Jeff Koons en su casa de verano, o inaugurar una exposición con Damien Hirst, o echar un telefonazo a Banksy para pedirle su opinión sobre una nueva obra. En magia, podemos conocer a nuestros héroes, a menudo de forma significativa. Juan es nuestro Picasso, talentoso desde joven y mundialmente famoso en vida.

Juan siempre está en movimiento. Allá donde va atrae discípulos magos. En los meses más fríos suele estar en su casa, en Madrid, pero también pasa un mes al año en Argentina. En los abrasadores veranos españoles, se retira a un amplio complejo en San Fernando, en la costa andaluza.

Fue allí donde Juan me invitó a estar con él «unos pocos días». Había visto mi efecto original «Hitchcock» y creo que quería hablar de él. Es lo que me parece. Sea como fuere, la invitación me cambió la vida para siempre.

Llegué a casa de Juan bien entrada la tarde. Una vez me abrieron a través del portero automático, vi a Juan sentado en una mesa para uno en su patio delantero, sorbiendo té bajo un limonero, escribiendo en una libreta. Me saludó, pero fue breve. La tarde es la hora en la que Juan trabaja solo y rara vez permite que nada interfiera en su rutina.

El patio estaba lleno de limoneros y de hierbas fragantes. A Juan le encanta cocinar y comer buena comida. Mencionó los jazmines, que estaban por todas partes.

—Me gusta el olor cuando ensayo —dijo.

Mi dormitorio estaba desprovisto de cualquier forma de decoración exceptuando una pequeña postal de un cuadro de Picasso (¿quién si no?): *El viejo guitarrista ciego*. Representa a un hombre inexpresivo que mira hacia abajo, concentrado, mientras toca el instrumento. Las persianas de la habitación, como en *todas*, eran pesadas y gruesas, de las que cierran totalmente el paso a la luz. Eran el primer indicio del horario invertido que seguiríamos en compañía del Maestro Tamariz.

Juan se levanta a última hora de la tarde o a primera de la noche. Suele pasar solo las primeras horas, tomando notas sobre el trabajo de la noche anterior, o quizá sobre la magia que ha imaginado en sueños.

Empieza su jornada sentado a una mesa en la que únicamente hay espacio para una taza de té, una baraja y un cuaderno. Escribe constantemente en cuadernos, de forma febril si le atrapa la inspiración, pero más frecuentemente con un ritmo contemplativo, haciendo pausas mientras observa los olivos meciéndose al viento. Aunque a menudo me crucé con Juan por el pasillo en esas primeras horas, no recibí más que un saludo con la cabeza. Es su tiempo para estar solo. Está creando magia.

Cuando comienza a anochecer, Juan abandona su mesa unipersonal y pasa al patio. Está cubierto de tela mosquitera, lo cual resulta conveniente dado que nos reunimos allí en el crepúsculo, cuando merodean los bichos. En cuanto se sienta, la casa cobra vida. Empiezan a cocinar, se oye el ruido de las cacerolas que manipulan quienes trabajan para él y los invitados pueden sentarse a la mesa con Juan.

Hace algunos años yo era uno entre una docena de invitados en aquella mesa, todos alojados en los numerosos dormitorios individuales de su enorme casa. En otras ocasiones inolvidables he sido el único invitado a la mesa. Solos el Maestro y yo.

Nos sentamos e improvisamos, como hacen los grupos de música en el estudio. Algunas noches Juan está totalmente metido en faena, ávido por compartir una obra en proceso y desmontar cada una de sus piezas, solo para volver a recomponerlas de otro modo. Un invitado puede sugerir una técnica distinta a la que está empleando en algún punto del juego o una frase para la charla. Pero yo me ando con cuidado en estos casos: sé cuál es mi sitio. Todos lo sabemos. Ardemos en deseos de poder decir, aunque solo sea en nuestro fuero interno, que hemos «ayudado» a Juan con un juego. Pero nadie quiere soltar alguna idea estúpida en presencia de tal gigante.

En otras ocasiones, Juan apenas toca las cartas. En esas noches, puede que sea yo quien comparte una obra en proceso mientras el resto del grupo comenta lo que les gusta y lo que no. Tomo buena nota para mis efectos. Juan nunca es el que más habla en la mesa, lo cual es raro considerando su predicamento. Nunca, ni una sola vez en mi presencia, ha declarado que tal o cual regla o idea es genial, ni siquiera correcta. Su humildad es su rasgo más sorprendente y entrañable.

Una noche yo tenía un dilema con un juego nuevo. Había dos opciones: revelar una carta elegida mediante una predicción escrita o mirar a los ojos de la persona para la que estaba actuando (otra maga) y anunciar la carta. Una predicción resulta más fuerte. ¿Cómo podía saber con antelación qué carta iba a escoger ella? Pero decirle a alguien el nombre de la carta elegida resulta teatralmente más potente. Puede que a ti te parezcan detalles menores, pero este tipo de cuestiones son objetos de debates que duran horas en el patio de Juan.

Cuando finalmente le tocó hablar, Juan me dijo que mirara a los ojos de la espectadora y revelara la carta en ese momento. Cuando tiene opción, Juan siempre apunta al corazón en lugar de a la cabeza:

—No puedes borrar la emoción.

Sus palabras despejaron mi confusión y mi juego quedó listo para salir al mundo. *Baraka*.

Hay otra cosa de la que solo son conscientes los amigos de Juan. Su inglés es *mucho* mejor de lo que deja ver. En sus espectáculos en inglés, sus frases abundan en errores gramaticales, y a menudo pide a los espectadores que le ayuden con palabras que él no recuerda:

—¿Cómo se dice *poner* las cartas sobre la mesa?

Alguien le sugerirá la palabra:

—¿Te refieres a *repartir*?

—¡Sí! *Reparte* las cartas.

Pero, durante esa breve conversación, te ha colado la técnica secreta. Sus palabras son a menudo su herramienta más potente para desviar la atención.

Sin embargo, bajo la luna andaluza, su inglés, aunque imperfecto, es más que suficiente para fascinar e inspirar a sus numerosos invitados. Es un lector voraz, y no solo de magia. Le encanta citar a los gigantes de la literatura y el arte: Cervantes, Shakespeare, Borges, Dalí, Velázquez. Y, sobre todo, Picasso.

—La inspiración existe —dice Juan, parafraseando a Picasso—, pero te tiene que encontrar trabajando.

El trabajo continúa hasta altas horas de la madrugada. Hay una pausa para comer a medianoche. A veces, dependiendo de las dimensiones de la reunión, caminamos hasta la ciudad, donde los propietarios de los restaurantes reservan una mesa de primera para Juan y sus invitados. Juan señala el pescado que quiere y nosotros elegimos después. Cuando acaba la cena, volvemos al trabajo, haciendo juegos y discutiendo sobre la teoría de la magia hasta que, literalmente, no podemos más. Durante las últimas horas de cada sesión, la luz del amanecer baña las cartas y las tazas de té.

Me he dado cuenta de que mi mente cede antes que mi cuerpo. En algún momento después de las siete u ocho de la mañana, sencillamente tengo que *apartarme* de esa mesa, para que mis músculos y mi mente se puedan descomprimir. Juan es siempre el último en marcharse. Cuando por fin todo el mundo se ha ido, vuelve a una de sus mesas para uno y llena más páginas de sus cuadernos con los frutos de la cosecha de esa velada. Una vez, cuando conseguí permanecer despierto toda la noche, le saqué una foto, con su silueta dibujada a contraluz sobre el sol naciente, garabateando en su cuaderno. Es mi favorita de entre sus imágenes, pero no puedo compartirla aquí, ya que Juan solo tiene una regla en San Fernando. Por razones de privacidad, no permite que se tomen fotos o vídeos dentro de su casa.

Puede que Juan tome alguna cosa antes de marcharse a la cama, y entonces la casa queda silenciosa, sumida en el sueño, desde las ocho de la mañana hasta las cinco de la tarde. Solo después de mi primera noche en San Fernando comprendí la importancia de aquellas persianas tan gruesas. Cuando te acuestas mientras el resto del mundo se levanta, necesitas imperiosamente la oscuridad.

El último día de mi última visita a San Fernando, pasé la noche en vela con Juan hasta que tuve que marcharme al aeropuerto. Al parecer, ya no nos quedaba más material sobre el que trabajar en aquel momento. Le hice una pregunta difícil:

—¿En qué consiste la labor del mago?

Hablamos de ello durante un rato y sus conclusiones sobre la cuestión fueron tomando forma.

—En ser fascinante y hacer lo imposible.

Dio un sorbo a su té y me dijo que le había llevado toda una vida aprender a hacer lo imposible. Pero que era la otra parte, la de ser fascinante, la que lo mantenía despierto todas las noches.

43

¿ASEGURAN LOS MAGOS SUS MANOS?

«NO SOY LO QUE SOY.
SOY LO QUE HAGO CON MIS MANOS».

—LOUISE BOURGEOIS, ESCULTORA, PINTORA

✦✦✦

El verano de 2009 estaba en Ohio visitando a mis padres, que viven junto a un lago. Mientras hacía *tubing* enganchado a nuestra lancha, choqué con una boya metálica a noventa kilómetros por hora. No recuerdo sentir dolor de forma inmediata ni el impacto del golpe. Intenté respirar, tragué agua y perdí el conocimiento.

Cuando lo recobré y me subieron a la lancha, miré mi brazo, horrorizado. Todo mi antebrazo izquierdo se había deformado como una «S» invertida, como si el miembro entero fuera de goma. De camino al hospital, cancelé con reticencia un espectáculo que tenía en Las Vegas dos días después.

En el primer hospital propusieron cirugía correctiva inmediata, lo que no pudo hacerse. Entonces me llevaron al de Cleveland. Si un accidente como este puede tener *algún* lado bueno es el hecho de que tuviera lugar a menos de una hora de uno de los hospitales más prestigiosos del mundo. Toda la gente que conoce mi caso me ha dicho que, si me hubiera ocurrido en cualquier otro sitio, es probable que a fecha de hoy no pudiera usar mi mano izquierda. El *timing* lo es todo, incluso fuera del escenario.

También sufrí heridas en la cadera, en las costillas y en el codo, además de romperme dos huesos del brazo izquierdo por dos sitios. Pero mi muñeca se llevó la peor parte. De los ocho huesos que forman parte de ella, seis se hicieron pedazos. Lo peor de todo, el nervio cubital quedó dañado. Perdí la sensibilidad en las puntas de dos dedos. El primer cirujano que vio radiografías de mi mano las alzó contra la luz y sacudió la cabeza.

—Mira —explicó—, has sufrido daños muy serios.

—¿Podré volver a usar la mano? —pregunté, directo al grano.

—Ni siquiera estoy seguro de que puedas usar el brazo.

Mi madre, sentada junto a mí, lloró. Yo tenía puesto un gotero de morfina y no sentía nada en absoluto; es como si todo aquello le estuviera ocurriendo a otra persona y yo solo estuviera mirando. Al parecer, es una experiencia común entre las personas que han sufrido accidentes traumáticos. El plan del cirujano era reemplazar mi muñeca por junturas de titanio y unirlas a mi brazo. No tendría movilidad, y solo podría usar el pulgar, el índice y el corazón. Quedaría discapacitado, me dijo, pero «aún podría conducir un coche».

El segundo cirujano con el que hablé, el Dr. Peter Evans, tenía una perspectiva más optimista. No prometió nada, pero preguntó si éramos receptivos a un plan flexible. Quería abrirme el brazo y tomar varias decisiones sobre la marcha. Me quedé con el Dr. Evans.

La operación duró cuatro horas. Implantó una placa, dos clavos y cuatro tornillos en mi muñeca. Cinco días después, me habían quitado la escayola y estaba en rehabilitación. Me pregunté, por un momento, si un seguro hubiera cubierto la operación. Probablemente no.

Pasé la mitad de 2009 metido en la cama, recuperándome del accidente. El Dr. Evans me pidió que dedicara al menos tres horas al día para estirar, mover y ejercitar los músculos de la mano izquierda. Así que pasé casi *cada* hora de vigilia ejercitando los músculos de mi mano. Estaba *impaciente* por recuperar mi mano para poder empezar a actuar de nuevo. Los médicos quedaron asombrados por la regeneración de fuerza y tejido muscular. Pero no fue un milagro. Mi secreto fue un intenso régimen de cartas y monedas.

Seis meses después, empecé a actuar de nuevo. Mi rango de movimientos había quedado seriamente limitado. Todavía llevaba el brazo en cabestrillo cuando no estaba en el escenario. Aunque en muchos sentidos fue una época oscura de mi carrera, cuando vuelvo la vista me doy cuenta de que también fue un momento transformador. Ya no era capaz de ejecutar las técnicas difíciles que hacía antes del incidente. De modo que mi enfoque debía cambiar. Tenía que basarme en el ingenio y la narrativa más que en la técnica. Fue durante este periodo cuando desarrollé algunas de las piezas de las que me siento más orgulloso.

Afortunadamente recobré por completo el uso de la mano y el ochenta por ciento de la movilidad de la muñeca. Lo único que me seguía limitando (y suponía un verdadero obstáculo) eran las puntas de los dedos de la mano izquierda. Todavía estaban entumecidas; no *totalmente* entumecidas, pero la sensación que producían era similar a la que sientes cuando te quedas dormido encima de tu mano, como si te hubieran pegado a tu mano los dedos de otra persona.

Tuve que encontrar alternativas para cada técnica que exigiera precisión táctil en las puntas de los dedos izquierdos. La cuenta con el meñique (una técnica en la que el meñique, de forma imperceptible, va hojeando la esquina de una baraja y cuenta hacia abajo) ya no me era posible. Si no tienes sensibilidad en el meñique, en fin, no vas a poder contar mucho. Así que inventé una variante para esta técnica y para otras, que me permitieron recuperar muchos de los juegos que había tenido que descartar.

Una mañana, dos años después del accidente, me desperté y la sensibilidad de mis dedos había vuelto. *¡Había vuelto!* Había perdido toda esperanza de ejecutar técnicas difíciles, pero ahora había recuperado la sensibilidad. Lo llaman regeneración de los nervios; en algunos casos las redes nerviosas crecen *alrededor* de los obstáculos o del tejido cicatrizado. Tras sentir como si llevara la mano cubierta por un guante grueso, volvía a tener sensibilidad aguda en las puntas de los dedos. Estaba entero otra vez.

Cuando era un crío, aparecían anuncios de seguros para magos en la contraportada de *The Linking Ring*, una revista mensual de magia. Suscribí una póliza durante unos pocos años, pero un colega me contó que intentó que el seguro pagase los daños en casa de un cliente producidos por un incendio accidental cuando un juego suyo con fuego falló y se negaron a hacerlo. Quizá todo fuera una estafa.

Como magos, nuestras herramientas son nuestras manos. Noah Levine, un exquisito manipulador de Nueva York, ha señalado que en todos los libros de magia las manos se tratan como instrumental quirúrgico inanimado: «Las manos se colocan en torno a la baraja en posición Biddle. El anular izquierdo aplica una leve presión ascendente contra la cara del mazo...».

Soy *extremadamente* cuidadoso con mis manos desde que tuve el accidente: nada de picar con un cuchillo, ni patinaje sobre hielo o alpinismo, y desde luego que nada de hacer *tubing*. Aunque aquel suplicio supuso un momento definitorio en mi historia, no suelo hablar con detalle del tema en mis espectáculos o con la prensa. Es demasiado traumático como para estar reviviéndolo una y otra vez.

Todavía a veces me asalta un recuerdo vívido del propio choque; me provoca espasmos, en una reacción convulsiva. Si alguien empieza a describir una herida grave en la mano, o se muestra alguna en la televisión, me hace volver al accidente. Respiro y me abstraigo de todo hasta que pasa.

Cuando los magos hablan de la «magia real» del universo pongo los ojos en blanco. Pero la idea de que un mago pierda el uso de sus manos es tan trágica que resulta propia de una ópera. Vislumbré la vida sin la mano izquierda... una vida sin magia. Entonces, como en los cuentos de hadas, la recobré. ¿Qué tal eso, como ejemplo de magia?

✦✦✦

44
¿LO DE DAVID BLAINE ES DE VERDAD?

«SI COGES CUALQUIER ACTIVIDAD,
CUALQUIER ARTE, CUALQUIER DISCIPLINA,
CUALQUIER DESTREZA,
Y LA LLEVAS TAN LEJOS COMO SE PUEDA,
LA EMPUJAS MÁS ALLÁ DE DONDE NUNCA
HA LLEGADO ANTES,
LA EMPUJAS AL LÍMITE MÁS DEMENCIAL
DE TODOS LOS LÍMITES,
ENTONCES LA HABRÁS LLEVADO, A LA
FUERZA, AL REINO DE LA MAGIA».

—TOM ROBBINS, ESCRITOR

La oficina de David Blaine en el bajo Manhattan siempre está invadida por su última obsesión. Durante un tiempo, hubo un bebé cocodrilo en un terrario cerca de la entrada; nadó con David durante una prueba submarina. En una de mis visitas, todas las mesas estaban cubiertas de naipes, centenares de ellos apilados hasta la altura de los ojos. En otra ocasión, en 2016, entré y le pregunté a David en qué andaba.

—Aprendiendo a convertirme en un acuario humano —dijo.

Entonces, antes de que pudiera procesar sus palabras, abrió la boca y sacó la lengua. La boca estaba vacía. Cerró los labios por un instante. Cuando los volvió a separar, había una rana de siete centímetros posada en su lengua. Dejó la rana en su compartimento y salió abruptamente de la habitación.

La magia de David Blaine difumina la línea entre lo real y el truco. Sencillamente nunca hay forma de saberlo.

—Es una de las mejores ilusiones que he visto jamás —dijo el humorista Ricky Gervais cuando vio a David ensartar su bíceps con una brocheta—. O eso, o está chiflado.

Este es un libro de preguntas sobre magia, así que no estaría completo sin abordar la que quizá me formulan más que ninguna otra: «¿Lo de David Blaine es de verdad?». Y eso, por sí solo, ya es algo. Muchas personas, inteligentes, con criterio, reflexivas, me preguntan por él constantemente: «¿David Blaine puede levitar de verdad?» «¿De verdad se come esas ranas?» «¿De verdad atraviesa su mano el picahielos o es un truco?». David ha alimentado a una generación de creyentes y escépticos alternando magia basada en técnicas secretas con proezas que son *exactamente* lo que parecen.

—Creo que el efecto que producen —dice Blaine— es el de lograr que los trucos resulten más creíbles. Consiguen que el público se sienta más implicado.

David Blaine apareció, se diría que de la nada, en las salas de estar de todo el mundo con su primer especial de televisión, *Street Magic*. Era 1997 y David solo tenía veintitrés años. *Street Magic* era distinto a todo lo que se había visto antes. No es que David rompiera ninguna regla en particular... las rompió todas. Penn Jillette dice que *Street Magic* «fue el mayor paso adelante [en magia televisiva] de nuestra vida».

David les dio la vuelta a cincuenta años de magia en televisión. De repente, el mago se convirtió en secundario respecto tanto al material *como* al público. Blaine era discreto en su apariencia y personalidad. Llevaba camisetas de color sólido y hablaba tan poco como fuera posible. «Observa», «mira», repetía una y otra vez. El material que Blaine presentó en *Street Magic* era una mezcla de clásicos y juegos sin aspavientos... lo que enfureció a la vieja guardia de la magia. Aquí había un tipo que no guionizaba su material ni se vestía para representar su papel. No lo pillaban. Pero no importó. El especial tuvo un éxito desmedido y lanzó la carrera de David.

Una camarilla de magos y creadores de ilusiones rodea a David, y pasan sus días ingeniando material del mismo modo que los guionistas de telecomedias desarrollan episodios.

—La gente puede percibir cuando alguien no es auténtico —dice Daniel García, uno de los colaboradores más próximos de Blaine, también mago—. La magia es ya de por sí una forma artística muy conflictiva. Muchos magos usan su material casi para mofarse de la inteligencia de la gente. El genio de David está en que dejó el relato al espectador. Al no hablar, ellos se convencen a sí mismos de lo que quieran.

La principal innovación de David fue la manera en la que se filmaba su magia. En lugar de poner el foco en sí mismo o en la magia, se orientó casi por completo a las reacciones del público. En un segmento, David comienza dando una orden a un grupo de personas.

—Eh —dice, en un tono de voz monocorde—. Dadme un cuarto de dólar.

Pone la moneda prestada entre sus labios y procede a arrancar una mitad de un bocado. La masca durante un rato y entonces la *escupe* visualmente en la otra mitad, recomponiéndola del todo. Blaine pone su cabeza a pocos centímetros de los ojos de la mujer. Cuando arranca media moneda de un bocado, ella *grita* y se aparta de él corriendo. Sus amigos se ríen, pero ella está claramente afectada por lo que acaba de presenciar. A lo largo de la obra televisiva de David, la cámara hace *zooms* muy cercanos, a veces hasta resultar incómodamente próximos, para ofrecernos una mirada íntima a lo que hacen nuestras caras cuando nos sentimos asombrados.

Mi parte favorita de *Street Magic* es uno de los momentos más tranquilos, uno que me impactó profundamente cuando era un chaval y que todavía me provoca escalofríos cuando lo veo ahora. David aborda a un adolescente que viste de forma descuidada. El escenario parece ser un campamento de casas remolque y David está dando indicaciones al cámara para que lo enfoque desde otro ángulo. Todo el segmento transmite una sensación de espontaneidad e improvisación. Blaine coloca una moneda en la mano extendida del chico y le pide que la examine. Entonces pasa su mano por encima de la moneda, pero no la toca. La moneda desaparece. Es un momento precioso, pero el truco es solo un truco. El chaval no reacciona ni levanta la vista. Observa fijamente su mano ahora vacía, manteniéndola totalmente quieta.

—Mola —dice, sin transmitir emoción alguna.

No es la reacción de alguien que se ha sentido entretenido o divertido. Un misterioso desconocido se le ha aproximado y ha obrado un *milagro*, lo que ha provocado una fabulosa sobrecarga a su cerebro.

David cuenta que al principio el estudio eliminó el segmento.

—Tuve que luchar para que volvieran a ponerlo. Pensaba que las reacciones tenían que ser visibles y exageradas.

Pero David sabía cómo reaccionan realmente las personas cuando ven algo que no pueden explicar. Luchó para mantener esos segmentos crudos y naturales en el especial.

David también actuaba en el exterior, en la calle, ante gente de verdad. En *Street Magic* actuó para ejecutivos financieros y góticos en patinete y todo tipo de personas entre uno y otro extremo. No importaba que fueran estrellas de cine o barrenderos, todos observábamos mientras se convertían de nuevo en niños aturdidos. *Street Magic* rendía homenaje a la razón por la que nos encanta la magia.

Desde aquellos primeros especiales su magia ha evolucionado.

—Cuando estaba haciendo mi primer especial en la tele, YouTube acababa de aparecer —explica—. La gente estaba explicando ahí mis secretos. Y de repente me abordaban profanos y me hacían juegos de mi primer especial. Ahí fue cuando empecé a pensar que quizá debería hacer cosas reales, que fueran casi imposibles o al menos lo parecieran, y combinarlas con magia, porque al hacer eso, si los espectadores investigan... de hecho es más interesante que el propio truco.

David desarrolló su enfoque para incorporar magia que parece tan auténtica que te ves forzado a preguntarte, *¿Es de verdad?*

Así que... ¿lo es?

—Me parece que mucha gente cree que, como soy mago, tiene que haber truco —dice David—. Pero creo que, irónicamente, de hecho es más fácil hacerlo que fingir mediante trucos que lo haces.

El artista y crítico David Salle ha escrito que se puede considerar exitoso un estilo si influye en otros artistas. Con este criterio, David es increíblemente exitoso y no tiene igual entre sus imitadores. Desde el cambio de paradigma que supuso *Street Magic*, la mayor parte de la magia que se emite en televisión ha seguido el estilo callejero y pseudodocumental que introdujo Blaine.

Cuando evaluamos su aportación al mundo mágico, podemos hacerlo por eliminación. David se deshizo de todo aquello que se enseña a los magos a incluir en sus espectáculos: humor, contexto, un punto de vista. Su carencia de presentación se ha convertido, insólitamente, en el mejor tipo de presentación. Es un mago revisionista.

—Siempre he pensado que, si un mago realmente pudiera hacer cosas, no haría magia —me dijo David—. Sencillamente haría cosas y dejaría que estas hablaran por ellas mismas.

Street Magic y los especiales que siguieron, siempre incluían una proeza real. Era una decisión inteligente de formato, ya que se podían anunciar repetidamente a lo largo del especial, hasta culminar en una emisión en directo con David en lo alto de una torre (de pie sin sujeción sobre una columna de treinta metros de altura durante treinta y cinco horas), o colgado del revés (durante sesenta horas, en mitad de Central Park), o encerrado en un bloque cubierto de hielo (durante sesenta y tres horas). A David le encanta *Siddhartha* de Hermann Hesse, y se inspiró en la resistencia del protagonista durante largos periodos de hambre y privaciones. Esta novela, afirma, fue el origen de sus primeras pruebas. «Todo el mundo puede hacer magia —nos exhorta Hesse— todo el mundo puede alcanzar sus objetivos si es capaz de pensar, si es capaz de esperar, si es capaz de ayunar».

Pero no todo el mundo, te lo aseguro, puede hacer lo que hace David Blaine. Solo él está lo bastante loco para coquetear con la muerte de forma habitual.

«Sepultado vivo» fue la primera prueba de David: se encerró en un ataúd transparente durante siete días, sepultado bajo tres toneladas de agua. Setenta y cinco mil personas hicieron cola en el exterior para tener la oportunidad de mirarle mientras él les devolvía la mirada desde el interior de su caja. Para prepararse, David llevó un ataúd a su apartamento y durmió en él por las noches. Entonces intentó permanecer en su interior durante largos periodos de tiempo, sin comer, orinando en tubos cuando sentía la necesidad.

En 2012 hizo que un millón de voltios pasaran por su cuerpo en una prueba de resistencia que tituló «Electrificado». La actuación fue tan interesante para los científicos como para nuestra propia curiosidad, ya que la pregunta fundamental era: «¿Puede siquiera sobrevivir a eso?».

Cada una de las proezas de David ha sido enormemente difundidas, y las mejores se han convertido en hitos de la cultura popular. Recuerdo perfectamente dónde y con quién estaba cuando, de niño, vi «Sepultado vivo», «Vértigo» (cuando permaneció en pie sobre una columna de treinta metros durante treinta y cinco horas seguidas), y su intento de batir el Récord Guinness aguantando la respiración bajo el agua durante diecisiete minutos y cuatro segundos. (Fracasó en aquel intento, pero estableció el récord meses después en *The Oprah Winfrey Show*).

Seamos claros, esas proezas no son juegos de magia. Son otra cosa, pero la polémica radica en la dificultad para determinar exactamente qué son. En principio, sus pruebas de resistencia podrían parecer trucos pensados para la tele, un modo de atraer atención mediática y de mantener a los televidentes pegados a su asiento hasta el final. Pero lo que encuentro más notable de David Blaine es la profunda comprensión de su propia obra. A medida que su carrera avanza, las proezas de David se han transformado en una especie de *performances*. Nadie, desde Houdini, ha comprendido como David el poder de la metáfora en la magia. Cuando consideramos sus ilusiones y sus proezas individualmente, no resulta fácil darse cuenta. Pero después de veinte años de una trayectoria histórica, David ha levantado una obra asombrosa que incluye todo tipo de pruebas de resistencia que han puesto en peligro su vida.

En 2003, en «Above the Below» («Por encima de lo de abajo»), David se metió en una caja de plexiglás de 90 cm x 210 cm x 210 cm suspendida nueve metros en el aire junto al Támesis. Y luego ayunó durante cuarenta y cuatro días (aproximadamente el tiempo que tarda en crecer una zanahoria desde que plantas la semilla hasta que la recoges), bebiendo únicamente el agua imprescindible para sobrevivir. Cuando terminó la prueba, había perdido once kilos y había desarrollado hipofosfatemia como consecuencia de la inanición.

Todo el mundo en el equipo de Blaine intenta disuadirlo de hacer las pruebas: médicos, ayudantes, los mánager...

—Escucho a todos los médicos, a todos mis amigos, y entonces intento refutar sus teorías sobre por qué no puede hacerse —dice David.

En 2016, David presentó una nueva versión de «La bala atrapada entre los dientes». Este es el efecto más mortífero de la historia de la magia: al menos doce personas han muerto presentándolo (véase pág. 216). Un ejemplo reciente se produjo en 2007, cuando un mago de Ghana llamado Zamba Powers recibió accidentalmente un tiro en el estómago por parte de un espectador que participó en el juego. La vuelta de tuerca de David consistía en hacerlo consigo mismo... y en hacerlo *de verdad*. Otros magos han usado balas de fogueo, de cera o pistolas trucadas, pero lo que define a David es la credibilidad. En su versión, se coloca una pistola a seis metros de distancia, apuntando a su cara con un cordel atado al gatillo para que él mismo pueda accionarlo. En este montaje suicida, no se podría culpar a ningún tirador en caso de que algo fallara.

—Solo lo ensayamos una vez antes de hacerlo en escena —recuerda Asi Wind, uno de los magos que colaboran con David—. Entonces lo llevamos al escenario en el MGM Arena con un público de dieciséis mil personas.

David pidió a Tim Moore, dentista profesional y mago aficionado, que construyera una boquilla cónica que, si todo marchaba de acuerdo con el plan, absorbiera el impacto de la bala en el hueco de la boca abierta de David. Durante el ensayo, la bala quebró la boquilla, y Moore tuvo que construir otra para la actuación.

Frente a un estadio abarrotado fue imposible montar el efecto.

—Cuando lo ensayamos —dice Daniel García— no había nadie en el escenario excepto David. En el espectáculo había otras personas alrededor, y el peso sobre la tarima causó problemas de alineación con la mira láser.

Tras una hora de ajustes, David finalmente tiró del cordel. *¡Bannnng!*

La cabeza de David se volvió violentamente hacia atrás, y tras cinco segundos de *shock*, se metió la mano en la boca para sacar pedazos sangrientos de la boquilla.

—Estaba seguro de que la bala me había atravesado la cabeza y que estaba muerto —recuerda Blaine—. De repente, empecé a ser consciente del dolor y eso me devolvió a la realidad. En ese momento me di cuenta de que la boquilla se había vuelto a hacer pedazos y de que yo seguía vivo.

David sobrevivió a la prueba, pero sufrió laceraciones en los tejidos de la garganta. A Wind le enfureció que hubiera salido mal y también le aterró.

—Fui a ver a David al hospital y le dije: «Si vas a hacer esto en tu espectáculo en vivo, no cuentes conmigo».

En esta insólita ocasión, David le hizo caso. No ha presentado «La bala atrapada entre los dientes» desde 2016.

Los espectadores no siempre han tenido claro *por qué* se somete David a estas pruebas, y eso incluye a los famosos que suelen aparecer como gancho visual omnipresente en sus programas de televisión. Chris Rock, amigo y admirador de Blaine, bromeó en 2004 sobre sus motivaciones:

—¿Estamos tan desesperados que nos dejamos embaucar por un mago que no hace trucos? —preguntó en su especial *Never Scared* (Jamás asustado)—. ¿Dónde cojones está el truco?... estoy metido en una caja y no voy a comer. Eso no es un truco. A eso se le llama vivir en un barrio chabolista.

A veces se critica a David Blaine por ser el mago más famoso del mundo... que no actúa en vivo. No es cierto. A lo largo de su carrera, David ha mantenido una apretada agenda de actuaciones para oligarcas, presidentes y famosos destacados: Harrison Ford, Stephen Hawking y Kanye West aparecen en su último especial. Pero hasta hace relativamente poco, el único sitio donde el público general podía ver la magia de David era cada pocos años, cuando se emitía un especial en televisión. En 2017, tras dos décadas en la magia y con cuarenta años de edad, finalmente anunció su primera gira por Norteamérica. Cuando le pregunté por qué tardó tanto tiempo en lanzar un espectáculo en vivo, me contestó:

—Necesitaba comprender cómo debía ser mi espectáculo... y me ha llevado todo este tiempo averiguarlo.

Esperar veinte años para emprender una gira en vivo es una prueba de resistencia en sí misma. Los coetáneos de David ya tienen en su haber miles de espectáculos en el escenario y han pasado años desarrollando y puliendo su material. Antes de 2017, David se forjó una carrera diseñando y presentando magia para las cámaras. Una vez que cada segmento se grababa, pasaba a lo siguiente. Luego estaba la cuestión de sus características proezas. Sin duda, David no podía burlar a la muerte cada noche, en una ciudad tras otra, en una gira.

Resulta que sí puede. Por increíble que parezca, el espectáculo en vivo de David Blaine resulta tan disruptivo y deslumbrante como sus comienzos en la televisión. El resultado es el espectáculo de magia más moderno y subyugante de nuestra industria. Sencillamente, es algo que tienes que ver.

Como ocurría con su estilo en televisión, el espectáculo no parece elaborado. Nunca tengo la sensación de que David está recitando un guion o intentando influir en su público valiéndose de su carisma o energía. En lugar de eso, sale a escena y presenta una mezcla equilibrada de asombrosa magia de cerca (proyectada en pantallas) y pruebas inexplicables y altamente arriesgadas. La noche que asistí a verle se cosió los labios con aguja e hilo y lanzó una baraja al aire. Finalmente, una carta elegida apareció en su boca, atrapada entre sus labios cosidos. También se tragó cuatro litros de agua y los regurgitó en un caudal controlado que resulta tan impresionante y asqueroso como suena. Luego, cerca del final del espectáculo, se atraviesa la mano con un picador de hielo. Tras sacarlo, se lo regala a un espectador para que se lo lleve a casa. Es un repertorio ecléctico e inspirador, especialmente desde el punto de vista de un mago. Hábilmente presentada por David, la magia parece real, aunque por supuesto no lo es. Y las pruebas, en su mayoría adaptadas del mundo de las ferias y los espectáculos de monstruos, son tan grotescas que parecen trucadas. Pero, te lo digo yo, son *de verdad*.

El *show* es tan intenso que hay que dejar pasar varios días para volverlo a presentar.

—En términos literales —dice Blaine—, es una tortura. Me apuñalo, ayuno durante veinticuatro horas, me meto cuatro litros de agua en el estómago, trago gasolina, escupo fuego, como ranas y aguanto la respiración durante más de diez minutos—. Claramente agotado, añade—: Solo estoy intentando asegurarme de que no me mato en el escenario.

En un momento del espectáculo, David se traga el anillo de un espectador. Entonces retuerce una percha de alambre hasta convertirla en un aro largo y delgado que se introduce en la garganta. Cuando lo saca, el anillo del espectador está engarzado en la percha.

Todos esos momentos se van acumulando para generar expectación hacia el punto culminante de la velada, cuando David aguanta la respiración durante más de diez minutos. Durante ese tiempo, el público puede verlo flotando en un tanque de plexiglás. Se fuma un puro submarino y se permite a los niños subir al escenario para interactuar con él. Tras diez minutos insoportables y cargados de suspense, sale del agua para recibir una ovación como jamás la he escuchado en ningún otro espectáculo de magia. Porque la gente está aplaudiéndole por haber sobrevivido.

Lo que tienen en común todos los magos de los que he escrito en este libro es que sus personajes escénicos son versiones aumentadas, exageradas, teatralizadas, de sus personalidades reales. Pero no es el caso de David Blaine. Lo que ves en televisión es al verdadero David Blaine.

En persona es exactamente igual de monótono y reconocidamente obstinado respecto a incluso los detalles más minúsculos de su trabajo. A diferencia de muchos magos famosos, David también es generoso con su tiempo y energías. Anima a magos jóvenes, y no solo cuando las cámaras están grabando. Su asesor, Danny García, contaba algo que ocurrió hace poco, cuando David y él iban en el metro de Nueva York en dirección a Queens, en un vagón vacío a excepción de los dos magos, un niño pequeño y su madre. El niño, que quería ser mago, reconoció a David, que insistió en actuar para él, incluso después de que se le pasara su parada.

—David no quería parar —recuerda García—. Siguió haciendo juegos hasta, literalmente, la última parada. Así que, finalmente, nos despedimos del niño y su madre y David se gira hacia mí y dice: «Vale, entonces, ¿dónde está el tren de vuelta a Manhattan?».

A menudo David no puede o no quiere ser práctico. Ha terminado especiales de televisión con un año de retraso, ha rechazado patrocinios millonarios porque no eran congruentes con sus gustos o creencias y ha dado consejos financieros muy, digamos, propios de David. En el Foro Económico Mundial en Suiza aseguraba:

—Siempre que tengo que tomar una decisión, me pregunto: «¿estaría dispuesto a hacer esto por un dólar?» La idea es que, si me ofrecen un bolo o cualquier otra cosa y la respuesta es no, no lo haría por ninguna cantidad de dinero; y si la respuesta es sí, lo haré por lo que sea que me ofrezcan.

Y David sigue sus propios consejos. Hace magia allá donde va, pero puede rechazar un espectáculo corporativo o una aparición pública muy bien pagada porque no le interesan. Lo cual quiere decir que David Blaine le puede hacer un juego de cartas a cualquier persona. Sus asesores me cuentan que siempre vuela en clase turista e invariablemente termina haciendo magia para quienes haya sentados a su alrededor.

El único accesorio mágico importante de David es su cuerpo y la idea ha sido siempre encontrar nuevas formas de castigarlo. Con cuarenta y siete años de edad, afronta un desafío parecido al de Houdini, que murió demasiado joven: ¿durante cuánto tiempo más puede someter su cuerpo a esas pruebas? ¿En qué momento empezarán a disminuir sus facultades? ¿Qué hará entonces? Cuando le pregunté por esto, protestó. No tiene planes de bajar el ritmo. De hecho, dijo que se estaba preparando para su prueba más elaborada, de la que se rumorea que incluye escapismo en el aire. Cuando insistí se mostró evasivo, lo cual no es sorprendente.

—Siempre nos puede asombrar el cuerpo humano y lo que es capaz de hacer —dijo. Estaba en algún lugar ruidoso, y la señal del teléfono iba y venía—. Pero ahora me tengo que ir —me dijo—. Estoy a punto de saltar de un avión.

45

¿PUEDE SER DEMASIADO BUENO UN JUEGO DE MAGIA?

«LOS ELEMENTOS QUE SE OMITEN
DE UNA OBRA DE ARTE
FORMAN PARTE DE ELLA
EN LA MISMA MEDIDA
QUE LOS QUE SE INCLUYEN».

—SCOTT MCCLOUD, HISTORIETISTA

✦✦✦

El mago de moda en el Reino Unido es un tipo que se hace llamar Dynamo. Actúa en estadios abarrotados y sus especiales de televisión han reventado todos los récords en el Reino Unido. Puede permitirse el enorme lujo (y tiene la enorme responsabilidad) de llenar su espectáculo con los efectos más llamativos, caros y fantasiosos que se puedan comprar con dinero. Dynamo ha llegado a un nivel que incluye un equipo de asesores. El criterio de este grupo de consultores es que deberían presentar todo aquello que puedan imaginar, independientemente del coste o los recursos necesarios para desarrollarlo. En un punto de su espectáculo, camina a través de un escenario desierto (sin decorado, sin accesorios, solo Dynamo) y, sin previo aviso o explicación, se eleva tres metros en el aire, da lentamente una voltereta mientras planea sobre el escenario y luego regresa a tierra. Se apagan las luces.

Al menos sobre el papel es la ilusión perfecta. Sencilla, impactante y totalmente inexplicable. Y sé lo duro que trabajó su equipo para inventar, esencialmente, una ilusión sin accesorios. Sin embargo, de algún modo esta secuencia es la más endeble del espectáculo. Cuando la gente se marcha, hablan entusiasmados sobre la parte en la que Dynamo hizo que un móvil prestado apareciera dentro de una botella. Ese juego también es fabuloso, aunque resulta inequívocamente más modesto y menos impresionante que la levitación.

Hay incontables ejemplos de juegos de magia asombrosos que, de algún modo, resultan menores que la suma de sus partes. Curiosamente, algunos de los juegos más potentes son también los más olvidables.

¿Por qué? Porque la mejor magia incluye un elemento de *conflicto*. Ya he escrito que la buena magia y las grandes historias se rigen por los mismos principios (véase pág. 47): conflicto, tensión en aumento y, la mayoría de las veces, resolución. Dynamo presentó por primera vez en televisión un efecto en el que un móvil prestado viajaba al interior de una botella y el vídeo se hizo viral. Se murmuraba que no podría hacerlo en vivo, que era un montaje, que habían usado trucos de cámara. Hay un conflicto intrínseco cuando se hace que un objeto prestado valioso desaparezca y vuelva a aparecer en un lugar inesperado. Hay más conflicto (y humor) cuando Dynamo envía a la espectadora de vuelta a su butaca con la botella y el móvil encerrado, de forma imposible, en su interior. ¿Tendrá que romper la botella para poder leer sus mensajes? ¿Qué pasa si alguien la llama? El juego ofrece conflicto y nos deja una buena historia (y le deja a ella una *gran* historia). La levitación de Dynamo, pese a todas sus virtudes, nos deja fríos porque no hay conflicto.

Este es uno de esos principios contraintuitivos que incluso los magos pasan por alto. Los guionistas de cine a menudo caen en la trampa. *Ahora me ves*, una película de magia y acción estrenada en 2013, recaudó trescientos cincuenta millones de dólares en taquilla. Está repleta de ilusiones grandilocuentes imaginadas por profanos y realizadas con todo lujo de detalles digitales. Hay personas que se teletransportan al interior de cajas fuertes de bancos con un relámpago de luz, pero las ilusiones (y la trama) no consiguen entusiasmar al espectador. El error que cometieron los cineastas (suponiendo que se preocuparan tanto por la magia como por la taquilla) fue representar una magia demasiado perfecta. Sencillamente no es creíble.

La industria de la magia, como ocurre en los mundos de la ciencia y la filosofía, cuenta con teorías y teóricos que ayudan a que los magos comprendamos cómo funcionan las cosas. Uno de esos teóricos, Rick Johnsson, propuso en 1970 su teoría de lo «demasiado perfecto». Los mejores cerebros de la magia han debatido furiosamente al respecto desde entonces. Expresada de la forma más sencilla, la idea es que, debido a su perfección, algunos juegos se vuelven imperfectos. A la inversa, debido a su imperfección, algunos juegos se vuelven perfectos. Espera. ¿Qué?

La teoría de lo demasiado perfecto sostiene que, si un juego parece demasiado bueno para ser cierto, será percibido como tal y acabará por llevar al público directamente hasta el método. Si ves una ilusión en la que una jirafa levita y concluyes que, basándote en lo que has visto, la única solución posible es que se hayan empleado cables, es muy probable que estés en lo cierto.

El año pasado, la teoría de lo demasiado perfecto parece haber obtenido respaldo científico. Cyril Thomas y Gustav Kuhn diseñaron un experimento en el que un espectador elegía una carta de una baraja mezclada. El experimentador mira al espectador a los ojos y, aparentemente, le lee el pensamiento:

—¡Ocho de Diamantes!

El experimentador acierta al adivinar la carta elegida. ¿Cómo lo ha hecho?

Todas las cartas de la baraja son el Ocho de Diamantes. Y, en este experimento, un setenta y cinco por ciento de los participantes dedujeron correctamente el método. Resulta bastante obvio porque, por decirlo en la jerga mágica, es demasiado perfecto. Sin embargo, en las ocasiones en las que el experimentador cometió primero un fallo y luego adivinó correctamente la carta, menos de un treinta por ciento dedujo el método. El experimentador miró a los ojos del participante y dijo:

—Veo el Ocho de Tréboles.

—No.

—Mírame de nuevo. Ah, me he equivocado. Concéntrate en tu carta... ¡Ocho de Diamantes!

Se trata del mismo juego, el mismo método. Pero añadiendo un minúsculo fallo, un pequeño borrón, el efecto resulta más fuerte a ojos del espectador.

Hay veces en las que ver menos implica creer más. «Las monedas viajeras» es un efecto clásico en magia en el que varias monedas viajan de forma invisible de una mano a otra. Durante la última década, algunos magos creativos desarrollaron modos de hacer que las monedas viajaran de manera *visible* entre las manos. La moneda, de hecho, sale flotando de una mano y aterriza en la otra. Por supuesto, esto debería ser una mejora con respecto a la versión clásica de «Las monedas viajeras», ya que no deja nada a la imaginación.

Resulta que es un problema. Cuando la moneda viaja de forma invisible, nos vemos obligados a imaginar cómo, cuándo y qué ha pasado realmente. El público crea la mayor parte de la ilusión porque imagina qué aspecto debe tener la desaparición y posterior reaparición de la moneda. Ocurre lo mismo en las películas de terror: cuanto menos ves al monstruo, más miedo te da. Es el tiburón en la película de Spielberg, emergiendo del agua. *Chan-chan, chan-chan, chan-chan.* El tiburón blanco que imaginamos en esa película es mucho más aterrador que el animal mecánico.

Me gusta pensar en las fases de un juego de magia como si fueran viñetas de un cómic. Cada viñeta muestra un momento del juego. Pero en los cómics, el *gutter* (ese pequeño espacio en blanco entre viñetas) es donde ocurre, en nuestra mente, la mayor parte de la acción, una idea que ha explicado mejor que nadie el historietista Scott McCloud.[1] Usamos el *gutter* para conectar esos momentos creando una película mental fluida, mejorándola en el proceso con ingredientes de nuestra cosecha. La sensación de la magia, de hecho, se ve empobrecida cuando se muestra cada detalle íntegramente ante tus ojos. Cuando no se deja nada a la imaginación, no queda nada que imaginar.

✦✦✦

1. Hay dos ediciones en español del influyente ensayo gráfico de Scott McCloud. La más reciente, bajo el título *Entender el cómic: El arte invisible.* Astiberri Editorial. 2007. (N. del E.)

46

¿QUÉ SON LAS OLIMPÍADAS DE LA MAGIA?

«DURANTE TODA MI VIDA ME HE ENFRENTADO A UNA DURA COMPETENCIA. NO SABRÍA CÓMO SEGUIR ADELANTE SIN ELLA».

—WALT DISNEY, ICONO DEL ENTRETENIMIENTO

✦✦✦

Ya hemos formulado y respondido a la pregunta imposible, «¿Quién es el mejor mago del mundo?». Pero, en la práctica, esa pregunta se responde cada tres años en un evento llamado FISM.

En 1948 se fundó la Federeción Internacional de Sociedades Mágicas (FISM), y desde entonces, cada tres años, los magos se han reunido en una ciudad del mundo distinta para la versión mágica de las Olimpíadas. Y sí, es tan friki como suena.

En 2015 la FISM tuvo lugar en Rímini, Italia. Durante una semana, los magos más influyentes del mundo se congregaron en esa ciudad costera conocida por, entre otras cosas, ser la ciudad natal del célebre director de cine italiano Federico Fellini. Uno de los mayores honores que he recibido en mi vida fue que me invitaran para formar parte del jurado en aquella edición. Hay distintas categorías: magia de cerca, magia de escena, grandes ilusiones y mentalismo. Cada país organiza su propia competición nacional y los campeones de cada una compiten en la FISM para alcanzar diversos títulos.

Lo mejor de ser jurado en la FISM es que tienes butaca de primera fila. Asiste tanta gente para ver los concursos que en años anteriores tuve que verlos desde el fondo del teatro. En 2006 en Estocolmo, incluso me tocó verlo en una pantalla desde otra sala. Pero en 2015 estuve en primera fila. Cada concursante dispone de ocho minutos. Cuando han pasado siete, empieza a parpadear una luz roja. Es una señal para ir acabando rápidamente, porque si la luz roja se queda fija, el número queda descalificado.

Woody Aragón, un mago sensacional, fue víctima de la luz roja por pasarse solo seis segundos. Sin duda habría sido un finalista, y tuve que escuchar debates sin fin respecto a si podíamos privar a alguien de semejante oportunidad solo por seis segundos. Pero el cronometrador, de Suiza, se mostró tan estricto con las reglas como cabía esperar. Woody fue descalificado.

Si un número es particularmente malo, podemos pulsar un timbre. Si todos los miembros del jurado lo pulsan se interrumpe al concursante a medio efecto y debe abandonar el escenario. Esto me parece innecesariamente cruel y solo he visto hacerlo en una ocasión: a Alex Stone lo sacaron del escenario a mitad de su rutina, una experiencia sobre la que después escribió en el libro *Engañar a Houdini*.[1] Su actuación fue indiscutiblemente espantosa e indigna de los estándares de la FISM... pero, al fin y al cabo, son solo ocho minutos.

El año que formé parte del jurado, el nivel fue alto. Nos piden que valoremos atendiendo a tres criterios: habilidad técnica, calidad de la presentación y originalidad. Mi elegido como ganador era Shin Lim, que luego ganaría *America's Got Talent* en 2018. Le di la mayor puntuación a Shin Lim porque su número incluía ideas totalmente originales presentadas de un modo que, a mis ojos, era incomparable.

En la sala del jurado, descubrí que cuatro de los otros seis miembros ni siquiera lo habían puntuado dentro de la mitad más alta.

—La música estaba demasiado alta y era demasiado moderna —dijo un tipo.

—Usa la misma idea una y otra vez —dijo otro.

—Todavía no ha llegado su momento. Creo que necesita unos cuantos años más.

A la vieja guardia siempre le cuesta aceptar el cambio. Estupefacto, insistí para que Shin tuviera una puntuación que, al menos, le permitiera pasar a la siguiente fase. Ahí al menos lo juzgarían junto con otros cinco finalistas. Por suerte, los otros miembros del jurado cedieron y Shin llegó a la final.

1. Hay edición en español: Alex Stone: *Engañar a Houdini: magos, mentalistas, ilusionistas y los poderes ocultos de la mente*. Debate. Barcelona. 2014. (N. del T.)

Me parecía importante porque, como en las Olimpíadas, la gente invierte años de sus vidas para llegar a ese escenario, y les conceden *ocho minutos* para probar su valía. En el escenario de la FISM, se lanzan (o no) carreras.

Shin Lim ganó en su categoría, no el Gran Premio. En lugar de eso, fue Pierric, de Suiza, el que se metió al público en el bolsillo en la final. Su número empieza un poco lento para mi gusto, pero el cierre te obliga a ponerte en pie. El número de Pierric tiene un enfoque meta: es una mezcla frenética de falsos comienzos humorísticos que se van acelerando cada vez más. Cuando empieza, algo sale mágica y asombrosamente mal y tiene que comenzar de nuevo. Intenta encontrar los cuatro Ases, pero desaparecen una y otra vez entre sus manos. En cada intento, los «problemas» se acumulan: su reloj viaja de una muñeca a la otra, aparecen monedas donde debería haber cartas, y luego las monedas no dejan de desaparecer. El número se va haciendo cada vez más absurdo y al final las cartas flotan, su corbata cambia de color y las monedas aparecen sobre la mesa sin que él toque siquiera su superficie. Todo ello lo presenta un personaje neurótico que se ve forzado a empezar una y otra vez porque se exige a sí mismo la perfección absoluta.

En la película *Adaptation* (*El ladrón de orquídeas*), el gurú de guionistas Robert McKee (interpretado por el actor Brian Cox) reconoce a su alumno algo que también es cierto en la magia: «Puedes tener fallos, problemas —dice— pero si los deslumbras al final tendrás un exitazo».

Elegimos a Pierric como ganador del Gran Premio de 2015 por unanimidad.

✦✦✦

47

¿POR QUÉ LOS MAGOS SACAN CONEJOS DE CHISTERAS?

«LAS IDEAS SON COMO LOS CONEJOS. TIENES UN PAR, APRENDES A CUIDARLAS, Y MUY PRONTO RESULTA QUE TIENES UNA DOCENA».

—JOHN STEINBECK, ESCRITOR

En 1726, el *Mist's Weekly Journal* de Londres informó que Mary Toft, una joven criada casada se había puesto de parto y había dado a luz a nueve conejos. Los conejos, señalaba la noticia, habían nacido muertos.

La noticia se hizo viral, dentro de los estándares del siglo XVIII, y atrajo la atención de algunos de los mejores médicos británicos, incluyendo a Nathaniel St André, el médico oficial de la familia real. Tras examinar a Mary Toft e indagar sobre su insólito parto, St André determinó que el incidente se había producido realmente.

Por aquel entonces, estaba muy extendida la creencia de que las ideas y experiencias de una mujer podían influir en el parto. Un sonido fuerte, por ejemplo, podía hacer que el bebé naciera sordo. Un corte en un brazo de la madre podría causar que el bebé naciera sin brazos. Toft trabajaba en los campos de su señor en Godalming y contó a las autoridades que había perseguido a un conejo sin ninguna razón en particular. Por tanto, eso podía explicar el parto de los conejos, según creía ella. Al principio, Toft llamó la atención porque se informó de que había dado a luz varias *partes* de un animal: un corazón, una pata y una cabeza de conejo. Fue después cuando dio luz a conejos enteros, nueve en total.

Para que no creas que estoy de broma, todos los diarios importantes de la época informaron sobre el peculiar nacimiento. Como suele decirse, no te puedes inventar cosas como esta. Pero, naturalmente, Toft *se lo inventó*. Con la ayuda de al menos un cómplice, había introducido en su útero partes de gatos muertos y cabezas de conejo, e hizo ver que las paría. ¿Por qué? Tal vez nunca lo sepamos.

Toft fue encarcelada breve tiempo por fraude, pero al final no la acusaron de ningún delito. Fue una humillación bochornosa para los médicos implicados, así como para los periodistas que informaron de ello, y se convirtió en una noticia que se mantuvo como referencia cultural durante un siglo.

Se debate si esta historia inspiró el juego incónico en el que se hace aparecer un conejo en una chistera. Los historiadores de la magia reconocen a Louis Comte como el primer mago que metió una mano en una chistera y sacó un conejo, pero la idea de que hiciera mención a Toft durante la presentación es, como mucho, una hipótesis. Comte, que vivía en París, actuó décadas *después* del escándalo de Toft, así que es verosímil que el juego se hubiera inspirado en ello. Pero no es posible afirmarlo con seguridad. Lo que hoy vemos como un conejito peludo saliendo de una chistera de terciopelo pudo haberse inspirado en aquella chocante y perturbadora historia.

Al margen del origen del juego, la aparición de un animal vivo siempre es teatralmente potente y los conejos resultan baratos y fáciles de conseguir, tanto si vives en la Inglaterra del siglo XVIII como en la Nueva York del siglo XXI. Además, suelen ser blancos, lo que hace un bonito contraste con el tradicional esmoquin negro del mago. Como a veces ocurre en la magia, una ilusión sencilla puede tener un pasado siniestro.

Sacar un conejo de una chistera se ha convertido en uno de los efectos más icónicos de la magia. Los otros candidatos a tal título (serrar a una persona por la mitad y hacer aparecer una paloma) han sido pilares constantes en espectáculos de magia desde que se inventaron. Pero la aparición de un conejo en una chistera casi nunca se presenta en los espectáculos de magia actuales. Lo que tienen en común estos juegos icónicos es que tratan sobre cuestiones muy importantes. La aparición de una paloma o de un conejo tiene que ver con la creación de la vida. Serrar una persona por la mitad tiene que ver con la supervivencia, con el deseo de mantenernos con vida.

Cuando era un chaval, hice aparecer a un conejo, Henry, en el interior de una caja al final de mi espectáculo. No era un sombrero, pero se parecía lo suficiente. Pero pronto descubrí lo que sospecho que otros magos averiguaron, cada uno a su tiempo: en el escenario, hacer aparecer un conejo tiene que ver con la creación de la vida. Pero fuera del escenario, cuidar de un conejo es un incordio como un grano en el culo.

✦✦✦

48

¿SON VALIOSAS LAS ANTIGÜEDADES MÁGICAS?

«LOS ARTISTAS VIVEN SU ARTE;
LOS COLECCIONISTAS VIVEN CON ÉL».

—PAIGE WILLIAMS, ESCRITOR

Mi apartamento en Manhattan tiene setenta metros cuadrados, más o menos el tamaño de un garaje para dos coches. La mayor parte de los escenarios donde actúo son más grandes que el piso en el que vivo, pero así es la vida en Nueva York, donde el espacio es tan escaso como abultados los precios. Del suelo al techo, de pared a pared, mi apartamento es un museo de la magia. La pared norte está forrada de libros de arriba a abajo: hay cuatro mil, muchos firmados por los magos que los escribieron. Tengo una camisa de fuerza de Houdini, unos guantes blancos que llevaba Cardini en su espectáculo y una chistera púrpura de Juan Tamariz. En mi mesita de café hay un artefacto para hacer trampas de juego que le confiscaron a un vaquero que se daba cartas a sí mismo a través de la manga. Tengo las gafas de montura gruesa características del Asombroso Kreskin y la chaqueta de esmoquin rosa que llevaba Doug Henning en su primer especial de televisión. *Adoro* estas cosas, y a menudo las cojo del estante para sopesarlas y absorber su poder. Mi apartamento no resulta muy práctico para alojar invitados o hacer pilates, pero si dedicas quince horas al día a inventar juegos de magia, es un hogar.

Después de una actuación en Phoenix hace años, fui a ver tiendas de antigüedades en Tombstone, la ciudad del viejo oeste. Entré en una vieja tienda y pregunté si tenían algo relacionado con la magia o los tahúres, y me respondieron con un «no» rápido y cortante. Pero cuando me giré para salir, me percaté de un viejo grabado que colgaba enmarcado sobre la puerta.

—¿Qué es eso? —pregunté.

—Oh, lleva ahí más tiempo que yo. No creo que esté en venta.

Aproximé mi cara a centímetros de la obra. Superficialmente parecía una partida de póquer. Pero, al examinarla con más detenimiento, me di cuenta de que había un secreto en la aparentemente inocente partida que representaba. Había un par de jugadores con malas intenciones. Un espectador estaba mirando por encima del hombro de un jugador y haciendo señales a su amigo al otro lado de la mesa. La razón por la que colecciono todo lo que tenga que ver con trampas de juego es porque muchas técnicas de magia con cartas nacieron en la mesa de juego.

—Te lo vendo por cincuenta dólares —dijo la mujer detrás del mostrador.

—Vendido —dije de inmediato.

Hice que valoraran la obra en Nueva York y descubrí que, aunque la había comprado en el oeste, sus orígenes eran británicos. Era del siglo XVIII, mucho antes de que los vaqueros hicieran trampas al póquer en los salones. Y valía cinco mil dólares. Ahora, el grabado está sobre mi cama.

Los recuerdos de Houdini son los más caros. Subastas Potter & Potter vendió recientemente un póster de la celda de tortura del agua, el único ejemplar que se conserva, por ciento catorce mil dólares. El comprador fue David Blaine.

David Copperfield es el mayor coleccionista de magia de esta o de cualquier otra época. Admiro enormemente a David, pero maldigo su nombre cada vez que hay una subasta de magia, porque, cuando puja, casi nunca pierde. Su patrimonio está estimado en cerca de los mil millones de dólares. *Mil millones*. Así que, lo que quiere David, lo consigue. Su museo secreto (véase pág. 160) está poblado por los artefactos de magia más selectos del planeta.

El modo en el que he reunido una colección respetable tiene menos que ver con el dinero que con un código de honor que todavía existe en algunos reductos de nuestra industria, el tipo de ritual secreto que casi esperas que tenga lugar tras puertas cerradas, de mago a mago. Nos regalamos valiosas reliquias unos a otros.

En 1999 actué en Argentina y conocí a Martín Pacheco, propietario de una importante colección de libros de magia. Tenía una primera edición de *The Discoverie of Witchcraft* (*El descubrimiento de la brujería*), el primer libro en lengua inglesa que incluyó juegos de magia, publicado en 1584. Fue *el* libro que aclaró la diferencia entre los hechizos y los demonios (la así llamada magia «negra») y los primeros trucos mágicos. Posteriormente, los historiadores exageraron el impacto del libro, afirmando que por sí solo salvó a los magos de ser quemados en la hoguera como herejes. Quizá sea mucho decir, pero *es* cierto que el libro se publicó en una época en la que mucha gente tenía a los magos por dotados de poderes, incluso sobrenaturales. *Discoverie* cambió el curso entero de la magia. Yo tenía dieciocho años cuanto sostuve aquel libro destartalado en mis manos y lo miré fijamente, alucinado. Es nuestra Biblia y yo estaba tocando uno de los pocos ejemplares originales que se conservan.

Saltamos una década más tarde. Martín me llamó por teléfono para decirme algo impactante:

—Ha llegado la hora de que mi ejemplar de *Discoverie* pase a la siguiente generación. Quiero entregártelo a vos.

—¿Qué?

Le expliqué que me sentía incapaz de olvidar el hecho de que las primeras ediciones del libro se vendían por cincuenta mil dólares. Me explicó que muchos de los mejores artículos de su colección le habían sido legados por magos más viejos que querían que su magia cayera en manos de quien supiera apreciarla. Quería que yo tuviera el *Discoverie*. Dijo un precio que era una fracción tan pequeña de su valor que, incluso siendo un veinteañero, me lo pude permitir sin pensármelo dos veces. Gracias a Martín, soy el nuevo custodio de uno de los volúmenes más antiguos, raros y significativos de la magia. Las páginas son frágiles y quebradizas; el libro es tan viejo que ni siquiera es un libro propiamente dicho, sino un fajo de páginas comprimidas entre dos cubiertas. Me han aconsejado que lo mantenga exactamente a diecinueve grados, en la oscuridad y cuidadosamente protegido. Pero entonces no podría cogerlo cuando estuviera buscando inspiración, pasar mis dedos suavemente por sus ásperas páginas de pergamino, sostener en las manos un libro que han sostenido seis generaciones de magos. Y aunque por ahora lo puedo disfrutar, sé lo que tengo que hacer. Algún día, cuando haya terminado con él, mi misión será encontrar a un joven mago cuidador a quien pueda confiar mi ejemplar de *Discoverie*.

Ken Klosterman era uno de los coleccionistas más destacados y excéntricos de la magia. Era el propietario de la Klosterman Baking

Company, una pujante empresa panadera del medio oeste que suministraba pan y productos de repostería a las grandes cadenas (incluyendo a McDonald's y todas las tiendas de alimentación regionales). Falleció en octubre de 2020: la última vez que nos vimos Ken tenía ochenta y largos, caminaba despacio, pero su ingenio seguía siendo ágil.

En invierno de 2017 Ken me invitó a su casa en Cincinnati. Está ubicada en una granja descomunal y tuve que conducir por un camino de más de kilómetro y medio, pasando establos con caballos y un pequeño estanque, hasta llegar a un hogar principesco alejado de ojos curiosos. Ken era viudo y vivía solo con su incomparable colección de buena magia. Aunque Ken sentía un entusiasmo desbordante por la magia y su historia, uno no podía evitar la comparación evidente con *Ciudadano Kane*, la película de Orson Welles de 1941, que cuenta la historia de un titán que había sido poderoso y termina vagando solitario por su «Xanadú», con la única compañía de su valiosísima colección de antigüedades.

Ken estaba con su conservador cuando llegué: Richard Hughes, al que había conocido siendo yo niño cuando él todavía actuaba. Ahora el trabajo de Richard consiste en archivar y catalogar los artículos que Ken adquirió, una tarea hercúlea considerando la velocidad de vértigo con la que Ken los compraba.

Cuando llegué, Richard y Ken estaban viendo Fox News a todo volumen.

—¡Pasa! —gritó Ken—. ¡Vamos a bajar a la mina!

Ken era directo y siempre tenía prisa. Me acompañó hasta un ascensor que tenía en casa y me contó una historia sobre cómo había descubierto un pozo minero enterrado a gran profundidad bajo la vivienda. Descendimos por medio de un ascensor ruidoso y traqueteante hacia las profundidades del oscuro y antiguo túnel. Mis orejas se pusieron de punta. Tuve la sensación de que quizá no estuviéramos en un ascensor real, pero el truco era impecable.

Las puertas se abrieron para mostrar una exhibición asombrosa, exuberante, de historia de la magia. Incluso la temperatura de las habitaciones era diferente, lo que reforzaba la ilusión de que nos encontrábamos «sesenta pisos bajo tierra».

Ken tenía un teatro completo en su museo doméstico, incluyendo butacas reformadas de un antiguo teatro conocido por sus representaciones de magia. Tenía la caña de pescar de Chung Ling Soo, la misma que Soo (véase pág. 216) empleaba a principios del siglo pasado, cuando agitaba el extremo sobre el público y hacía que apareciera una carpa dorada viva en el anzuelo. Tenía el falso pulgar de Muhammad Ali (Ali fue mago aficionado durante toda su vida, y el FP era el secreto de su juego más característico). Pero la joya de la colección de Klosterman era el Cofre Ligero y Pesado de Robert-Houdin, el *auténtico* cofre que Robert-Houdin utilizó en su ilusión más famosa (véase pág. 102). La mayoría de historiadores considerarían aquella pequeña caja electromagnética uno de los tres objetos más importantes de la historia de la magia.

El museo de Ken es un laberinto de entradas ocultas y puertas secretas camufladas como estanterías, donde cada cámara perfectamente surtida da paso a la siguiente. Parecía un auténtico museo de la magia, aunque los museos nunca son tan fastuosos. Y yo podía tocar *todo*. Ken ladraba órdenes a Richard, indicándole que abriera tal armario o preparase tal accesorio. Dobló una esquina y reparó en un aparato para hacer aparecer conejos de Dell O'Dell, una maga destacada de los años cincuenta. Con los ojos brillantes, Ken me pidió que me acercara y, orgulloso, levantó la tapa, haciendo que las cuatro paredes de la caja saltaran con fuerte estruendo, volando por toda la habitación. No había ningún conejo dentro, gracias a Dios, pero me hice una idea.

—Ahora recoge este barullo —ordenó Ken a Richard, apremiándome a seguirle a la siguiente habitación mientras Richard se las veía para recomponer el aparato para la siguiente visita.

Tras siete horas de hablar sobre magia y de jugar con las herramientas de los maestros del pasado, dejé caer que tenía que marcharme.

—Pero si ni siquiera hemos ido al campo —dijo Ken, decepcionado.

Resulta que, una vez que la colección de Ken desbordó aquella vivienda, compró otra casa enorme a una hora de distancia para alojar todo lo que no le cabía.

—Se está haciendo tarde, Ken —expliqué. Su colección era una sobrecarga sensorial, como cuando comes demasiado helado.

—No pasa nada —dijo Ken—. Richard conduce.

Una hora después llegamos a una mansión histórica de la zona, rodeada por una considerable extensión de tierras de labranza. Aquel caserón antiguo estaba repleto de más piezas únicas, archivadas y expuestas con gran esmero y sentido del gusto.

—¿Qué espada es esa? —pregunté, señalando. Tenía una corazonada, pero no estaba seguro.

—La espada de Lafayette —contestó Ken.

Era la espada que había llevado el distinguido ilusionista nacido en Múnich, el Gran Lafayette, el día que murió en 1911. Junto con diez hombres de su compañía, murió en un incendio durante la última pieza de su espectáculo, «La novia del león». El cuerpo de Lafayette estaba tan calcinado que solo lo pudieron identificar por la espada de adorno que llevaba a la cadera. Ahí estaba aquella espada. Escuchaba una y otra vez la misma respuesta: «De valor incalculable».

Algunos meses después, Ken fue el anfitrión de un encuentro de coleccionistas de magia. David Stahl presentó nuevos hallazgos sobre el Gran Lafayette, producto de una investigación que le había supuesto dar la vuelta al mundo y que le había llevado media vida. Al final de la presentación de David, de forma espontánea y delante de todo el mundo, Ken le regaló la espada. Fue un gesto asombroso. Ahora la espada está exactamente donde tenía que estar.

A las diez de la noche, Ken anunció que había llegado la hora de ir al «molino», una tercera propiedad que compró para almacenar las ilusiones más grandes. Aquel molino de grano, de un siglo de antigüedad y considerado un monumento histórico, contenía dos plantas de ilusiones de todo el mundo, desde Herrmann el Grande hasta Siegfried & Roy.

Para entonces, ya estaba casi insensibilizado frente a aquel caudal infinito de historia de la magia y comenzaba a sucumbir a la pregunta que no dejaba de hacerme: ¿qué iba a hacer Ken con todo aquello? Seguro que un hombre como Ken Klosterman tendría contactos en algún museo prestigioso, o tal vez alguna universidad construiría un ala nueva con su nombre para albergar la colección tras su muerte. ¿O quizá lo iba a donar a la Sociedad Americana de Magos?

—Ken —pregunté finalmente, mientras Richard conducía de vuelta a Cincinnati—, ¿qué va a pasar con todas estas cosas?

—No tengo ningún plan en absoluto —dijo—. ¿Las quieres tú?

Esa es la razón por la que coleccionamos magia y eso es lo que pocos fuera de este mundo entienden. El atractivo del coleccionismo de magia radica en su accesibilidad: casi cualquiera puede poseer una parte de nuestra historia. Evidentemente, los Klosterman y Copperfield del mundo obtienen los objetos más selectos y el resto de mortales vendemos y cambiamos todo lo demás. El coleccionismo de magia se reduce a una mezcla de currárselo y estar en el momento y el sitio adecuados. La barrera es más alta cuando se trata de objetos relacionados con el *rock* o el deporte. Una camiseta que llevó Babe Ruth en un partido se vendió por 4,4 millones de dólares en 2012. Paul Allen, cofundador de Microsoft, pagó dos millones por una Fender Stratocaster de Jimi Hendrix.

En magia, es posible hacerse con piezas significativas, únicas, dignas de un museo, por la misma cantidad de dinero que muchos invertimos en entradas para partidos de baloncesto, viajes para jugar al golf o estancias de una noche en un *spa*. Me han entregado objetos históricos de valor incalculable y he tenido acceso a gangas escandalosas.

Todo eso está cambiando, en parte debido a Gabe Fajuri de Subastas Potter & Potter, una de las casas de subastas dedicadas exclusivamente a la magia. Gabe viaja por todo el mundo haciendo ofertas a los coleccionistas (y a sus viudas) para subastar sus colecciones. Estas subastas no están al mismo nivel del arte o los instrumentos musicales, pero una subasta mágica reciente de Potter & Potter recaudó setecientos cincuenta mil dólares. Famosos y empresarios millonarios se están metiendo en la caza de tesoros mágicos y, de repente, la magia es una «inversión».

Hice una inversión de ese tipo hace poco, cuando compré el efecto original de «Las agujas» de Houdini, en una subasta de Potter & Potter, por dieciocho mil dólares. Es una cajita pequeña, cubierta de terciopelo, con la bisagra rota como resultado de que Houdini presentara el juego cada noche. Dentro hay una bobina de madera y un conjunto de agujas de coser oxidadas. Fue una adquisición meditada, pero así es como lo veo: tragar agujas y sacarlas enhebradas era uno de los efectos más representativos de Houdini. Hay numerosas fotografías y reseñas que muestran y describen el accesorio que he comprado. Todo lo que tocó Houdini se vende muy caro ahora: cheques cobrados, telegramas confirmando la suscripción de un seguro de salud, tarjetas acreditando la pertenencia a organizaciones...

Pero no son más que objetos. No cuentan una historia. Las agujas de Houdini formaban parte de su espectáculo y, lo que es más interesante, el secreto de cómo se hacía el juego resulta evidente al ver el artefacto. Si examinas atentamente los raspones en la bobina de hilo y observas cómo han envejecido las agujas, encontrarás suficientes pistas para que el mago conocedor pueda deducir el método de Houdini. Esto no solo me parece fascinante, sino también históricamente significativo. Podía haber comprado acciones de Apple con aquel dinero, pero no podría sostenerlas en mi mano ni exhibirlas. Ahora puedo sujetar algo que sostuvo Houdini cada noche de su vida artística. Los restos de su saliva, el ADN de Houdini, están en esas agujas.

La inversión parece haber valido la pena. Un coleccionista especializado en Houdini me ofreció treinta y seis mil dólares poco después de un año, doblando generosamente la cifra que había pagado yo. A estas alturas espero que no haga falta decirte que rechacé la oferta.

Ayuda el hecho de que los objetos mágicos sean, en mi sesgada opinión, un tema de conversación más fascinante que un jarrón, una moneda de oro o los bocetos preliminares de algún artista flamenco. Los accesorios mágicos hacen cosas: se abren o revelan una compuerta oculta. Se descomponen a voluntad o cambian de forma, incluso aunque tengan siglos de antigüedad.

Los objetos mágicos más populares son los *posters*. En la edad de oro de la magia, desde los años setenta del siglo XIX hasta los treinta del siglo XX, el medio más eficaz para anunciar un próximo espectáculo era imprimir grandes carteles en color. Como los cromos de béisbol o las figuras de *Star Wars*, entonces no se consideraban coleccionables, y la mayoría de la gente los desechaba en cuanto los espectáculos se marchaban de la ciudad. Es una de las razones por las que son tan escasos. Los *posters* de magia se fabricaron por medio de un proceso llamado litografía. Este produce ricos colores pastel de aspecto grisáceo, que se combinan en tonos de piel cautivadores y retratos sombríos. Los afiches de magia de aquella época están poblados de diablillos susurrantes y hermosas mujeres, trajes fantásticos e ilusiones desconcertantes. La mayoría son enormes, dado que se colgaban en las fachadas y en los callejones de las grandes ciudades. Alexander Conlin, que actuaba como «Alexander, el Hombre Que Sabe», hizo carteles especialmente bellos. El *poster* que se conoce como «Alexander a rayas» está colgado en mi apartamento, un cartel más alto que un hombre, con la imponente cabeza de Alexander que te mira directamente, tocada con su característico turbante enjoyado. David Copperfield tiene este cartel y el turbante original de Conlin para acompañarlo. (El tipo lo tiene *todo*). Es un *poster* deslumbrante, y no terriblemente caro o difícil de encontrar. Cuando la gente me pregunta por él, puedo compartir que Alexander fue, en su juventud, el artista mejor pagado del circuito de vodevil. Se casó al menos once veces y fue un asesino confeso. Si alguna vez vienes a mi apartamento, te contaré toda la historia.

Este *poster*. El libro polvoriento. Las agujas oxidadas. No son solo antigüedades: son temas de conversación. Son historia materializada en objetos.

✦✦✦

49

¿POR QUÉ LOS MAGOS TIENEN EGOS TAN EXAGERADOS?

«UN MAGO PROFESIONAL NUNCA REVELA SUS JUEGOS, NI EL HECHO DE QUE TODAVÍA VIVE CON SUS PADRES».

—PETE FIRMAN, MAGO, HUMORISTA

✦✦✦

A menudo se ridiculiza a los magos por sus egos desproporcionados... y la pena es proporcional al crimen. Parece que en mayor medida que el resto de sus pares en las artes escénicas, los magos padecen una (sobre)abundancia de confianza en sí mismos. La fanfarronería parece ser parte tan integral de la profesión mágica que se incorpora a prácticamente todo mago de ficción en literatura. A ojos de quienes escriben sobre nosotros, somos ególatras obsesionados con que nos tomen en serio, incluso aunque nuestra magia sea decepcionante.

Pero ¿y si el exceso de confianza, la arrogancia, forma parte de la ecuación? Diría que la razón por la que tantos magos tienen grandes egos es porque tenerlo es esencial para ser un mago. No estoy justificando a magos como el Gob Bluth de *Arrested Development,* que ignora su propio narcisismo bochornoso. Lo que quiero decir es que, si se mantiene a raya, un ego saludable es una herramienta necesaria para un mago.

Muchos de nuestros grandes innovadores tenían egos generosos. Necesitas creer en ti mismo y en tu capacidad de triunfar contra todo pronóstico donde otros magos han fracasado. Los mejores magos de la historia se enfrentaron de cara a los momentos definitorios de sus carreras, creyendo que podían hacer lo que otros no. Todo gran artista mira a sus contemporáneos, después a sí mismo, y tiene ego como para decir: «Yo puedo hacerlo mejor». Una parte de nosotros debe creer que somos mejores de lo que somos realmente si tenemos alguna esperanza de mejorar. Un ego desmesurado es un obstáculo para avanzar, pero creo que *un poco* de ego (un enfoque de «puedo hacerlo mejor») es parte esencial del proceso creativo.

Justo antes de salir al escenario, me convenzo, quizá de manera superficial, de que realmente puedo hacer magia. Visualizo cada juego en mi cabeza, pero lo hago desde el punto de vista del público, como si no tuviera fisuras y fuera realmente mágico, omitiendo la técnica. *Puedo hacer magia*, me digo a mí mismo. No es simplemente un ritual sin importancia. En magia, es necesario. No puedes pedir de forma convincente a alguien que suspenda su incredulidad si no estás dispuesto a hacerlo tú mismo.

Por otro lado, el mago de vodevil Howard Thurston tenía un entrañable ritual que ejecutaba cada noche antes de salir a escena. «Se animaba», en sus palabras, sacando fuerza de su público. Se colocaba entre bastidores y, mirando a la multitud, decía en voz alta:

—Adoro a mi público, adoro a mi público, adoro a mi público.

✦✦✦

50

¿EXISTE MAGIA REAL EN EL UNIVERSO?

«QUIENES NO CREEN EN LA MAGIA JAMÁS LA ENCONTRARÁN».

—ROALD DAHL, ESCRITOR

Estaba actuando en Ecuador en 2005 cuando mis anfitriones me preguntaron si podían enseñarme «magia de verdad». Volé a la costa, dejé mis maletas en un hotel y me encontré caminando por un acantilado que bordeaba el océano Pacífico.

Dos chicos de la zona, ambos de unos quince años, esperaban en una encrucijada.

—Magia tortuga —dijeron.

No sabían decir otra cosa en inglés. Les pagamos una cantidad y los seguimos por un sendero polvoriento hasta el borde de un acantilado. El viento soplaba tan fuerte que costaba oír a nuestros misteriosos guías. Ambos chicos sacaron unas flautas pequeñas de sus bolsillos, se pusieron de cara al viento y se dejaron caer de rodillas en el suelo. Al unísono, comenzaron a tocar una melodía especial para convocar a las tortugas. Fue extraño y estimulante.

Mientras el viento se llevaba la música hacia el aire y la hacía arremolinarse a nuestro alrededor, abajo, la magia se estaba desplegando en la superficie del agua. Asomó la cabeza de una tortuga, como si respondiera a la música. Luego otra, y otra, y otra más. Se estaban reuniendo, al parecer, invocadas mágicamente por las flautas. Era, tal como lo describió mi anfitrión, magia de *verdad*.

Después de espectáculos particularmente buenos, es frecuente que me hagan esta pregunta personas (inteligentes) que se aferran a algún atisbo de esperanza de que en este mundo haya algo más allá de las leyes de la naturaleza. «¿Lo que haces es real o hay truco?».

De alguna manera, es el mayor cumplido que puede recibir un mago, pero también es peligroso. En ese momento, estamos a un «sí» de distancia de convertirnos en gurús y embaucadores, profetas para un público unipersonal. Pero para la mayoría de los magos hay una atracción innata por lo inexplicable. Nos sentimos atraídos por cosas que no entendemos, que *nadie* entiende. Queremos creer en magia que sencillamente *ocurre*.

Ahí fuera hay muchos creyentes. En una encuesta de 2005 se descubrió que un 31% de los estadounidenses creen en la telepatía, un 32% en los fantasmas, y un 41% en la percepción extrasensorial. Pese a la abundancia de *reality shows* televisivos que afirman lo contrario, nunca ha habido la más mínima prueba que apoye ninguno de tales fenómenos. Son tan falsos (perdón, tan *reales*) como un juego de magia.

Cuando escuché la canción de las tortugas y las vi emerger de las profundidades, me lo tragué tal como estaba previsto. Sabía que aquellos animales eran silvestres y no se les podía adiestrar de aquella manera. También sabía que la suave melodía de una flauta ni siquiera se podía escuchar desde aquella distancia. Sin duda, la atmósfera jugaba un papel importante. Como un juego de magia presentado con un foco intenso y acompañamiento musical, aquellos chavales crearon un momento espiritual: apenas hablaron, anduvieron por delante de nosotros y luego se postraron de rodillas de forma ritual. Parecía algo de otro mundo.

Pero hay una razón por la que los magos no quieren que veas el mismo juego dos veces. Tras dejar el acantilado, remoloneé durante media hora y me quedé observando en secreto mientras los chicos volvían al sendero para recibir al siguiente grupo de peregrinos en pos de la magia. Cuando ellos no estaban, lo vi: algunas tortugas volvían a sacar las cabezas, casi al unísono. No sonaba música alguna. Simplemente asomaron, tomaron aire y se retiraron a las profundidades. Las tortugas simplemente estaban subiendo a por aire y los chicos habían creado un juego de magia en torno a ello.

Finalmente, volvieron al lugar e hicieron su ritual para un público nuevo. Incluso me di cuenta de que una tortuga o dos se asomaban prematuramente, pero la desviación de la atención era potente. Los chicos no señalaron las tortugas hasta que sonó la canción. ¿Por qué iba nadie a fijarse en la superficie del agua antes de que les dijeran que lo hiciesen?

Cuando los chicos señalaron a las tortugas, vi llorar a una mujer. Para ella, se trataba de una experiencia espiritual a un nivel que nunca he visto que alcance un juego de magia. Para ella, lo que estaba viendo era *de verdad*. Para mí (la segunda vez, al menos) eran dos chavales tocando la flauta mientras una flotilla de tortugas salía a tomar aire de forma natural.

En 1973, un israelí joven y guapo llamado Uri Geller irrumpió en la conciencia del mundo. Geller doblaba cucharas con la mente, reproducía dibujos que habían hecho personas aisladas en otras habitaciones y era capaz de detener con sus poderes mentales relojes prestados. Por entonces, afirmaba que sus poderes le habían sido conferidos por extraterrestres procedentes de una distancia de cincuenta y tres años luz.

Científicos del Stanford Research Institute sometieron a prueba los poderes de Geller en condiciones de laboratorio y concluyeron que lo de Geller era *de verdad*. El gobierno de los Estados Unidos encargó un informe sobre él, y se acuñó el término «Efecto Geller» para referirse a las personas con telequinesia, capaces de mover cosas con la mente.

Mi tía, que entonces era estudiante, vio a Geller hablando en un evento avalado por la universidad. Recuerda haber asistido a fiestas para doblar cucharas, en las que sus amigos y ella se cogían de las manos y concentraban sus energías en las cucharas que se habían puesto en el regazo.

—¿Funcionó? —le pregunté.

—Depende de a quién le preguntes —dijo. Para muchos, Geller era *de verdad*.

Pero, por supuesto, no lo era. James Randi, mago, escapista, escritor y escéptico, desacreditó completamente las afirmaciones de Geller, y cada vez quedó más claro que sus predicciones y pruebas se podían explicar fácilmente por la preparación previa y el uso de técnicas de ilusionismo. Geller desapareció de la luz pública durante más de veinte años y en los últimos tiempos ha experimentado un renacer de su popularidad, esta vez como artista de entretenimiento y presentador de *reality shows*. Oficialmente Geller no se ha desdicho de sus pretensiones de poseer poderes reales, pero tampoco sigue diciendo que los tenga. Como Farrah Fawcett y las Pet Rocks, Uri Geller es un icono de los setenta, y es mejor ver sus «poderes» a través del prisma cultural de la época.

Muchos magos *odian* a Uri Geller. Detestan el hecho de que mintiera tan descaradamente al público e hiciera pasar por real algo que todos los demás sabíamos que era un engaño. A muchos magos les horroriza la visión distorsionada de la ciencia que Geller ofreció a sus seguidores. Por su culpa, dicen algunos, hay una porción significativa del público que sigue creyendo que algunas personas están dotadas de poderes sobrenaturales de los que el resto carecemos.

Me sigue sorprendiendo que esto ocurriera. Fue una histeria al nivel de *La guerra de los mundos* para la era de la música disco. En 1973 ya teníamos hornos microondas y transplantes de corazón y habíamos enviado hombres a la Luna. Y sin embargo, había personas (montones y montones de ellas) que creían que Uri Geller podía doblar cucharas con la mente. Dejando a un lado la falta de ética, eso ya es de por sí algo de lo que maravillarse. A la luz del día de nuestros tiempos modernos, es impensable que tanta gente pueda tomar tan en serio durante tanto tiempo a un mago haciendo trucos. Yo no lo entendía, hasta septiembre de 2012.

Un día, Uri Geller me llamó de buenas a primeras y se presentó. Me dijo que había venido desde Israel y estaba de paso por la ciudad. Acababa de comprar mi libro *MAGIC*, y se había sentido halagado de que lo incluyera en la sección histórica.

—La próxima vez que te vea —dijo—, doblaré un tenedor para ti.

—Gracias —dije.

Cuatro años después, resultó que nos contrataron en Italia para el mismo evento e íbamos a compartir escenario. Le recordé su generosa oferta. Nunca olvidaré lo que ocurrió después.

—¡Tienes razón! ¡Ven conmigo! —exclamó. Me agarró de la mano y me levantó de mi silla en el *backstage*, guiándome de forma frenética a la mesa de aperitivos. Agarró un tenedor de la mesa y entonces, delante de mis ojos, se dobló.

Se *dobló*.

Sé *a ciencia cierta* que lo que hizo no era real, pero en aquel momento, en aquel lugar, lo pareció. Ocurrió porque fui capaz de suspender mi endurecida, encallecida incredulidad por un momento pasajero. En aquel momento me quedé sin suelo bajo mis pies y finalmente comprendí el poder que tenía sobre el público.

Justo después de que el tenedor se doblara, firmó el mango y me lo entregó. Guardé ese tenedor como un tesoro y ocupó un lugar de honor en mi biblioteca (en la sección paranormal, obviamente). Los tenedores doblados con la firma de Uri Geller se venden por mucho dinero en eBay, pero me encanta el mío por el raro suceso que representa: un momento en el que yo, un mago, fui el espectador y viví magia «de verdad». Así que estuvo en mi estantería como tema de conversación hasta enero de 2018.

Llegué a casa y encontré a mi limpiadora quitando el polvo del estante en el punto donde, hasta entonces, había estado el tenedor doblado y firmado por Uri Geller.

—Janina —dije—, ¿dónde ha ido a parar el tenedor?

—No te preocupes —dijo—. Estaba doblado y tenía manchas negras. Así que lo he enderezado y he limpiado la porquería. Ahora está en el cajón de los cubiertos, con los demás tenedores.

51

¿CUÁL SERÁ LA PRÓXIMA REVOLUCIÓN EN MAGIA?

«DEMASIADOS MAGOS AFIRMAN QUE LA MAGIA HA MUERTO».

—PAUL MORRIS, MAGO

La magia ha rebasado la edad de la innovación y ha alcanzado una nueva era donde lo importante es la *selección*. Cuando es posible hacer casi cualquier juego que puedas imaginar, la pregunta para los magos se convierte en «¿Qué *deberíamos* presentar?». Lo más difícil para el mago ya no es crear la próxima gran ilusión. Es decidir a qué ilusión debería dedicarse. Cuando participo en lluvias de ideas con otros magos creativos, dedicamos mucho menos tiempo del que pensarías a averiguar *cómo*. La mayor parte del tiempo lo dedicamos a escoger *qué*.

¿Quieres hacer desaparecer un elefante? Hay docenas de formas de lograrlo. ¿Quieres transformar a tu perro en un gato? Sin problema. ¿Quieres ayudar a un tipo a declararse haciendo que un anillo vuele hasta el dedo de su novia? Dame una semana y puedo hacer que ocurra. Una conocida marca de ropa interior me preguntó hace poco si podía hacer que su producto apareciera en el cuerpo de un viandante para un anuncio de televisión, conmigo vestido de Papá Noel. Expliqué que sí, que sería posible cambiar mágicamente la ropa interior de alguien, pero solo porque *puedas* hacer una ilusión no significa que debas. Contrataron a otro tipo y el anuncio se hizo (con sorprendente buen gusto).

Ahora mismo el clima en la magia produce una sensación estimulante, porque quienes la practicamos, la estamos llevando a territorios novedosos, libres de las limitaciones de la tecnología y la técnica manipulativa. Es un cliché y probablemente una ligera exageración, pero si puedes soñarlo, puedes presentarlo.

Pretender definir la época en la que vives es una locura, pero cuando volvamos la vista atrás, será difícil no definir este momento de la magia como uno en el que reinó la accesibilidad por encima de todo.

La tecnología inalámbrica, los hilos casi invisibles y los imanes más potentes no son producto del siglo XXI, pero es solo ahora cuando esas herramientas se pueden rehacer, reconfigurar y alterar en la comodidad de nuestras casas. Los buenos métodos de la magia estuvieron una vez protegidos solo en las bibliotecas más exclusivas. Ahora, gracias a internet, están al alcance de magos en Essen, Edimburgo y cualquier otro lugar entre ambos. Los mejores magos del siglo pasado llegaron a serlo porque estudiaron con maestros de talento. En esta generación, un mago joven puede estudiar los grandes espectáculos y a los grandes magos sin siquiera salir de su cuarto. Internet es un gran igualador para aspirantes a magos al margen de donde vivan o cuánto dinero tengan. Estudiar a los grandes magos no es lo mismo que estudiar *con* los grandes magos, pero poder estudiarlos a *todos* no es una alternativa desdeñable.

Históricamente, la innovación era lo que distinguía a los mejores de todos los demás. P. T. Selbit conmocionó al mundo cuando serró a una persona por la mitad (véase pág. 35). David Copperfield debe buena parte de su estatus legendario a la desaparición de la Estatua de la Libertad (véase pág. 217). Estos magos se definían por los prodigios que ejecutaban... y sigue ejecutando, en el caso de David.

Los magos del mañana se definirán en otros términos. La próxima gran maga será juzgada por su enfoque. Alguien vendrá, no solo con un nuevo repertorio de juegos, sino con una forma completamente nueva de vivir la magia.

Ya está pasando. Shin Lim ganó *America's Got Talent* en 2018, y después ganó *America's Got Talent: Champions* con poco más que una baraja de cartas. Mientras docenas de magos buscaban ilusiones cada vez más grandes, Shin ofrece cartomagia asombrosa, visual y original. Sin argucias para desviar la atención, sin frases manidas. Solo cartomagia elegante e imposible. Con su espectáculo en Las Vegas y un contrato televisivo en el horizonte, es un mago al que seguiré la pista con enorme entusiasmo.

Derek DelGaudio creó sensación en Nueva York y Los Ángeles con su espectáculo *In & Of Itself* (*En sí mismo*), también disponible en *streaming* en Hulu. Era una producción teatral cruda, donde primaba el argumento, que enhebraba magia con las historias personales de DelGaudio sobre la identidad y su experiencia al ser criado por una madre soltera homosexual. El tema del espectáculo era la identidad, y a medida que cada espectador entraba en la sala, se le pedía que eligiera una tarjeta «Yo soy» de un muro con cientos de posibilidades: «Soy un soñador», «Soy un gurú», «Soy una vaquera». Cada persona se autoasignaba una tarjeta. Derek adivinaba la elección de todo el mundo y decía a cada persona la identidad que había elegido. Miraba a cada persona que había asistido cada noche y le decía cuál era su elección. Era una pieza de mentalismo alucinante y todo el proceso de autoetiquetarse producía emociones intensas. *In & Of Itself* fue un éxito comercial y también para la crítica.

Me gustaría poder decirte quién es el escritor de magia más influyente ahora mismo, pero nadie lo sabe. «The Jerx» es un bloguero anónimo cuyas críticas mordaces sobre todo lo que está mal en la magia son tan divertidas como acertadas. A The Jerx no le interesa hacer magia en escenarios. Lo suyo es la magia informal e impromptu. Se considera a sí mismo un «aficionado profesional» y su especialidad es crear elaborados juegos de magia a medida para la gente que forma parte de su vida. Ha creado un juego que puedes hacerle a la persona con quien estás compartiendo un kayak y otro que solo puedes presentarle a tu pareja mientras estáis cocinando juntos. También juega de maneras novedosas con los horizontes temporales de la magia. Al parecer, uno de sus juegos se tarda en presentar treinta años, pues descubres un móvil prestado dentro de una cápsula del tiempo enterrada en los años ochenta. Mi juego favorito de The Jerx se titula «Letting Go» (Dejando marchar), donde pide a una amiga que ate su anillo a un globo y la convence para que lo deje ir. El globo, con su anillo enganchado, se eleva hasta las nubes. Entonces, él lo hace reaparecer en un cajón en el propio apartamento de su amiga. No es el tipo de magia que puedas imaginar haciendo a ningún otro mago, y esa es la idea.

Las redes sociales también están cambiando la magia y no siempre a mejor. Del mismo modo que la radio condicionó la forma en la que se componía la música pop (menos de cuatro minutos, estribillos pegadizos), las redes sociales están cambiando la forma en la que los magos crean su magia: más corta, más visual, menos presentación. La presión para «encajar» la magia en ráfagas compactas y compartibles en redes sociales ha condicionado, a su vez, los gustos del público respecto a la magia.

No obstante, gracias a plataformas como Facebook e Instagram, los magos están actuando ahora para públicos de millones de personas desde la comodidad de sus propios dormitorios. En lugar de aplaudir, el público les da «Me gusta». En algunos casos, se patrocina a los magos *influencers* para que vistan marcas concretas mientras presentan su magia o para que la hagan con el producto de una compañía. El mago de Las Vegas, Justin Flom, ha creado magia a medida para caramelos Airheads y patatas fritas Pringles y hay agencias de publicidad que ofrecen sus servicios a las marcas que estén dispuestas a pagarlos. Pero hay un límite temporal en estas plataformas. Y los magos *influencer* pendientes de las cifras de visualización reconocen que cualquier vídeo que dure más de dos minutos tiene escasa probabilidad de hacerse viral.

El resultado es un género nuevo de magia *online* con dos rasgos definitorios: el carácter visual de la magia y la corta duración de los juegos. Para que un mago consiga que dejes de deslizar hacia abajo tu muro de Instagram, debe hacer aparecer los cuatro Ases en cuestión de segundos. *Me gusta*. Cuatro monedas de plata se convierten en monedas de cobre. *Me gusta*. Una manzana flota hasta la boca del mago. *Me gusta*.

Chris Ramsay es un mago *influencer* con unos cinco millones de seguidores en YouTube. Ha conseguido congregar por su cuenta un público mayor del que consiguen muchos programas de magia en televisión. Enseña magia, entrevista a magos, hace concursos y presenta magia interesante y original. Y hace todo esto en menos de cinco minutos por vídeo.

Para la próxima generación de magia, el dominio de la edición de vídeo es crucial. Confieso que, ya a mis treinta y nueve años, a veces me siento impotente en mis torpes intentos de ofrecer mi magia en internet. Hasta hace poco, nunca había tenido en cuenta cuestiones como la corrección de color o qué lente es la más adecuada para captar un juego con cartas. Al igual que muchos otros magos como yo, estaba demasiado ocupado desarrollando los juegos: no nos volcamos en la nueva tecnología. No obstante, me siento animado por buena parte de lo que veo en la red, y a menudo consigue ilusionarme. Pero, al menos para mí, la experiencia no resulta satisfactoria del mismo modo que un espectáculo de magia en vivo.

Lo que pierdes con estos vídeos breves (y eres tú, el espectador, quien pierde) son las cosas que hemos explorado en estas páginas. Pierdes el contexto y la fluidez. En otras palabras, cuando ni al menos hay tiempo de construir siquiera una sencilla línea argumental en un juego, es difícil cultivar la sensación de misterio. Puede que nos sintamos lo bastante impresionados como para dejar de pasar el muro y seguir a un nuevo mago astuto. Es magia visceral, pero también superficial. Todavía no he visto ningún vídeo de magia de diez segundos que tenga contexto. He visto exhibiciones asombrosas de habilidad, pero no siento conexión con ellas. Quizá el próximo gran mago encuentre una forma de alcanzarnos a través de nuestros móviles y ofrecernos auténtico misterio. Ese será un juego difícil de imitar.

Todos los que aún no nos habíamos acostumbrado a hacer magia en internet nos despertamos de un duro golpe en marzo de 2020, cuando la pandemia de coronavirus paró bruscamente todo, incluyendo los espectáculos de magia. Yo estaba actuando en Australia cuando empezaron a subir las curvas de contagios en todo el mundo. El primer paso, decidimos, fue dejar de subir espectadores al escenario. Entonces aumentamos la distancia entre el escenario y el público. Pero en una semana se cancelaron todos los demás espectáculos y yo volé a casa para plantearme qué futuro me esperaba como artista.

¿Qué se supone que deben hacer los magos en una pandemia global? Si este libro tiene un tema recurrente es que los magos piensan de un modo distinto cuando deben resolver un problema. Una semana después de que comenzara el confinamiento global, cuando la mayoría de aviones seguían en tierra y las tiendas habían cerrado, hubo magos que empezaron a desarrollar magia «virtual». Empecé a recibir llamadas y vídeos de colegas con ideas sobre cómo hacer espectáculos de magia de forma virtual.

Presenté más de sesenta espectáculos virtuales durante la pandemia. Echaré de menos actuar en pantuflas y pantalones de chándal, pero poco más. Actuar para una pantalla llena de caras no es lo mismo que un teatro abarrotado y la logística del espectáculo virtual era frustrante: el único que podía elegir, firmar o sostener algo era yo. Nunca me había sentido solo en el escenario hasta la pandemia.

Experimenté un punto de inflexión en torno a las vacaciones. Con una agenda repleta de espectáculos virtuales, empecé a ver claro algo fundamental: cuál era mi papel durante la pandemia. Nunca había tenido públicos tan dispuestos para el entretenimiento. Ni siquiera el asombro: la mayoría de mi público se habría contentado con una evasión momentánea del aislamiento de su existencia.

Lo que hasta ese momento había vivido como trabajo empezó a parecerme un privilegio. Había familias que no podían reunirse para abrir regalos pero que lo hacían en internet como parte de un espectáculo de magia. Como magos, ofrecemos experiencias. No importaba que fuera difícil ver los juegos de cartas en la pantalla, o que el desfase temporal entre mis espectadores y yo convirtiera *cada* interacción en un suplicio. Al final, lo importante era la experiencia compartida del asombro.

Los magos no son sanitarios y no participamos en el desarrollo de la vacuna. Pero lo significativo del minúsculo papel de nuestro gremio en la pandemia es que seguimos adelante. Frente a la adversidad, los magos cumplieron su papel. Hicimos lo que siempre hacemos: seguimos actuando.

Tengo pocas expectativas respecto al futuro de la magia, pero tengo deseos: tres, de hecho. Se ha dicho que el mundo solo encumbra a un mago cada vez y, aunque no puedo demostrarlo con matemáticas, encaja. De Houdini a Blackstone, a Henning, a Copperfield: el mago más famoso es siempre uno en un país concreto. Mi primer deseo es que el próximo gran mago sea una mujer, a ser posible de color. Ya toca.

Mi segundo deseo es que vosotros, el público, lleguéis a percibir la magia como hacéis con la comedia, la música o el *slam*, y juzguéis a cada artista por sus propios méritos. Nadie que escuche una canción mala dice «Odio la música». Pero cada vez que me subo a un escenario, estoy luchando contra una proporción del público a quien desagrada lo que hago basándose en lo que otros han hecho. Espero que algún día cercano tengas una lista de magos favoritos y lo comentes con amigos mientras coméis hamburguesas, del mismo modo que ahora comentamos nuestras películas favoritas.

Mi tercer deseo es que los magos sean más valientes. Muchos de mis contemporáneos se ganan la vida haciendo magia de corrillos, deambulando por eventos corporativos y bar mitzvás, pidiendo a los invitados que elijan una carta. En la segunda temporada de *La maravillosa Sra. Maisel*,[1] un mago de resort aborda a Abe Weissman, uno de los personajes principales, con un abanico de cartas y una enorme sonrisa. «¡Vete a tomar por saco!», grita Weissman, y a continuación prosigue tranquilamente con su diálogo. Los magos se han conformado con ser distracciones pagadas. Mi deseo, mi esperanza, es que un día se nos vea como algo más. Considerando la cantidad de trabajo y sacrificio que son necesarios para convertirse en mago profesional, merecemos al menos eso.

✦✦✦

1. Se trata del episodio seis de la segunda temporada y el momento al que hace referencia sucede en el minuto diez. (N. del T.)

52

¿POR QUÉ LA MAGIA?

(PARTE 2)

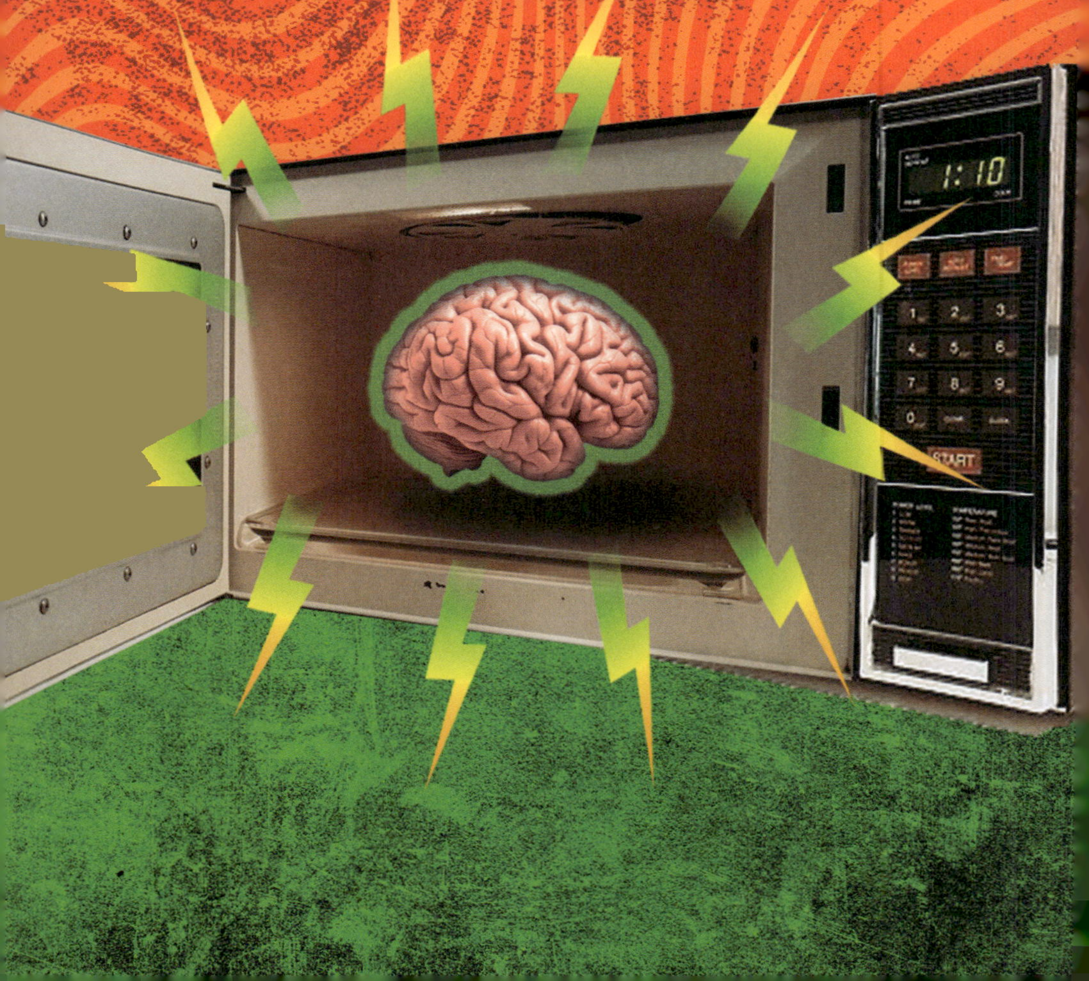

«EL MISTERIO ES EL CATALIZADOR DE LA IMAGINACIÓN… PUEDE QUE HAYA OCASIONES EN LAS QUE EL MISTERIO SEA MÁS IMPORTANTE QUE EL CONOCIMIENTO».

—J. J. ABRAMS, DIRECTOR DE CINE

✦✦✦

Vivimos en una era de respuestas. Yo me crié en una época en la que demasiadas conversaciones terminaban con preguntas sin resolver. («¿Qué edad tiene el presidente?», «¿Cuál es la capital de Paraguay?»). Nadie lo sabía y la enciclopedia más cercana estaba en el sótano. Pero gracias a nuestros teléfonos, tenemos respuestas a preguntas como esas en las puntas de los dedos y puedes buscar en cuestión de segundos vídeos de actos desconocidos en YouTube.

Pero la magia es una de las pocas cosas que suscitan una pregunta, no una respuesta. Ya veas un mago en internet o en tu cafetería local, a menudo te quedas con la duda «¿Cómo lo ha hecho?». Tienes una experiencia, pero no una respuesta. A veces me gustaría saber cómo encaja la magia en esta era de respuestas: ¿es un contrapunto agradable o un desafío al *statu quo*?

La idea de que la magia se está extinguiendo lentamente está muy extendida. La teoría es que, a medida que la tecnología evoluciona y la cultura se expande, la magia es cada vez menos impresionante. Después de todo, ¿cómo puede competir la magia con los increíbles efectos de las películas de Marvel o con el teléfono que llevas ahora mismo en el bolsillo? Hace cincuenta años, esas cosas habrían parecido magia y hoy son parte de la vida real. ¿Queda sitio para la magia ahora que nuestra realidad está tan abarrotada?

Sostengo que la labor del mago es más importante que en cualquier otro momento de nuestra historia precisamente porque lo que hacemos sigue envuelto en misterio. Nos hemos convertido en la última metáfora de lo inexplicable. Ver un gran mago nos produce un impacto mental que normalmente no podemos explicar con una búsqueda de internet. «La maravilla se produce cuando experimentamos como un placer la sensación de no conocer —afirma el escritor David James Duncan—. No hay nada como que te engañe un mago».

«Cuando vemos un juego de magia —escribe Jim Steinmeyer, uno de los inventores de magia más creativos— cuando ocurre algo que parece ser imposible, nos vemos obligados a ser conscientes de los límites de nuestra perspectiva, de nuestras dudas y expectativas». En otras palabras, la experiencia de la magia nos hace humildes. Vemos desaparecer una moneda, pero lo que experimentamos tiene dimensiones cósmicas. El mago nos recuerda que hay cosas más allá de nuestra comprensión que, a pesar de todo, podemos disfrutar.

Si como mago he aprendido algo de la gente es esto: es dispersa por naturaleza. Es fácil influir en ella y es alarmantemente fácil engañarla. A menudo se rinde de forma casi inmediata en lugar de intentar comprender las cosas. No quiero decir que sea idiota. Pero cuando se enfrenta a un misterio, un rompecabezas, cualquier cosa que no pueda comprender, a menudo se conforma con la ignorancia. Un grito ahogado, un encogimiento de hombros y a lo siguiente. Lo veo cada noche, una y otra y otra vez. Si la gente fuera más curiosa, si pensara más críticamente, el mundo sería un lugar más interesante. Pero mi trabajo sería más duro.

De vez en cuando me encuentro con algún espectador que quiere saber más. Me buscan después del espectáculo para hacer preguntas como las que he respondido en estas páginas: «¿Con qué frecuencia les salen mal los trucos a los magos?», «¿Puede ser demasiado bueno un juego de magia?», «¿Houdini era el mejor mago de todos los tiempos?». Esta es la gente para la que más disfruto haciendo magia. Se sienten implicados no solo con la magia sino con la reflexión que hay tras ella.

Hay fundamentalmente dos tipos de espectadores de magia: los que observan de modo pasivo y los que quieren saber más. La mayor parte de mi público contempla cómo la magia sale de la punta de mis dedos. La disfrutan. Luego la dejan atrás. Lo hacemos constantemente. Presionamos el botón del microondas y, treinta segundos después, *abracadabra*, la comida está lista. Pero la mayoría de nosotros no nos paramos a pensar en todo lo que supone el microondas.

Tú eres diferente. Has cogido este libro porque no te conformas con vivir en el misterio. No he desvelado ningún secreto crucial en estas páginas pero, entre líneas, he dibujado un mapa de cómo veo la magia. Solo los más curiosos de entre nosotros se interesan por tales detalles. La magia es para ellos. La magia es para ti.

✦✦✦

NOTAS Y FUENTES

Puedes encontrar una lista más exhaustiva de referencias y fuentes en **www.librosdemagia.com**

1. ¿POR QUÉ LA MAGIA? (PARTE 1)

«El valorado mentalista e historiador de la magia Max Maven ha observado que debemos evolucionar más allá de lo que fuera que nos atrajo hacia la magia al principio». Michael Close: *Paradigm Shift: Volume Two*. Autoeditado. 2018. EPUB.

7. NO, EN SERIO, ¿CÓMO SE SIERRA A UNA PERSONA POR LA MITAD?

Quien desee conocer con minucioso detalle cada fase en el desarrollo de este juego, puede leer la inteligente explicación de Steinmeyer, de la que me valí para la escritura de este capítulo. Jim Steinmeyer: *Hiding the Elephant: How Magicians Invented the Impossible and Learned to Disappear*. Da Capo Press. Boston. 2004.

Para más información sobre la demanda de Goldin, véase Gary R. Brown: *Invention & Technology*. Volumen 9, número 3 (invierno de 1994), «Sawing a Woman in Half». Extraído de: https://www.inventionandtech.com/content/sawing-woman-half-1

8. ¿QUÉ OCURRE SI UN MAGO REVELA UN SECRETO?

Gracias a Michael Weber, que me dio la cita que abre este capítulo en un intercambio epistolar.

Jacob Loshin: «*Secrets Revealed: How Magicians Protect Intellectual Property Without Law*». Disertación. Facultad de Derecho de Yale. 2007.
Extraído de: http://dx.doi.org/10.2139/ssrn.1005564

10. ¿CÓMO NOS ENGAÑAN EXACTAMENTE?

Para saber más sobre la piel de gallina, véase Mitchell Colver: «An orgasm for the skin: The strange science behind "aesthetic chills"». *Salon.com*. 29 de mayo de 2016. Extraído de: https://www.salon.com/2016/05/29/an_orgasm_for_the_skin_partner/

La cita de Paul Schrader se la contaron a Eliana Dockterman: «Ethan Hawke Refuses to Complain About Getting Older». *Time*. 20 de agosto de 2018.
Extraído de: https://time.com/5362184/ethan-hawke-blaze/

Para saber más sobre cómo procesamos lo inesperado, puedes leer el libro de Ed Catmull: *Creatividad, S. A. Cómo llevar la inspiración hasta el infinito y más allá*. Conecta. Barcelona. 2014. Catmull, cofundador de los estudios de animación Pixar, explica que, según los neurocientíficos, solo vemos un cuarenta por ciento de la realidad con los ojos. El resto lo rellenamos con el cerebro.

11. ¿QUIÉNES SON TUS MAGOS FAVORITOS? (PARTE 1)

La cita de René Lavand («Por eso he venido a este lugar: para estimular su sentido de la maravilla») viene del libro de Richard Kaufman y René Lavand: *Mysteries of My Life*. Kaufman and Company. Washington D. C. 2013.

15. ¿POR QUÉ SIGUEN SIENDO MAYORÍA LOS HOMBRES EN LA MAGIA?

Para saber más sobre el número de Ding Yang, véase «Ding Yang Performing at the Greg Frewin Theatre», actualizado el 10 de julio de 2018. Vídeo de YouTube. Extraído de: https://www.youtube.com/watch?v=tPEnoMTwGCM

Obtuve la información sobre el experimento basado en el género del libro de Gustav Kuhn: *Experiencing the Impossible: The Science of Magic*. MIT Press. Cambridge. 2019.

Suzanne Sauvage, Christian Vachon y Marc H. Choko (eds.): *Illusions: The Art of Magic*. 5 Continents Editions. Milán y Montreal: McCord Museum. Montreal. 2017.

Ersy Contogouris, More than a Lovely Assistant: Representations of women in magic posters during the golden age of magic, págs. 127–131. Artículo en progreso. Univ. de Montreal.

16. ¿POR QUÉ NO SE CONSIDERA A HOUDINI EL MEJOR MAGO DE TODOS LOS TIEMPOS?

Jim Steinmeyer: *Hiding the Elephant*: *How Magicians Invented the Impossible and Learned to Disappear*. Da Capo Press. Boston. 2004.

He tomado la cita de Bernard Shaw de *Illusions*, el libro de Sauvage, y otros incluido en las referencias del capítulo anterior.

17. ¿CÓMO CONSTRUYES UN ESPECTÁCULO DE MAGIA?

La historia sobre cómo ir de Birmingham a Newent me la contó Andi Gladwin, tal como se la contó a él David Jones.

La cita de Gene Wolfe («Nunca aprendes a escribir una novela. Simplemente, aprendes a escribir la novela que estás escribiendo») me llegó a través de Neil Gaiman. La cita de Jorge Luis Borges («El secreto, por lo demás, no vale lo que valen los caminos que me condujeron a él») forma parte de su relato «El etnógrafo», incluido en el libro *Elogio de la sombra*. 1969.

18. ¿CÓMO USAN LOS MAGOS LA TECNOLOGÍA?

Lo más probable es que Robert-Houdin no parara una guerra presentando un juego de magia. Jim Steinmeyer y Peter Lamont examinan y corrigen este error, uno de los evangelios de la magia, en su libro *The Secret History of Magic*. TarcherPerigee. Nueva York. 2018.

19. ¿CÓMO USAS *TÚ* LA TECNOLOGÍA?

Puedes encontrar una interesante comparación entre la ciencia y la magia en Noel Daniel (ed.): *The Magic Book*, pág. 334. Taschen. Colonia. 2019.

21. ¿QUIÉNES SON TUS MAGOS FAVORITOS? (PARTE 2)

El símil con el «horas de vuelo» en el perfil de Jeff McBride se debe atribuir a Penn Jillette, que lo empleaba para referirse al tiempo que había acumulado un mago sobre el escenario.

22. ¿PUEDE LA MAGIA ENGAÑAR A LOS MAGOS?

La cita de Teller que abre este capítulo viene de un artículo del propio Teller: «Teller Reveals His Secrets». *Smithsonian Magazine*. Marzo de 2012. Extraído de: https://www.smithsonianmag.com/arts-culture/teller-reveals-his-secrets-100744801/ (Michael Close ha manifestado un punto de vista similar tanto por escrito como oralmente).

La otra cita de Teller («La labor de un mago es dejarte con una hermosa pregunta, no con una fea respuesta») viene del programa de un espectáculo suyo en Nueva York.

23. ¿POR QUÉ ALGUNAS PERSONAS ODIAN LA MAGIA?

La frase «Crees en ella, la buscas, y la ves cuando la necesitas» la adapté tras tomarla prestada de un disco de los Grateful Dead (The Grateful Dead: *Pacific Northwest '73–'74: Believe It If You Need It*. Grabado entre 1973 y 1974. Rhino Records. 7 de septiembre de 2018. Compact disc).

27. ¿POR QUÉ DAVID COPPERFIELD ES UN ICONO?

Menciono a Chris Kenner como asesor de David Copperfield, pero Kenner es también uno de los creadores de magia más influyentes de su época. Inventó un efecto con monedas muy imitado, «Threefly» (véase págs. 80-81 de la edición en castellano de *Descontrol total*. Páginas. Madrid. 2008), y fue un pionero del movimiento *cardistry*.

36. ¿POR QUÉ PENN & TELLER SON TAN DINÁMICOS?

El juego de «La pelota roja» de Penn & Teller se basa en el de la bola flotante de David P. Abbott. En 2005, Penn estudió minuciosamente la magia de Abbott y anotó y fue coautor de una explicación de la misma en dos volúmenes: David P. Abbott: *House of Mystery: The Magic Science of David P. Abbott*. Edición de Teller y Todd Karr. The Miracle Factory. Los Ángeles. 2005.

La cita de John Lovick está tomada de un artículo de Nicky Ramos-Beban y David Cox: «Asparagus Valley Cultural Society». *MAGIC Magazine*. Septiembre de 2015.

Penn & Teller Souvenir Booklet, sin fecha. Perfiles escritos por cada uno de ellos.

37. ¿CUÁL ES TU JUEGO DE MAGIA FAVORITO?

Agradecimientos adicionales a John Lovick, que me escribió a propósito de los detalles de «Código de honor» y me proporcionó ideas muy reveladoras.

38. ¿QUÉ HACEN LOS MAGOS EN SECRETO?

La cita de Michael Ondaatje («Lo interesante e importante ocurre sobre todo en secreto») la tomé de su novela *El viaje de Mina*. Alfaguara. Madrid. 2012.

39. ¿TIENES APRENDICES DE MAGO A TU CARGO?

Por petición de Rafiel, he modificado algunos detalles de su historia y, en dos ocasiones, los he mezclado con los de otro aficionado en la cárcel, para preservar las identidades de ambos.

41. ¿QUIÉNES SON TUS MAGOS FAVORITOS? (PARTE 3)

La idea de que Tommy Wonder estaría tanto en una lista de la mejor magia de escena como en otra de magia de cerca fue de Max Maven y coincido con él con todo mi entusiasmo.

49. ¿POR QUÉ LOS MAGOS TIENEN EGOS TAN EXAGERADOS?

Puedes leer más sobre este tema en «Introducing the Dumb Houdini Store». The Jerx. Blog. 26 de noviembre de 2018. Extraído de: https://www.thejerx.com/blog/2018/11/25/introducing-the-dumb-houdini-store

52. ¿POR QUÉ LA MAGIA? (PARTE 2)

La cita de J. J. Abrams («Puede que haya ocasiones en las que el misterio sea más importante que el conocimiento») viene de la charla de Abrams «The Mystery Box». 15 de marzo de 2007. Vídeos TED. Extraído de: https://www.ted.com/talks/j_j_abrams_the_mystery_box?language=gl

La cita de David James Duncan («La maravilla se produce cuando experimentamos como un placer la sensación de no conocer») viene del libro de Duncan: *My Story as Told by Water*. Sierra Club Books. San Francisco. 2001.

La cita de Jim Steinmeyer («Cuando vemos un juego de magia, cuando ocurre algo que parece ser imposible, nos vemos obligados a ser conscientes de los límites de nuestra perspectiva, de nuestras dudas y expectativas») aparece en el libro de Steinmeyer y Lamont: *The Secret History of Magic*. TarcherPerigee. Nueva York. 2018.

AGRADECIMIENTOS

Neil Gaiman ha dicho que escribir un libro es como luchar contra un oso. Y así es como he vivido cuatro años mientras escribía *¿Cómo piensan los magos?* Por una amplia variedad de razones, este libro ha supuesto un desafío insólito que me ha puesto a prueba de formas que desconocía. Estoy en deuda con las amables personas que me han dado, a mí y a mis palabras, un lugar en sus vidas. A mis padres, Trish y Rocco, gracias por creer en este proyecto.

Gracias a Eli Bosnick, Michael Close, Rod Doiron, Trisha Ferruccio, Andi Gladwin, Michael Kardos, John Lovick, Jamy Ian Swiss, Teller, Peter Turchi, Michael Vance y Gabriel Zucker (y Pablo Basterrechea, Irene Ferrer Beired y David Redondo, en la versión en español), por leer diversos borradores del manuscrito.

Kass Copeland resumió los capítulos del libro en imágenes deslumbrantes, y le estoy agradecido por su enorme aportación.

Gracias a los numerosos magos que se prestaron a múltiples entrevistas y suministraron información para *¿Cómo piensan los magos?* En particular, David Blaine, David Copperfield, Rune Klan y Teller me permitieron entrar en sus vidas durante prolongados lapsos de tiempo, durante los cuales estoy seguro de que resulté invasivo y molesto. Pese a todo, gracias, amigos.

Quiero agradecer a Laura Avilés, de la editorial Páginas.

Laura ha dedicado su carrera a reforzar el poder de la magia publicando excelentes obras de magníficos magos en español e inglés. Consiguió con arduo esfuerzo ofrecer literatura internacional divulgando lo mejor de la magia española. Por su labor, la Academia de Artes Mágicas de Los Ángeles le otorgó el prestigioso premio Media Awards en 2020. La magia está en deuda con Páginas por la calidad de sus ediciones. Ahora *¿Cómo piensan los magos?* se sumará a sus estanterías junto a obras de tantos autores que admiro.

El agradecimiento más importante es para mi mejor amigo, Andi Gladwin. Andi tiene dos años menos que yo, pero para mí es un modelo en todo excepto en su sentido de la moda. Cada espectáculo que he presentado, cada juego que he diseñado, cada idea que he tenido ha mejorado gracias a su orientación, y esta obra debe mucho a su vasta sabiduría.

Este libro es mi carta de amor a la magia y mi deseo de compartir con ávidos lectores de todo el mundo lo que tiene de único y fascinante.